JONATHAN SCOTT

WHEN THE WAVES RULED BRITANNIA

Geography and Political Identities, 1500–1800

漂浮之岛

不列颠海洋帝国的兴起

[新西兰] 乔纳森·司各特　著

孙　超　译

上海三联书店

献给约翰·莫里尔

燕人生于燕，长于楚，及老而还本国。过晋国，同行者诳之，指城曰："此燕国之城。"

其人愀然变容。

指社曰："此若里之社。"

乃喟然而叹。

指舍曰："此若先人之庐。"

乃涓然而泣。

指垄曰："此若先人之冢。"

其人哭不良禁。同行者哑然而笑，曰："予昔绐若，此晋国耳。"

其人大惭。及至燕，真见燕国之城社，真见先人之庐冢，悲心更微。

《列子》

目 录

插 图

地 图

前言：地理与海洋

这一研究起于涓滴细流，最终却将我冲进了大海。本研究所述内容有限，但却承载着一个内涵丰富的知识体系，我希望它能将您顺利带入这一知识的海洋中。我从阅读记录远航经历的作品入手，它们大部分——当然，并非全部——都与海洋有关。这些作品中包括库克的航海日志，也包括那些早期来到新西兰的不列颠定居者所写的读来令人毛骨悚然的各种记录。旅行者中总不缺乏思乡心切者，他们总会遇到各种风暴潮的侵袭。他们还会遇到鲨鱼、海鸟、阿根廷红虾，以及各类物种和各种事件。生活就是这样：出生、吃喝、死去。大部分的旅行者都能抵达目的地。"［我］们看见海岸边袅袅炊烟升起。这海边岩壁林立并且非常陡峭……我们将一条重达 40 磅左右的精壮的白鲑鱼拉出水面。它跟我们的鳕鱼相像，当地人把它叫作哈伯克鱼［即海鲈，鲶科鱼］……轻松寂静的夜晚笼罩着港口水面，它如同一面镜子映照着沙滩边那一字排开的小商铺中所射出的灯光。"①

　　这一研究的开启要感谢 J. C. 比格尔霍尔（J. C. Beaglehole）的工作，还要感谢他在编辑历史文献上所取得的显著成就（那些编辑作品中的脚注仍有重要价值。此外，他还是东南亚热带水果的顶级品鉴师）。比格尔霍尔也从事 17 世纪英格兰史的写作，他曾发表过一次激动人心的就职演说②并被冠以"新西兰学者"的称号，而且他的第一本书《太平洋探索》（*The Exploration of the Pacific*）还成为人们争相谈论的话题，而他当时还不过是一名处于半失业状态的博士研究生，并且研究的是一个完全不同的历史领域。③

　　本书所关注的几个重点带有新西兰人的特征，而关于移居海外者的研究可以说在其中具有特殊的地位。本书还探讨了地图、地理、岛屿以及时空距离的心理思考。就在我父亲去世的 1960 年，一本追思他的论文集《距离照亮我们的前方》（*Distance Looks our Way*）出版了。对于新西兰人来说，这是多么切合心意的标题啊。④这一研究计划关注的是英格兰人以及之后的不列颠人对空间的思考，而在当时，欧洲人历史中的空间和文化这两个

xii

---

① ATL，MS Papers 0495，Diary of G. Darling，November 1842，entries for Tuesday 1st and Thursday 3rd at New Plymouth，New Zealand，p. 16.

② 此处应指比格霍尔于 1954 年 4 月 21 日在坎特伯雷大学学院发表的玛格丽特·孔弗利纪念演讲。该文成为塑造新西兰意识的著名演说。——译者注。

③ J. C. Beaglehole, 'On the Place of Tasman's Voyage in History', in J. C. Beaglehole, ed., *Abel Janszoon Tasman and the Discovery of New Zealand* (Wellington, 1942); J. C. Beaglehole, 'The New Zealand Scholar', in Peter Munz (ed.), *The Feel of Truth: Essays in New Zealand and Pacific History* (Wellington, 1969); J. C. Beaglehole, *The Exploration of the Pacific* (3rd edn, London, 1966); Tim Beaglehole, *A Life of J. C. Beaglehole: New Zealand Scholar* (Wellington, 2006) pp. 152, 211 - 212.

④ Keith Sinclair (ed.), *Distance Looks our Way: the Effects of Remoteness on New Zealand* (Auckland, 1961). 这本书的标题取自查尔斯·布拉施 (Charles Brasch) 的诗歌《岛屿》(*The Islands*): "在一片光亮且寂静环境中，到处在低语/离开的痕迹；距离照亮了我们的前方；/ 并且没有人知道他在夜里将在何处安歇。" (*Collected Poems*, [ed.] Alan Roddick [Auckland, 1984].)

变量正经历着一场革命。它反映了我们所审读的文本与空间和时间有着怎样紧密的关系：地理学离不开历史学，反之亦然；远洋航行离不开钟表盘，以及后来的航海经纬仪和指南针（还有天上的星星）。其中的部分缘由在于历史学能解释政治，而地理学又解释历史，所以地理学也在政治学的领域之中。①当代人阅读修昔底德和李维时也要把地图放在手边参阅。

用纳撒尼尔·巴特勒（Nathaniel Butler）的话说就是，"如果地理学缺了历史，那就如同一具没有生命的尸体，而历史学要是离开了地理学，那就成了漫无目的游荡的流浪汉"。②虽然卡姆登（William Camden）和哈库利特（Richard Hakluyt）③有着不同的写作目的，但是他们的文本都引导着读者在时间和空间之中活动。对于前者，旅程的出发点也成为解释抵达地点的背景；对于后者，按照时间顺序书写航行，但本质上是为了宣称领土权，并且他的航行写作不仅是为了展示旅行者到过哪里，也是为了说明旅行者经历了怎样的艰难险阻而到达那里。

本书有两个学术目标。一个是关于近代早期英格兰及其后的不列颠政治中对地理语言的使用情况。④在本书中我把历史地理

---

① Robert J. Mayhew, *Enlightenment Geography：the Political Languages of British Geography,
1650 - 1850*（Houndmills, 2000）p. 33.

② 引自 Alison Games, *The Web of Empire：English Cosmopolitans in an Age of Expansion*
（Oxford, 2008）p. 11。比较 Peter Heylyn, *Cosmography in Four Books. Containing the
Chorography and History of the Whole World：And All the Principal Kingdoms, Provinces,
Seas, and Isles thereof*（London, 1677）可以看出，在第 17 页里有类似但意思相反的话："可以
肯定的是，地理学要缺了历史学还会有生命并且能活动，但会变得很不稳定而且随意性很大；
要是历史学离开了地理学，那它就成了一具尸体，既没了生命，也无法动弹。"Mayhew,
Enlightenment Geography p. 33. 最近关于这两个学科关系的讨论参见 Alan R. H. Baker,
Geography and History：Bridging the Divide（Cambridge, 2003）。

③ 威廉·卡姆登和理查德·哈库莱特是 16 世纪后期和 17 世纪早期英国著名的历史学家，二者的
作品分别关注英国的不列颠岛民族史和大西洋世界航海史。——译者注。

④ 这里所说的"英格兰和不列颠的使用情况"意为一个时间顺序，而并不是说英格兰变成了不列
颠人，或者说排除苏格兰人和威尔士人在外。它指的是所描写的事情、英格兰人以及之后的不列颠
国家（后者在 1707 年成立）。本书中所讨论的大部分作家当时属于英格兰人或苏格兰人。

学者、英语文学学者和历史学家的研究统筹起来看待。近代早期地理学并非我所擅长。我想说的是，地理学在政治观念史的研究中是一个相对被忽视的课题。尽管历史地理学家对近代早期地理学中的政治学和宗教思想进行过一些探讨，并且政治思想史研究者也分析过其中的制度和道德话语，但是关于英格兰和不列颠政治学中的地理语言的变迁却一直缺乏通览式的研究，而这一语言却又在创建国家形象中有着至关重要的地位。① 虽然近代早期本文中的民族意识已经在一些重要的文献中得到了分析，但是本研究仍想试图理解近代早期不列颠——这既包括亚民族的、民族的、地区的乃至帝国的——政治思想中的地理构成。② 本研究的主题就是政治认同中的地理表述，尤其关注陆地与海洋关系的相关言论。③

我的第二个目标是乡村的、农业的英格兰社会是如何在战争的极端压力下将政治体系带向了商业和海洋方向，这一过程花费了数个世纪，耗费了无数的心思、生命和钱财，并且仍有大量未曾转变之处。然而，作为一个可以进行历史分析的发展历程，它提出了一个问题：当你将海水加进来后，政治学中发生了什么？尽管这个社会对淡水和咸水都有需求，但近代早期政治写作所强调的是，海洋施加了越来越多的挑战。在这里，我参考了关于国家形成史、帝国史、海洋和海军史的研究成果。之前我一直研究的是第一个主题，不过我现在要对第二个主题进行

---

① 可以关注 David Armitage, *The Ideological Origins of the British Empire* (Cambridge, 2000)。
② Richard Helgerson, *Forms of Nationhood*：*the Elizabethan Writing of England* (Chicago, 1992); Andrew Hadfield, Literature, *Politics and National Identity*：*Reformation to Renaissance* (Cambridge, 1994) pp. 2 - 15; John Kerrigan, *Archipelagic English*：*Literature, History and Politics 1603 - 1707* (Oxford, 2008).
③ 相关文献参见 Colin Kidd, *British Identities before Nationalism*：*Ethnicity and Nationhood in the Atlantic World 1600 - 1800* (Cambridge, 1999)。

新的研究了。①现在，水研究是热门话题，特别是"海洋史变得
具有如此的复杂性、多层面性，以至于（进一步研究它的）潜力
可能要丧失了"②。无法对这样一个庞大的主题进行全面探讨，
但是，它却是我们理解近代早期英格兰和不列颠政治与地理自我
形象构建中不可或缺的背景。本书的主题还包括贸易及其历史和
影响，当时之人是如何看待海洋纪律的，以及岛国和帝国观念是
如何形成的。

　　这些主题都建立在我早期的研究基础之上。我的《英格兰的　　xiv
麻烦》（*England's Troubles*）一书探讨了当时的政治比喻中使用
自然世界的形象以描述处于风雨飘摇的国家之船这个问题。③
《共同利益原则》（*Commonwealth Principles*）一书则更深入地
审视了英格兰共和主义的写作和实践中所包含的某些海洋要
素。④这两本书把这些主题都放入到一个欧洲的，特别是盎格鲁-
荷兰的框架之中。本书算是《英格兰的麻烦》的续集，它从地
理，而非宗教的视角考察了近代早期英格兰的欧洲认同。它还探
讨了英格兰和苏格兰的作家们在看待地理学的问题上跟看待宗教
问题时一样，都从欧洲视角出发，并且不可避免地也把它们与欧
洲所发生的带有地方性的、地区性的乃至全球性的暴力事件结合
起来看待。本书也是对《共同利益原则》一书的延续，它是基于
原始文本——手稿和印刷品——的观念史研究。在这里，我们说

---

① Jonathan Scott，*England's Troubles*：*Seventeenth-Century English Political Instability in European Context*（Cambridge，2000）.
② Glen O'Hara，'"The Sea is Swinging into View"：Modern British Maritime History in a Globalised World'，*English Historical Review* 124，510（2009）p. 1130. 关于淡水研究参见 Michael Cathcart，*The Water Dreamers*：*the Remarkable History of our Dry Continent*（Melbourne，2009）。
③ Scott，England's Troubles，Cover and chs. 1 - 2.
④ Jonathan Scott，*Commonwealth Principles*：*Republican Writing of the English Revolution*（Cambridge，2004），Cover and pp. 98 - 105,143 - 150,261 - 272.

再次返回到英国-荷兰史视角并非说它过去被忽视了。但是，荷兰对近代早期英国史所产生的持久的、多方面的、累积性的转型影响的确没有受到足够的关注。这一影响非常深刻：甚至板球（cricket）都是从佛兰德斯进口的。[1]

地理学和海洋借助岛屿走到了一起。尽管岛屿如今成为新西兰人的一个象征物，但是在此之前很长一段时间里，英格兰人及其之后的不列颠人却把自己描述为岛国人（islanders）。[2]近代早期的欧洲人跟今天的新西兰人看待岛屿的观念并不相同。尽管当时之人也会将水域与陆地区别看待，但是他们在对二者单独分析时是在统一的分析框架中进行的，并且还会分析二者之间的关系。本书研究的就是不列颠作为岛屿民族、国家以及之后的帝国的观念是如何发展起来的。相关材料浩如烟海，因为在这个社会里，宗教和政治争论中充满了自然世界的形象，而且其帝国经历也与自然哲学的追求和观察实践密不可分。我所参考的作品包括辩论文、谏言、诗歌、戏剧、讽刺文学、地理学、历史学、自然哲学、海洋文章、政治哲学以及旅行写作。

xv　　　本书的主要部分是在匹兹堡大学时完成的，并在多个方面受到了该校历史系的帮助。那里有一个发展势头良好的大西洋史计划，并且对这片海水的研究成果在我的作品中也有所体现。更重要的是，匹兹堡的历史系致力于跨民族和全球史的研究生教学工作。尽管本书并非全球视野，甚至不能算是一个跨民族历史作品，

---

[1] "哦，伊普克雷西之主！现在守好你的三柱门/拍拍你的板球！啊！再会，板球之王！"。约翰·斯凯尔顿（John Skelton）在"伊普克雷西的形象"（The Image of Ipocrisie, 1533 年）一诗中谈到了佛兰德斯的移民织布工。'Belgians Invented the Game of Cricket', *Television New Zealand News*, Wednesday 4 March 2009（online resource）.

[2] Ken Lunn and Ann Day, in 'Britain as Island: National Identity and the Sea', in Helen Brocklehurst and Robert Phillips（eds.）, *History, Nationhood and the Question of Britain*（Houndmills, 2004），对此有所提及，但没有进行分析和解释。

但我能与那里的师生进行互动，就世界各地的情况进行比较研究。那里的学生包括凯瑟琳·鲍乐瑞奥克斯（Catherine Balleriaux）、塔妮娅·波斯特（Tania Boster）、罗兰·克拉克（Roland Clark）、约翰·多诺霍（John Donoghue）、尼可拉斯·弗雷克曼（Niklas Frykman）、克里斯·马格拉（Chris Magra）、杰克·波洛克（Jake Pollock）和凯特·索尔斯（Kate Sorrels）。他们或对本书有所贡献，或至少对我的所作所为表示理解（他们有选择吗？）。我的材料来源因杰克的帮助而得到特别的完善。杰克现在也在从事一个相关的研究计划。关于系里的教师，我要特别感谢里德·安德鲁斯（Reid Andrews）、比尔·蔡斯（Bill Chase）、约翰·库珀（John Cooper）、皮纳尔·伊米拉里奥格鲁（Pinar Emiralioglu）、亚历杭德罗·德·拉·富恩特（Alejandro de la Fuente）、贾内尔·格林伯格（Janelle Greenberg）、吉姆·纳普和佩奇·纳普（Jim and Peggy Knapp）、帕特里克·曼宁（Patrick Manning）、拉腊·帕特南（Lara Putnam）、伊夫林·罗斯基（Evelyn Rawski）、布鲁斯·维纳德（Bruce Venarde）和珍·沃尔德伦（Jen Waldron）。保罗·米莱特（Paul Millett）、约翰·莫罗（John Morrow）、安德鲁·尼尔（Andrew Neill）、约翰·里夫（John Reeve）、乔纳森·索戴伊（Jonathan Sawday）、安德鲁·夏普（Andrew Sharp）和迈克尔·威特摩尔（Michael Witmore），以上诸公让我注意到了我本会忽视的材料。没有匹兹堡大学的帮助以及因作为卡罗尔·阿蒙森英国史教授（Carroll Amundson Professor of British History）①而享受的资源的话，本书是无法完成的。这些资源使我能够前往伦敦和其

① 本书作者曾在 2002—2009 年担任这一讲座教授职位。——译者注。

他地方查阅档案资料，并且还让我有时间从事阅读和写作。

这不是我第一次向科林·戴维斯（Colin Davies）、马丁·凡·格尔德伦（Marten Van Gelderen）、马克·凯什兰斯基（Mark Kishlansky）和马尔库·佩尔托宁（Markku Peltonen）表示谢意了。我曾与约翰·莫罗一起编辑过一本书。当他开着"斯威夫特"号（*Swift*）穿梭在奥克兰港以参加一系列朋友间的活动时，他阅读了本书的早期书稿，而且与我就这一计划进行了讨论交流，表达了对我的支持。我还要向剑桥大学的两位匿名审稿人表示最诚挚的谢意。

在我接受研究生教育时，我特别有幸地处在约翰·莫里尔（John Morrill）的鞭策之下。具有顶级水平的莫里尔现在有了更多的才能，而且他在使用这些才能方面比我更加得心应手。约翰对这一时期的情况了如指掌，他知道里面的暗礁、风向和潮流，这也不过是他作为一位杰出的共和国公民所掌握的良好品质中的一项。我在本书中很贪婪地吸吮着他为我提供的一切。也是由于这一原因，我至少要在菜单中增添一道我刚抓到的"鱼"，虽经朴实无华的调味准备，但呈现出的却是我的热烈的情感和感激之情。

当我在匹兹堡开始这段跟新西兰历史有几分相似的不列颠史研究时，我认为我生活在一座跨越世界的英语语言桥之间，这座桥连接了三个国家。现在我搬到了奥克兰居住，而这本书又像连接了我回家之路的桥梁。但是，其中还有一层含义，那就是家不是一个地点，而是一个过程。不管怎样，历史如果不能受到最严格的审视的话，它就会控制住这位历史学家："年轻人（以及不那么年轻的人）受到逝者的掌控。"[①]我对安妮（Anne）、索菲亚（Sophia）和托马斯（Thomas）参与到了我生命中这一进程的感激之情难以言表；因为他们在我的身边一点点长大。

---

① James K. Baxter，'Summer 1967'，引自 Jonathan Scott，*Harry's Absence：Looking for my Father on the Mountain*（Wellington，1997）p. 10。

不列颠的岛屿观念

不列颠的影响——需要比较古代希腊和古代中国……的标
准来测定——是一个相对新近的……现象。它是西欧大西洋诸
民族历史的……组成部分……欧亚历史最终流淌进我们所居住
的土地……农业和冶金技术以及印欧语言的传播；腓尼基人和
希腊人的殖民活动……犹太人在古典时代的移民行为和基督教
的来临……东方数学、科学和技术的输入；日耳曼人、斯拉夫人
和游牧民族的入侵；奥斯曼帝国……诸多的变动却在一处停下
脚步……它们在大西洋的海岸止步不前……无法再向西挪动，
就如同被风潮给困住了一般。他们历史中的一大问题不是他们
为什么驶入海洋，然后遍布世界，而是为什么他们花了如此长的
时间才做到这点。

　　　——菲利普·费尔南德斯-阿梅斯托①，《不列颠、海洋、帝国
与世界》②

　　人类一直都在探索水的情况。人们在灌溉型冲积平原上发展
出了密集型农业；一批综合性城市文明（苏美尔、埃及、印度和
中国）离不开海岸、河流和马车进行交通运输。宋代中国和后来
的尼德兰和不列颠一样，其商业社会的发展是通过运河所连接的

---

① 菲利普·费尔南德斯-阿梅斯托（Filipe Fernandez-Armesto）是著名的全球史专家，曾担任伦敦
　大学玛丽女王学院全球环境史讲座教授。著有《探路者：世界探险史》等作品。——译者注。
② David Cannadine（ed.），*Empire, the Sea and Global History*：*Britain's Maritime World，c.
　1760 - c. 1840*（Houndmills, 2007）pp. 7 - 8.

河流完成的。①在近代早期，全球通过葡萄牙、西班牙和其他欧洲国家装备着大炮的航海业实现了长距离的远航，这是令人震惊的成就，也推动了全球塑造成一个"水世界"的进程。②

海洋文明一直不多。在农业发展起来到后来的工业化之前，大部分的人都是在土地上劳作，也受到土地产出、生产限度和季节变迁的影响。依靠着亚述、罗马、拜占庭、中国、奥斯曼和伊比利亚等帝国的优势，在推罗（Tyre）、雅典、迦太基、威尼斯和阿姆斯特丹发展出了海洋经济和文化。③也就是说，它们是城市而非国家的产物。然而，有时候城市也创建了国家。在 16 世纪后期，北方尼德兰就是如此。在那里，阿姆斯特丹、乌特勒支、哈勒姆（Haarlem）、莱顿和代尔夫特（Delft）成为催发出联省共和国的动力。④一个世纪后，在 1688 年的一场成功的与海有关的荷兰人入侵战争后，大不列颠联合王国（1707 年）在伦敦宣告成立。其时，爱丁堡对此作壁上观。联合王国是资本的产物，也是政治权力的造物，通过它，一个民族的、地区性的和全球性的中心形成了。⑤

在古代世界，希腊海洋文化是从东地中海的地理形态中汲取

① W. H. McNeill, *A History of the Human Community*: *Prehistory to the Present* (4th edn, Englewood Cliffs, N. J. , 1993) chs. 1 - 6; J. R. McNeill and William H. McNeill, *The Human Web*: *a Bird's Eye View of World History* (New York, 2003) chs. 1 - 3.
② McNeill and McNeill, *The Human Web*, p. 179.
③ J. H. Elliott, *Empires of the Atlantic World*: *Britain and Spain in America 1492 - 1830* (New Haven, 2007) p. 18; Pinar M. Emiralioglu, 'Cognizance of the Ottoman World: Visual and Textual Representations in the Sixteenth Century Ottoman Empire (1514 - 1596)', unpublished PhD dissertation, University of Chicago, 2006.
④ Jonathan Israel, *The Dutch Republic*: *Its Rise, Greatness, and Fall 1477 - 1806* (Oxford, 1998) p. 114.
⑤ 在《帝国之网》(*Web of Empire*) 中，艾莉森·盖姆斯 (Alison Games) 将移民、贸易、宗教和政治旅行统合起来看待，并且认为这个帝国依靠并通过伦敦建立，但并不只受伦敦指挥。关于作为帝国比喻的网络也可参见 Tony Ballantyne, *Orientalism and Race*: *Aryanism in the British Empire* (Houndmills, 2002) pp. 13 - 17。

养分并获得发展，但其海洋文化并非由其创造。它的出现要部分归功于更早的埃及、克里特岛和腓尼基人的遗产。跟他们的邻居一样，大部分的希腊地区到公元前 600 年时已经发展出了农业和畜牧经济，以及一个贵族/战士社会。变化来自三方面的因素。一是与酒和橄榄油这两种农作物有关，它们非常适于贸易活动。另外一个与希腊城邦定居点的分布类型有关。他们先是在爱奥尼亚（Ionia，小亚地区）定居，然后在黑海到西地中海之间建立殖民地。

　　第三个因素则与雅典人投入精力发展海洋军事和经济权力有关，并且他们还致力于将二者转化为政治优势。得到的结果就是他们建立的民主体系有能力通过军事手段遏制波斯的进攻（尽管后来证明对斯巴达作战失败）。此后建立起一个与先前的殖民地不同的雅典帝国。尽管这一海洋文化从未彻底取代农业，但是它将农业容纳进来，改造了农业，并且特别在阿提卡（Attica）等零星地区也的确出现了海洋文化取代农业文化的趋势。

　　按照"伪色诺芬"的分析："［在雅典的］平民百姓、穷苦之人和人民大众，与杰出人士和富裕之人相比，前者会受到优待。原因很简单，这些人民大众是海军的动力之源，并且成了国家的优势力量……比重装步兵还要重要。"[1]近代早期的英格兰也是如此，军事需求最终带来了政治、经济和社会变迁。军事上的极端现状在 1645 年导致了新模范军的创建，它帮助开启了一场宗教和政治上的革命。新式的、规模空前的英格兰海军的出现有着同样的重要意义。尽管它受到的学术关注要少一些，但是英格兰海军

3

---

[1] Hartvig Frisch (ed.), *The Constitution of the Athenians: a Philological Analysis of Pseudo Xenephon's Treatise De Re Publica Atheniensium* (Copenhagen, 1942) p. 13.

也是在一种独特的社会哲学和社会结构中创建的。①

从速度和规模来看，唯一一个能与古代雅典相媲美的转型社会出现在北方尼德兰地区（这一事实后来在苏格兰启蒙作家詹姆斯·邓巴 [James Dunbar] 的作品中有论及）。在这个地区，一个商业的、海洋的经济体崛起了，从波罗的海到地中海，以及三大主要河流和海洋之间的互动地区都为其所用。②荷兰的经济发展不仅模仿了葡萄牙模式，而且它还强占了葡萄牙的财富。不过，16 世纪的荷兰和泽兰（Zeeland）还需进口谷物，这一点与葡萄牙不同，却与雅典模式一致。沿着雅典的发展路径，联省共和国成为大规模移民所打造的一个文化繁荣、经济发达的城市产物。跟雅典一样，荷兰不仅处在后君权式（post-royal）的社会中，而且变成了后贵族式（post-aristocratic）的社会。还有一个跟雅典类似的情况是，要是没有与周边帝国（西班牙哈布斯堡王朝）展开殊死搏斗，荷兰的这些发展也不会出现。

与雅典和联省共和国的情况不同的是，16 世纪的英格兰是一个乡村的、贵族的、王权的和以谷物种植为主导的社会。然而，由于西班牙、联省共和国和之后的法国所施加的军事压力，在之后的两个世纪里，英格兰被迫在海洋经济、政治管理和文化上取得一系列成果。尽管这些发展在最初并不重要，但是它却包含着社会和政治变迁。最终，英格兰迎来了商业共和主义、商业化的贵族集团、议会君主制和全球性帝国。到 18 世纪时，不列颠国家

---

① 相关的权威著作是 Bernard Capp, *Cromwell's Navy：the Fleet and the English Revolution 1648 - 1660* (Oxford, 1989)。然而，正如卡普所说，这一海军并非经克伦威尔之手创建，至少在海军起源上情况是这样。这一事实的重要性参见第四章所述。

② Israel, *The Dutch Republic*；Jan de Vries and A. van der Woude, *The First Modern Economy：Success, Failure, and the Perseverance of the Dutch Economy, 1500 - 1815* (Cambridge, 1997).

已经具有足够的力量对强大的商业贸易公司发号施令，商贸活动与农业和制造业的充分融合又促使工业化进程成为可能。[①]在英格兰伊丽莎白时期，海洋航行受到贵族和商人的联合资助，并且还需要王权的许可。当荷兰的经济奇迹建立在土地乡绅基础上的商业政治边缘化的时候，只有不列颠在 1660—1800 年间实现了贵族和商业文化在政治和社会层面上的融为一体，从而具有了决定政府决策的能力。当然，政府决策能力也是在此后才对它们具有了决定性的权威。

　　这是一次在农业、贸易、海洋文化、政治经济学和政府统治等方面历经长期的模仿和适应后的顶峰时刻，但它的变化可不是在一国之内完成的。[②]这一过程的关键因素是战争：残酷的军事失败与成功，以及取得战争胜利所需经历的一切。[③]本研究关注这一经历所产生的社会和政治影响。正如重视协调合作的重装步兵战争造就了希腊城邦以及（建立在古典基础之上的）荷兰军事革命造就了共和国而非国王权力那样，18 世纪的不列颠社会中的经济、政治和军事结构也不是 1688—1689 年单一事件的结果，它是借鉴了荷兰超过一个世纪的试错经验后的产物。在这个长时期的国际关系和国际进程中，本研究重点关注英荷政治上亲密关系中的三个精彩"时刻"：1584—1585 年，1649—

---

① Philip J. Stern," 'A Politie of Civill & Military Power'：Political Thought and the Late Seventeenth-Century Foundations of the East India Company-State", *Journal of British Studies* 47（April 2008）pp. 282 - 283.

② Jonathan Scott，'What the Dutch Taught Us'，*Times Literary Supplement*，16 March 2001 pp. 4 - 6；Charles Wilson，*England's Apprenticeship 1603 - 1763*（2nd edn，London，1984）Part 1；David Ormrod，*The Rise of Commercial Empires：England and the Netherlands in the Age of Mercantilism 1650 -1770*（Cambridge，2003）.

③ Scott，*England's Troubles*. 也可参见 John Brewer，*Sinews of Power：War，Money and the English State 1688 -1783*（London，1989）；Linda Colley，*Britons：Forging the Nation 1707 - 1837*（New Haven，1992）；Michael Braddick，*State Formation in Early Modern England c. 1550 - 1700*（Cambridge，2000）.

1654 年以及 1688—1697 年。每一个时刻既包含着敌对乃至冲突的因素，也包括联盟、模仿以及尝试性合并的努力。这些是一个硬币的两面。

在尼德兰，到处都能看到淡水和咸水。联省共和国就是在一个复合三角洲的内外实现凤凰重生一般的自我崛起。特别是在荷兰和泽兰，包括开发和维护旱地在内的经济生活需要持续的水利活动。英格兰的情况则与之相反。尽管这个国家也是雨水丰沛、河网密布，但是其地理结构、经济水平和社会状况并不一样。尽管如此，在林肯郡和剑桥郡的内部，有一块地方仍被当地人"很合适地称为荷兰（Holland），因为这是一片地势平坦、海拔不高且经常淹没在水里的地区，就跟荷兰一样；这里的很多沟渠可以通航，并且人们从一个市镇到另一个市镇都是乘船而行，跟荷兰一样"①。这里有着天然的港口。凭借着其港口的深度和迎合西向的流行风的关系，这里比英吉利海峡对岸要好得多。正如一位伊丽莎白时代的评论家所抱怨的那样：

> 这很明白了，低地国家在港口方面所花费的大量金钱并没有让它们穷困，情况正相反，它们因为无可比拟的财富而极大地富足起来，这里有了大量的富人、集市和人头攒动的城镇；而我们的心态却保守陈旧，或者说没有在获得、占取和开拓女王陛下的港口和通航水渠方面下太多功夫，这是对上苍留给我们的诸多优良港口的暴殄天物般的浪费和毁灭，并且因此在您的前方城镇中造就了许多乞丐、穷苦之人，也造成了

---

① Daniel Defoe, *A Tour Thro' the Whole Island of Great Britain*, (ed.) G. D. H. Cole (2 vols., New York, 1968) vol. II p. 424.

一片荒芜景象。①

在联省共和国，海洋经济（包括政治经济）改善了港口和沿岸城镇，而英格兰的农业活动则抑制了它们的发展。对于英格兰来说，拥抱海洋需要掌握一个新的因素。直到 1675 年，王家水文工作者约翰·塞勒（John Seller）才制造出第一份英格兰的海洋地图。"在塞勒投入这份工作前，"塞缪尔·佩皮斯（Samuel Pepys）评论说，"我们在英格兰地图上很少能看到航运的吃水情况，甚至对我们自己的海岸也所知不多。"②同时，英格兰海员使用的是荷兰地图、印刷书籍和荷兰语借词，并且他们还要研究荷兰的造船技艺和贸易。③荷兰的工程师、投资者和移民改变了内陆景观，抽干了沼泽，还引入了荷兰式的动物饲养和庄稼轮作制，并且建立了市场化的园艺业。于是，在 1699 年，约翰·伊夫林（John Evelyn）报告说，现在制作沙拉的原料中终于有足够多的英格兰本地物品了。④

另外一个重要的文化资源包括对古物（人文主义）和新教的尊重。这有助于解释为什么葡萄牙人和西班牙人的技术、知识和成就虽然重要，但对于英格兰来说，伊丽莎白时期、17 世纪和 18 世纪时，最重要的海洋学习榜样却分别是古代雅典人、联省共和国，以及腓尼基/迦太基。值得注意的是，雅典是民主制，而迦太

---

① 'A Memorial of Sir *Walter Raleigh* to Q. *Elizabeth* Touching the Port of *Dover*' in Sir Walter Raleigh, *A Discourse of Seaports*; *Principally of the Port and Haven of Dover* (London，1700) p. 2.

② John Seller，Atlas Maritimus(1675)的谈论，佩皮斯的话引自 Martin Thompson，'Images of an Expanding World'，*Cam*：*Cambridge Alumni Magazine* 50 (Lent Term 2007) p. 31。

③ John J. Murray，'The Cultural Impact of the Flemish Low Countries on Sixteenth-and Seventeenth-Century England'，*The American Historical Review* 62，4 (July 1957).

④ John Evelyn，*Acetaria*：*A Discourse of Sallets* quoted in ibid. p. 852；Keith Wrightson，*Earthly Necessities*：*Economic Lives in Early Modern Britain* (New Haven，2000) p. 161.

基和荷兰是共和国。英格兰的作家们通过荷马、柏拉图、希罗多
德、修昔底德、色诺芬和波里比乌斯的作品将北海想象为东地中
海，而天主教西班牙（以及之后的法兰西）则是波斯。从当时荷
兰的活动中，英国的政治家、管理者和商人们也学习到了一系列
实现经济、财政和军事现代化的秘密。

　　通过 19 和 20 世纪的历史学，人们越来越多地意识到，民族
和国家不仅呈现在言语和纸面上，也出现在陆地景观和水上航道
之中。①近代早期同样如此。英格兰跟爱尔兰一样，其"文化上的
意识形态及其核心价值观都包裹在景观——对其景观的占领、使
用、命名，以及相关的故事和传奇——之中"②。当大不列颠联合
王国成立时，长期奋斗得来的复杂的文化成就（经济的、社会
的、政治的和军事的）都被解释为自然的产物。人们普遍会谈论
其与海洋的特殊关系。正如一位叫厄斯金·柴尔德斯（Erskine
Childers）的人在 1903 年时所说："我们是一个海洋民族——我们
靠海而成长，也靠海而生存……我们在那方面独一无二，这正如
我们的帝国，只是凭海洋连接起来，这是独一无二的。"③这样一
种独特的宣言的意思就是：不列颠是一个岛国民族。

　　借用丹尼尔·笛福在本书附录中的术语，这类似于一种鸭语
言（duck language），不列颠居民借此给外国人乃至他们自己灌
迷魂汤：他们的国家在本质上具有独一无二性。对于人类来说，
这是一种寓言式的论调，因为政治学的语言中充满了寓言，也具

① Thomas M. Lekan, *Imagining the Nation in Nature: Landscape Preservation and German Identity, 1885‑1945* (Cambridge, Mass., 2004) p. 5; David Blackbourn, *The Conquest of Nature: Water, Landscape and the Making of Modern Germany* (New York, 2006); Stephen Daniels, *Fields of Vision: Landscape Imagery and National Identity in England and the United States* (Princeton, 1993).
② William J. Smyth, *Map-making, Landscapes and Memory: a Geography of Colonial and Early Modern Ireland c. 1530‑1750* (Notre Dame, Ind., 2006) p. 3.
③ Childers, *The Riddle of the Sands* 引自 O'Hara, ' "The Sea is Swinging into View" ' p. 1132。

有深刻的派别性。这些作家们通过吹嘘的方式把这个论调发展成
为民族主义的观点。笛福戏剧性地注意到，鸭语言的目的是"劫
掠"（'*kidnap*'）和出卖外国的鸭子。这并非是说不列颠发展出
了一种自我意识，它具有特别的排他性和敌视外国人的特性，也
不是说不列颠人不承认自己是欧洲民族主义的地方变种。这里要
强调的是，在这个历史形成过程中，关于岛屿、岛屿民族、海洋
命数和帝国的修辞处于中心位置。[①]

　　这建立在一系列的发展基础之上。[②]它们包括盎格鲁-苏格兰
王朝在 1603 年的合并，奥利弗·克伦威尔时期阿尔比恩
（Albion）在政治和军事上的短暂统一，以及 1707 年大不列颠联
合王国的建立。这些事件保证了一个现代的英格兰，及其之后的
不列颠军事-财政国家的诞生。这一过程的关键是一个横跨欧洲、
大西洋和全球的帝国的发展。英格兰和不列颠国家与帝国构建之
间的关系，特别是其中的军事关系，是研究 17 和 18 世纪历史的
热门主题。[③]"岛屿动机"一直被看作"不列颠殖民主义的主要
问题"。[④]

　　不列颠的岛屿观念进而包括以下这些要素：内部的统一，军

7

---

① Brendan Simms, *Three Victories and a Defeat：the Rise and Fall of the First British Empire，1714 -1783*（London，2007），Introduction.

② Brian P. Levack, *The Formation of the British State：England，Scotland and the Union 1603 -1707*（Oxford，1987）；Colley, *Britons*.

③ 关于 17 世纪的内容参见 Armitage, *Ideological Origins*；Braddick, *State Formation*；Brewer, *Sinews of Power*；Nicholas Canny, *Making Ireland British 1580 - 1650*（Oxford，2001）；Games, *Web of Empire*；Scott, *England's Troubles*。关于 18 世纪的内容参见 Colley, *Britons*；C. A. Bayly, *Imperial Meridian：the British Empire and the World 1780 - 1830*（London，1989）pp. 81 - 86；P. J. Marshall, 'A Free though Conquering People'，*Eighteenth-Century Britain and its Empire*（Aldershot，2003）；Kathleen Wilson（ed.），'Introduction：Histories, Empires, Modernities'，in Wilson（ed.），*A New Imperial History：Culture，Identity and Modernity in Britain and the Empire 1660 -1840*（Cambridge，2004）；Simms, *Three Victories*。

④ Diana Loxley, *Problematic Shores：the Literature of Islands*（New York，1991）p. xi. 帝国与岛国性的论题参见 Kathleen Wilson, *The Island Race：Englishness，Empire and Gender in the Eighteenth Century*（London，2003）。

事安全，全球流动性和控制力。最重要的是，它也暗示着一种分
离性。时至今日，联合王国站在了未来的门槛上，深受一种历史
观念的折磨。这个观念就是不列颠与欧洲其余地区隔离有别。在
20 世纪 30 年代，G. M. 特里威廉 (G. M. Trevelyan) 将这一颇有
市场的观念追溯到伊丽莎白时期"具有民族情感和爱国情怀的天
才们的"解放运动中。这些"天才们"逃离了"天主教会和封建
义务所反复说教的世界秩序与世界构成……在那场斗争处于热潮
时，英格兰文明被锻造成了它的现代形式，具有了岛国性和海洋
性，并且当年诺曼征服将英格兰文明变成了大陆文明的组成部
分，而如今二者却走上了不同的道路"。①

　　到 18 世纪中期，这个岛屿"不列颠"宣布统治了海洋。这个
宣言标志着一种独立性的出现，这种独立性不受外部权力的制
约，也独立于内部的历史时间。通过打造出一系列现代性的特
征，这一宣言说明的是，不列颠不仅是自由的，而且是历史上第
一个获得自由的。②在 1940 年，温斯顿·丘吉尔谈到"我们岛屿
的漫长历史……我们制度和帝国的长久的持续性……我们将要再
次证明自己有能力捍卫我们的岛屿家乡，有能力经受住战争的冲
击，并比暴政的威胁活得更久远……我们要在海岸边战斗，我们
要在登陆地点战斗"③。这份岛屿认同宣言在 1945 年取得了决定
性的胜利，并且再次出现在 1982 年，当时的撒切尔政府强调了
"这个统于一尊的岛屿"（'This Sceptered Isle'）以及跨越全球
的"岛屿族群"（'island race'）的形象。④从世界岛屿认同的另

8

① G. M. Trevelyan, *History of England* (2nd edn, London, 1937) p. 323.
② Roy Porter, *The Creation of the Modern World*：*the Untold Story of the British Enlightenment*
　　(New York, 2000)；Alan Houston and Steven Pincus, *A Nation Transformed?* (Cambridge,
　　2001).
③ 转引自 Angus Calder, *The Myth of the Blitz* (London, 1991) pp. 28, 38。
④ Loxley, *Problematic Shores* Appendix p. 170.

外一个部分来看就会有着不同的意义（比如，小的，或者普世的）。1965 年，V. S. 奈保尔（V. S. Naipaul）访问了他童年时在特立尼达的家（当时仍旧是不列颠的殖民地）并且报告说："特立尼达是一个有趣的地方。它的人口还没有诺丁汉的多。丘吉尔把英格兰称为一个岛屿，他们则叫特立尼达为一个国家。真的，你很难在这里有如此感受，因为特立尼达真的很小。牙买加就更严重了。牙买加对于牙买加人来说就是整个世界了。"①

在他的《英语民族史》（*History of The English-Speaking Peoples*）中，丘吉尔用比较中立的语言谈论了不列颠从地理角度来看所具有的分离性（separateness）。这个岛"没有与这块大陆完全分裂开"，并且

> 无论是战时还是和平时期，海盗、商人、征服者或者传教士等入侵者很容易接近它。那些生活在这里的人对于大陆上的权力、信仰，乃至时尚的任何风吹草动都很敏感，但是，他们对于从海外传播来的每一种行为、每一个信条都会施加一些独具特色的改变，并打上自己的印记。②

现在人们不再接受这种文化或种族角度的独特性言论。一个有趣的结果却是不列颠的历史学家对于地理语言的使用在加强。在约翰·波考克（John Pocock）的"大西洋群岛"（'Atlantic Archipelago'）和休·卡尼（Hugh Kearney）的*不列颠诸岛*（*British Isles*）之后，诺曼·戴维斯（Norman Davies）的研究

---

① 转引自 Patrick French, *The World is What it is: the Authorised Biography of V. S. Naipaul* (New York, 2008) p. 171。

② Winston S. Churchill, *The Island Race* (New York, 1964)，为《英语民族史》的缩写本，所引用语言取自此书。

直接简单地称之为诸岛（*The Isles*）。在把自己的研究放在欧洲和帝国的背景下后，琳达·科利（Linda Colley）也把不列颠称为"这些岛屿"。①2005 年，《经济学家》（*The Economist*）杂志在庆祝 H. E. 马歇尔的《我们的岛屿故事》（*Our Island Story*，1905 年）再版时指出，它的历史中"真实过往与神话故事的精彩结合"再一次让人看到了其"优秀的一面"。②

实际上，正是英格兰在海岸或其他地方的战斗所遭受的巨大失败帮助我们解释了这样一个事实：推动现代不列颠国家出现的不是英格兰人，而是盎格鲁-荷兰人。不列颠和其他欧洲公众仍没有意识到英格兰所面临过的大规模外部入侵无疑是值得关注的。③2009 年 11 月，《卫报》（*The Guardian*）在赫尔曼·范龙佩（Herman Van Rompuy）当选首位欧盟理事会常任主席后，与一场反低地国家的抗议展开了斗争。"在嘲弄西北欧的独立小国之前，"一位编辑警告说，"英国的沙文主义者需要回忆一下不列颠伟大的爱国者帕麦斯顿勋爵在解决地图问题时所实施的手段。这个国家比其他任何一国都更多地遭受过军事蹂躏，但是如此多的不同入侵者所留下的标记却造就了一个具有大国风范的宽容文化。"④荷兰共和国在 1688 年武装进入英格兰之前是一个独具特色的宽容国度。如果说这次入侵的一个副产品是宽容的话，威廉

---

① Linda Colley, *Captives*： *Britain*, *Empire and the World 1600 - 1850*（New York, 2002）pp. 4 - 5, 17, 46.

② 'Notes on a Small Island： an Old Approach to History is New Again', *The Economist*, 20 August 2005. 也可参见 Stefan Collini's review of the Oxford Dictionary of National Biography under the title 'Our Island Story', *London Review of Books*, 20 January 2005。

③ 尽管在乔纳森·伊斯雷尔（Jonathan Israel）的具有创建性的作品 'The Dutch Role in the Glorious Revolution', in Israel（ed.）, *The Anglo-Dutch Moment*： *Essays on the Glorious Revolution and its World Impact*（Cambridge, 1991）pp. 105 - 162 之后出现了一大批的学术文献. 相关参考文献参见 Scott, *England's Troubles* chs. 9, 20 - 21; Lisa Jardine, *Going Dutch*： *How England Plundered Holland's Glory*（New York, 2008）pp. xi - xiii and ch. 2。

④ *The Guardian*, Monday, 23 November 2009, p. 22.

三世还应当看到花儿权力①、披头士乐队的唱片和托贝城的同性恋婚姻也是从荷兰引入的。在"解决别人家地图"之前，近代早期的不列颠还要解决一下自己地图的问题。因此，如果联合王国成为一个海洋政权，那不是因为它是一个岛屿。其他的海洋政权（雅典、联省共和国、美国）都不曾是岛国，尽管它们都统辖许多岛屿；②并非偶然，这些话都是在第二次世界大战之后不久出现在英格兰的，尽管它实际上是由一位新西兰人在写作关于克里特岛的作品时提出来的。③

与新西兰人相比，英国人对岛屿并没有太多这类的兴趣。④他们才不会独自伫立在爱琴海或南太平洋的群岛地图面前陷入沉思。英国人在看待与其他欧洲国家关系时，或多或少带有一些"他者"的意识。尽管这种意识在民族构建史中处于次要地位，但我们接下来还是要进入民族构建史的研究活动中。

民族不是自然的产物，它是文化的制成品。正如大卫·阿米蒂奇（David Armitage）所说：

> 由于不列颠的海洋历程看起来是由自然推动的，所以对它的界定超出了历史分析的范畴；类似地，由于不列颠的自然环境将它与欧洲其他地区从地理上分离开来，它的历史被看

---

① 花儿权力（flower power）是 20 世纪 60 年代反对越战，倡导非暴力和平运动时的著名口号。——译者注。
② 威廉·坦普尔爵士（Sir William Temple）把荷兰描述为"是一个由许多古老的运河（*Rhyne*）分支组成的岛屿，它的正式叫法是巴塔维亚（*Batavia*）"。Temple, *Observations Upon the United Provinces of the Netherlands* (London, 1673) p. 6.
③ Dan Davin 转引自 Keith Ovenden, *A Fighting Withdrawal：the Life of Dan Davin* (Oxford, 1996) p. 145。
④ Allen Curnow, *Early Days Yet：New and Collected Poems 1941-1997* (Manchester, 1997) pp. 86,191-193,217-219,222-224,226-229,235-236; J. G. A. Pocock, *The Discovery of Islands：Essays in British History* (Cambridge, 2005).

作具有根本的特殊性。一个如此顽固的事实几乎不具有历史性；一部如此特殊的历史也无法被吸收进其他欧洲的范式之内。不列颠的海军霸权被看作跟不列颠帝国的扩张一样是不可避免的，并且都沉浸在自鸣得意的健忘症之中。如果这个神话真的有一部历史的话，它更多是偶然的产物，因此对它也就不需怀有太多激情。①

如果这个神话没有历史，它也不是一部关于地理学的宣言。它是用地理的修辞方法来构建一个新式的、现代的和军事上的实体。②英格兰不是一个岛屿；近代早期的岛屿并没有与欧洲大陆分离开来；不列颠的地理学在欧洲层面没有什么特殊性。然而，如果跟随阿米蒂奇用历史代替政治，用汗水代替激情，我们首先不应当从经验的角度妄加断言，而是要对地理和政治概念之间的关系进行一番重构，同时注意的是二者之间在时间的历程中所经历的存在和变迁过程。

---

① Armitage, *Ideological Origins* p. 101.
② John Reeve, "Britain or Europe? The Context of Early Modern English History: Political and Cultural, Economic and Social, Naval and Military", in Glenn Burgess (ed.), *The New British History: Founding a Modern State 1603 - 1715* (London, 1999) pp. 291 - 293; Loxley, *Problematic Shores*.

第一章

水之共同体

　　赫卡尼亚海也叫里海，它由陆地将其包围起来，从另一个视
角来看，它就像个岛屿。

托勒密：《地理学》第 7 册①

　　没有人是一个自成一体的岛屿；每一个人都是大陆的一份
子，是整体的一部分；如果一块泥土被海洋冲刷走了，欧洲会变
得更小；这跟一处海角被冲走时发生的情形一样……任何人的
去世都会让我衰弱，因为我处在人类之中；因此，不要试图了解
丧礼的钟声；丧钟为你而鸣。

约翰·多纳：《紧急时刻的虔诚，沉思 XVII》

　　约翰·多纳（John Donne）在 1624 年写下了以上这段著名的
文字。这一年欧洲的新教正面临着极度的危险，而英格兰则卷入到
三十年战争中。正如布兰登·西姆斯（Brendan Simms）所说，多纳
的言论不能仅被看作道德话语，它也是一种地缘政治式的沉思。②
然而，多纳的观点并不仅仅在说英格兰这片能被冲走的土地是欧
洲这块大陆、这个整体的一部分。欧洲的地理是大陆和岛屿复杂交
织在一起。多纳尽管使用了地理语言，但他并没有在谈论地理。海
岛、海角和大陆作为部分所组成的"整体"却是整个"人类"。在一个
宗教危机的时代，"没有人"能够逃脱作为上帝造物的命运，或者说，

---

① *Ptolemy's Geography: an Annotated Translation of the Theoretical Chapters*, (eds. and trans.) J. Lennart Berggren and Alexander Jones (Princeton, 2000) p. 109.
② Simms, *Three Victories* pp. 9 - 10.

12

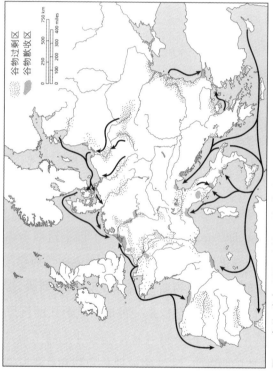

图一　岛屿、半岛、平原、山地、河流、海洋和内陆海组成了欧洲的地理形态。英格兰跟斯堪的纳维亚、伊比利亚或西西里一样，都是重要的欧洲地理形态。本图基于《十六世纪的谷物贸易》一文，参见 N. J. G. 庞兹的《欧洲历史地理，1500—1840年》(N. J. G. Pounds, *An Historical Geography of Europe 1500 – 1840*, 剑桥, 1979年)，第 26 页。

无人能够因此怀疑丧钟为谁而鸣的问题。

近代早期的作家使用地理语言时通常要谈论的不是地理,而是政治、历史或宗教。今天的英国历史学家不太会质疑岛屿民族的观念,而这个观点常被误认为符合地理事实。虚构文学《仙后》(*Faerie Queene*)的写作有着宗教和政治目的。作者埃德蒙·斯宾塞(Edmund Spenser)的"第一步……是为了清晰地阐释这个地理学上的多余之话:英格兰是一个岛屿,而伊丽莎白女王则是'这个最伟大的岛屿上的非凡的女士'"[1]。实际上,被托勒密称作阿尔比恩的这座岛屿是包含威尔士和苏格兰的。威尔士在 1636 年被英格兰国王正式吞并,而马奇蒙特·尼德汉姆(Marchamont Needham)在 1650 年指出,苏格兰"这个国家像一块疥癣一般附着在这个不幸的岛屿的美丽躯体之上"[2]。18 世纪之后,威尔士才真正深度英格兰化,而文化上特立独行的苏格兰也因高地人被清理而大为削弱。晚至 1774 年,一位弗吉尼亚人还指责"不列颠"这个词带有不吉利的"苏格兰主义"('Scotticism')。"要是那个与受到诅咒的国家相关的原则和术语还能四处蔓延的话,英格兰或美国还有机会维持他们的自由或独立吗?"[3]

就在此时,英格兰的政治地理学也变得精彩纷呈且内涵丰富起来。在古代,这片土地属于那个地中海帝国的一部分。在现代,这个国家则统治了全球。在近代早期,英格兰的作家们设想了一系列的民族和帝国样态。在 1557 年之前,从 1657 年到 1662 年期间,以及 1714 年之后,英格兰的统治者统治的地域跨越英吉利海峡两岸,此外还包括爱尔兰海和大西洋两岸。在 1651 年到 1653

---

① Canny, *Making Ireland British* p. 24.

② 转引自 Colin Burrow, "New Model Criticism", *London Review of Books*, 19 June 2008。

③ William Lee 转引自 P. J. Marshall, "A Nation Defined by Empire, 1755‑1776", reprinted in P. J. Marshall, "A Free though Conquering People" p. 222。

年期间，在征服了爱尔兰和苏格兰并且向波尔多派遣了蛊惑人心的使者后，英格兰试图与联省共和国建立政治上的统一。[1]整个17世纪期间，征服爱尔兰、美洲部分地区以及非洲一些出海口的斗争一直在进行。西姆斯把汉诺威王朝时期的不列颠看作欧洲核心地区的德意志权力的组成部分，它的权力范围包括波罗的海和大西洋海岸地区，并且在地中海也有着战略利益。[2]因此，近代早期英格兰国家——更不用提联合王国了——的进化历程是一部具有复杂地理性的故事，它包括了至少三个大陆以及诸多岛屿。

英吉利海峡的不足之处是在时间上只有六千年，而宽度上从多佛尔到加莱只有21英里（约34千米），而阿尔比恩能在规模上略作弥补，因为它是欧洲最大的岛屿。在地区层面，最早成为完全被海环抱的欧洲半岛——与斯堪的纳维亚、伊比利亚和意大利相比——的是不列颠。与之有所相似的是特立尼达，这个地方距离委内瑞拉7英里（约11千米）。我们还不清楚是否可以说海峡造成了人类定居史的不同走向。在前现代和近代早期的欧洲，当交通只有依赖水域才变得有效率时，海洋不是天堑；它们是连接体（维京人在利用这个机会方面比蒙古人更出色，因为蒙古人入侵日本的两次活动都失败了）。"大陆地形在阻碍贸易和社交往来方面最严重，山区地形更是如此。水域交通长期以来要廉价一些……然而，水域地理学仍未受到历史研究的重视。"[3]

海洋所具有的切实作用还要依赖这个媒介对相关地区军事力

---

① Scott, *Commonwealth Principles* pp. 102 - 105, 266 - 270; Kerrigan, *Archipelagic English* pp. 200 - 227.

② Simms, *Three Victories* chs. 3 - 4.

③ Dennis O. Flynn and Arturo Giraldez, "General Editors" Preface, in Tony Ballantyne (ed.), *The Pacific World: Lands, Peoples and History of the Pacific 1500 - 1900*, volume VI: *Science, Empire and the European Exploration of the Pacific* (Aldershot, 2004) p. xiii.

量的掌握。从古代起,不列颠就处在征服者和外来移民的影响之下,其影响程度不比意大利或伊比利亚的少。实际上,由于没有后者的那种高山的阻挡,不列颠更容易暴露在敌人面前。然而,由于远离地中海和近东的权力中心,它受到的某些影响相对更少。跟地理学思想类似,地理学在历史上的影响也与文化有关。[①]

最近的一部历史著作在结尾处对"不列颠始终无法解决与大陆欧洲的关系"表示了惊讶之情。[②]另外一位作家则认为"英吉利海峡/拉芒什海峡是一处前线,或者说是英格兰/不列颠和法国(以及,从更大层面讲,欧洲大陆)之间的阈限空间"[③]。这并不是说这些不断发生斗争但又难分胜负的状况有什么不好。然而,作为一个具有独特意义的地理、文化或政治实体的"大陆欧洲"是不存在的。

欧洲并非只是一块大陆。[④]不列颠之外的整个欧洲也不是只有大陆特性。大部分近代早期的欧洲国家的土地既包括大陆也包括海岛(在当下欧洲,民族国家更为紧密地成为一体,反而让这一原则不那么适用了)。尽管如此,通过一位历史学家之笔却能将其"消除",从而将欧洲概念进行了(明显的不列颠式的)再发明。与法国人构建的"盎格鲁-撒克逊"概念——即将联合王国和美利坚合众国直接打包为一体——类似,这个不列颠式的欧洲概念也获得了广泛的认可。在2009年3月31日《纽约时报》(*New York Times*)的一篇文章里,德国(包括萨克森地区)的安吉拉·默克尔和法国

15

---

① K. R. Howe, Nature, *Culture*, *and History*: the "*Knowing*" *of Oceania* (Honolulu, 2000). 关于地理学术语的文化构建参见 Martin W. Lewis and Karen Wigen, *The Myth of Continents*: *a Critique of Metageography* (Los Angeles, 1997); John R. Gillis, *Islands of the Mind*: *How the Human Imagination Created the Atlantic World* (Houndmills, 2004)。

② Peter Clarke, *Hope and Glory*: *Britain 1900 - 2000* (London, 2004) p. 443.

③ Dominic Rainsford, *Literature*, *Identity and the English Channel*: *Narrow Seas Expanded* (Houndmills, 2002) p. 8.

④ Cf. *The Economist*, 10 - 17 December 2009.

的尼古拉斯·萨科齐拒绝了肯尼亚-美国人(巴拉克·奥巴马)和苏格兰人(戈登·布朗)①联合提议的"盎格鲁-撒克逊"模式的财政刺激计划。

尽管海洋是实在确定的——就是说它由水构成——但是人们对海洋广袤性的感觉则不一样。对于横跨太平洋的波利尼西亚移民以及从事环球航行的人来说,其所感受到的距离并不相同。欧洲人在蒸汽船发明后才在南半球的海域定居下来。1835年,查尔斯·达尔文在从塔希提启程三周半后见到了新西兰,他用欧洲的视角来看待这个地区:

> 我们现在几乎穿越了整个太平洋。横穿这片广阔的大洋才能理解其广袤性。在历时数周的紧张旅行后,我们看到的依然是同样湛蓝、深不见底的海洋。甚至处在这片群岛中时,我们感觉这里的岛屿如同一些零星的颗粒,从一处海岛到另一处都很遥远。习惯于看小比例尺的地图后,那些圆点、着色和地名都挤在一起,这让我们无法正确地判断:陆地与广袤的水域相比,是多么的渺小啊。②

一些学者认为,在把海洋看作需要跨越的广阔区域(或者是处女地)时,近代早期的欧洲人展现了一种"大陆"心态。弗朗西斯·培根评论说:"在海洋航行中,人们除了天空和大海,看不到别的什么东西,却还要写日记,真是一件奇怪的事情;而当他们来到陆地旅行时,有如此多的东西需要观察,但他们却又不予

---

① 戈登·布朗 (Gordon Brown) 时任英国首相。——译者注。
② Charles Darwin, *The Voyage of the Beagle*, (ed.) James H. Brix (New York, 2000) p. 440.

记载了。"①最后这句话并不完全正确。哈库利特和珀切斯 (Samuel Purchas) 编纂的作品中就既包括危险却又丰富有趣的陆地旅行，也包括航海旅行。另外，诸如安东尼·詹金森 (Anthony Jenkinson) 在 1557—1558 年所进行的艰苦旅程，在这次水陆两栖的旅程中，詹金森从莫斯科前往丝绸之路上的"巴克特里亚的布加尔地区"（'Boghar in Bactria'）。米歇尔·德·蒙田 (Michel de Montaigne) 在 1580—1581 年的著名旅行中从波尔多来到了罗马，尽管多数时间是沿着河谷行进，但他也会"来到路上行走"。②珀切斯的作品中包括一部《海洋航行和陆地旅行的世界史》（*A History of the World in Sea Voyage and Land Travels*）。

正如我们将看到的那样，培根并不是一个十足的"大陆派"思想家。其中的一个原因就是他花费了一些时间关注着已经高度发达的海洋时间记录方法。③其实正是因为海洋是平坦的、单调的（也是波涛汹涌的、惊涛骇浪的），海洋才应当被制成地图。在这种干湿之争中，中国皇帝乾隆也支持干燥的（陆地），因为他在 1793 年告诉不列颠的大使，中国对一个"被茫茫大洋包围着而与世界割裂开来的"④小国没什么兴趣。菲利普·斯坦伯格 (Philip Steinberg) 发现在中世纪横渡印度洋的阿拉伯航海家中也有类似的心态，并且他还把其与加罗林群岛的岛民作了对比，

16

---

① Francis Bacon, 'Of Travel', in *Bacon's Essays*, (ed.) Edwin Abbot (2 vols., London, 1889) vol. I, p. 61.

② Jonathan Sawday, *Engines of the Imagination: Renaissance Culture and the Rise of the Machine* (New York, 2007) p. 40.

③ E. G. R. Taylor, *The Haven-Finding Art: a History of Navigation from Odysseus to Captain Cook* (New York, 1957). 关于 19 世纪海洋和陆地调查方法的不同参见 D. Graham Burnett, *Masters of All They Surveyed: Exploration, Geography, and a British El Dorado* (Chicago, 2000) pp. 99 - 117。

④ 转引自 McNeill and McNeill, *Human Web* p. 167。

因为这些岛民的领地概念既包括海洋也包括陆地。①类似的概念（岛屿的海洋，而不是被海洋分隔开来的岛屿）也出现在波利尼西亚和加勒比地区。②岛屿是一种与外部有联系的实体。比如在欧洲，它们需要在与大陆的关系下进行理解，而在太平洋地区，海岛则要在与海洋空间以及岛屿互相之间的关系语境下进行理解。

关于欧洲人（以及英国人）把海洋看作荒芜之地这样的概念还需要简单谈一下。在海洋从仅供通航使用到被有规律地穿越（以及受到军事上的管控）这段时间里，关于海洋的概念是在变化的。对于一个农业社会来说，海洋就是荒芜之地，这倒也不仅是由于它没有被开发。1671 年，约翰·奥格尔比（John Ogilby）很兴奋地谈到"世界上的海域在几乎所有的时代都未被开垦，但是最近一些时间，一些专业人士和勇敢的船长们已经对它们进行一番耙梳了。正是凭借着这些人的手腕和努力，已经取得了一些成就，从东方到西方，只要是有日升日落的地方，各种新发现已经在世人面前显露出来了"③。此外，海洋受天气影响会变得狂野，海洋的这种变化莫测的危险始终是近代早期相关写作的主题。

跟其他的荒野形象一样，这一主题的来源也是《圣经》。丹

---

① Philip Steinberg, *The Social Construction of the Ocean* (Cambridge, 2001) pp. 49 - 60.
② Rod Edmond and Vanessa Smith (eds.), *Islands in History and Representation* (London, 2003) pp. 1 - 3; Greg Dening, 'Deep Times, Deep Spaces: Civilizing the Sea', in Bernhard Klein and Geesa Mackentun (eds.), *Sea Changes: Historicising the Ocean* (New York, 2004). 萨摩亚人（Samons）和汤加人（Tongans）观念参见 Donald Denoon with Stewart Firth, Jocelyn Linnekin, Malama Meleisa and Karen Neno (eds.), *The Cambridge History of the Pacific Islanders* (Cambridge, 1997) p. 119, 他们与复活节岛人的观念的比较可参见 'An Artist Sets Sail, but South Pacific Pulls Him Home', *New York Times*, 22 April 2006 p. A4。
③ John Ogilby, *America: Being the Latest, and Most Accurate Description of the New World* (London, 1671) p. 1.

尼尔·笛福将荒凉之地与天堂并置（但他说，苏格兰不属于这二
者）。①《圣经》中对海洋和陆地的荒凉景象都有过描述。《圣
经》把人类看作是渺小的，而且人类无法战胜超越其控制力和理
解力的那个力量。在献给弗朗西斯·沃尔辛厄姆爵士（Sir
Francis Walsingham）的《航海、旅行与发现》（*Navigations*,
Voiages and Discoveries，1589 年）一书中，理查德·哈库利特
回忆了他受到"诗篇 107"的启迪："我在其中读到，他们乘船深
入大海，他们在伟大的海域中活动，他们在深海中寻找主的成果
和奇迹。"②有时候，人们引用这句话时是把它看作英格兰海洋生
活的一次爱国主义宣言。然而，诗篇所描述的内容不是自然界的
奇迹，而是神圣慈悲对内心恐惧的祈祷者的回答。

> 因他一吩咐，狂风就起来，海中的波浪也扬起。他们上到
> 天空，下到海底；他们的灵魂也因患难而消融。他们摇摇晃晃，
> 东倒西歪，好像醉酒的人；他们的智能无法施展。于是他们在
> 苦难中哀求耶和华，他从他们的祸患中领他们出来。他使狂风
> 止息，波浪就平静。风息浪静，他们便欢喜；他就引他们到所愿
> 去的海口。③

一般来说，"《圣经》中海洋的观念以消极为主"。④在陆地
上，荒凉之地存在于《圣经》中的埃及："耶和华必安慰锡安，他
要安慰它的一切荒场，使它的旷野像伊甸园一样，使它的荒地像

---

① Defoe, *A Tour* vol. II p. 691.
② Hakluyt, *The Principall Navigations* vol. I, Epistle Dedicatorie p. 1.
③ *The Holy Bible*, *King James Version*: *a reprint of the edition of 1611* (Peabody, Mass. , 2003) Psalm 107. 25 - 30.
④ Sebastian I. Sobecki, *The Sea and Medieval English Literature* (Cambridge, 2008) p. 35.

耶和华的园子一般"(《以赛亚书》51.3)。正如伊甸园是一个花园模样，饱含教义说教的近代早期英国虔信文学中就探讨了人冥顽不化的状态所具有的道德荒野性 (moral wilderness)，也谈论了对此展开信仰教化的手段。更加明确地讲，在爱尔兰和美国，荒野处在篱笆所围成的文明地区以外，荒野也不在新教文明区内。其中包括未经开发的景观：沼泽、山地和森林，以及生活在这些地区的野蛮的爱尔兰人和美洲人。①在英格兰，未经开垦的土地也是荒凉之地，其恐怖程度堪比沙漠。斯宾塞（来自爱尔兰）如此描写不列颠的过去：

> 好战的不列颠人现在拥有了这片土地，
>
> 并且在这上面他们那个伟大的帝国崛起，
>
> 在古代，这里是野蛮的荒芜之地，
>
> 没有人居住，没有人耕种，没有历史，也没有赞歌。②

1725 年，笛福对德文郡的埃克斯穆尔高地 (Exmoor) 进行了一番描述："卡姆登称它是污秽不堪的不毛之地。的确如此。"③关于德比郡皮克区的查斯沃斯庄园 (Chatsworth)，他宣称：

> 在那座山顶有着一大片草地或荒地……还有，当陌生人来到这片广袤的荒野时，他需要向导的帮助……[因此]如果说在查斯沃斯庄园有什么奇观的话，那就是有人本领高强能在这样危险的环境中求生存。他居然能规划出这样的一处住

---

① Smyth, *Map-making* p. 45.

② Faerie Queene Book 2 Canto 10 stanza 5, quoted by John Speed, *The Theatre of the Empire of Great Britaine* (London, 1650), 'The British Ilands Proposed In One View' p. 1.

③ Defoe, *Tour Thro' the Whole Island of Great Britain* vol. I pp. 263-264.

所，还有资金支持这样的花费。我们可要知道，这里的山能直插云霄，遮天蔽日，而且要是这里经常有地震的话，它们还能将大片城镇掩埋，有再多的房子也会沦为废墟。①

正如对海上风暴的描写那样（因为笛福不止一次着墨于此），禁入空间意味着与土地、云和天空的灾难性互动。后来，他还曾把德拉姆兰里格（Drumlanrig）称作苏格兰的查斯沃斯庄园："整个不列颠最吸引人的地方……群山环抱，但是扑面而来的也有最为荒凉、最为可怕的一面，它不是别的，正是其荒无人烟和阴沉沉的特性。"②18 世纪早期的德意志也有着类似的情形。这里的水域或陆地中的荒芜之地也是指其未被开发、未被人所掌控的特性。③与后来浪漫主义对这种特性的赞赏不同，近代早期的大部分欧洲荒野都是危险的未知之地。在技术提高后，掌控和驯化荒野的动机也在增强。

在欧洲文化中缺乏一种"限制特性"，这是一种"大陆式"的意识形态，因为与之不同的是，"［太平洋］岛屿社会设计出了反对资源耗损的措施……基督教尽管强烈地反对堕胎和杀婴，但它缺乏对资源利用的敬畏之心"④。我们将看到欧洲人资源开发中的极端案例，比如，在太平洋，纳伯勒（John Narborough）击杀企鹅（1669 年）以及谢尔沃克（George Shelvocke）和他的船员屠虐海狮（1724 年）等事件。欧洲和大洋洲的确都包含着许多海岛，但是前者的海岛与大陆的海洋距离并不大，而这样的情况所

---

① Defoe, *A Tour* vol. II p. 583.
② Ibid. p. 727. 关于笛福的非浪漫主义的分析参见 Esther Moir, *The Discovery of Britain: the English Tourists* 1540 - 1840 (London, n. d.) p. 37。
③ Blackbourn, *The Conquest of Nature* Introduction and ch. 1.
④ J. R. McNeill, 'Of Rats and Men: the Environmental History of the Island Pacific', in J. R. McNeill (ed.), *Environmental History in the Pacific World* (Aldershot, 2001) p. 94.

19　　造成的文化影响已经由威廉·卡姆登等人详细阐释过了。①尽管在这种背景下，我们可以说犹太-基督信仰中有一种"大陆"体系，但是欧洲的地理学本身也具有超越这种分类的能力。

　　欧洲包括一块大陆的各个组成部分，既有内陆地区，也有周围海域、半岛和诸多岛屿。彼得·海林（Peter Heylyn）在他的第一部作品（《微观世界》Microcosmus）中解释说："欧洲被分成了大陆和岛屿；大陆又进而被分成了 1. 西班牙，2. 法兰西，3. 意大利，4. 比利时，5. 德意志，6. 丹麦，7. 挪威，8. 瑞典，9. 莫斯科②，10. 波兰，11. 匈牙利，12. 达契亚③，13. 斯拉沃尼亚④，和 14. 希腊。岛屿则分布在 1. 爱琴海，2. 爱奥尼亚海，3. 亚得里亚海，4. 地中海，5. 不列颠岛，6. 北海。" 在《宇宙志》（Cosmography）中，这种简单的分类法仍然存在，但是"大陆"部分被笼统称之为"聚在一起"，而"诸岛"则仍然"分布在"各个海域之中。⑤公元 1 世纪的亚历山大作家托勒密将这些术语流传下来（在具体分类上有所变化），而托勒密又是根据"更早的[作家]"的写作进行分析的。

　　根据托勒密的记载，世上有三块已知大陆，分别是：亚洲，利比亚（非洲）和欧洲。他对三块大陆相互连接的情况并不在意。三个最重要的海域则是地中海及其相连接的水道（包括黑海）、里海和印度洋。托勒密也知道还有尚未探索的西部海洋（大

---

① 见下文。关于其在太平洋地区所产生的影响的论述参见 Greg Dening, *Islands and Beaches. Discourse on a Silent Land：Marquesas，1774‐1880*（Honolulu，1980）。

② 指俄国。——编者注。

③ 达契亚（Dacia），位于罗马尼亚中北部和西部的古王国。——译者注。

④ 相当于今斯洛文尼亚。——编者注。

⑤ Peter Heylyn, *Microcosmus，Or，A Little Description of the Great World*（Oxford，1621）p. 22, reproduced in Robert Mayhew，'Geography, Print Culture and the Renaissance："The Road Less Travelled By"'，*History of European Ideas* 27（2001）p. 360；Heylyn，*Cosmography In Four Books* p. 28.

西洋）、多加勒多尼亚（Duecalidonian）和萨尔马提亚（Sarmatian）大洋（北海）。因此，他将"岛屿和半岛"放在一起以凸显它们的重要性：塔普罗巴奈（Taprobane，即斯里兰卡），"阿尔比恩，不列颠的一个岛屿"，黄金半岛（马来西亚半岛），"海伯尼亚[①]，不列颠的一个岛屿"，伯罗奔尼撒岛，西西里岛，撒丁岛，科西嘉岛，克里特岛，塞浦路斯岛。[②]

后来，培根还把地峡、岛屿和海角归类为构成陆地和海洋关系的组成部分。他规划了一部"陆地和海洋的历史；它们的形状、范围，它们互相之间的关系，以及它们的宽窄程度的历史；以及海中陆地岛屿，海湾，和路上咸水湖，地峡和海角的历史"[③]。在整个近代早期，托勒密分类法都占有重要的地位。与之类似的是，托勒密的地理知识在16世纪之前，以及他的制图法在麦卡托（Gerardus Mercator，1538年）和奥特柳斯（Abraham Ortelius，1570年）的作品刊行之前也都为人所信服。到1671年时，奥格尔比能够写道："古代希腊人、腓尼基人和罗马人，或者其他在古典时期广有名望的族群，以及那些有成员能名列著名航海者行列的族群，在海洋事业中可算充满勇气且见识广博，而且他们的竞争力毫不输于我们后来的海航家。"[④]不是每个人都同意这个观点。[⑤]但是在奥格尔比写下这段文字之前二十年，海林也曾写道："现代的我们可以有很好的理由（使用已故韦鲁勒姆勋爵[L. Verulam，即培根]的话）去对当下时代唱诵赞歌，因为在

[①] 海伯尼亚（Hibernia），爱尔兰岛在古典时代的称呼。——译者注。
[②] *Ptolemy's Geography text* pp. 109 - 110；plates 1 - 7；maps 1 - 8b. John Speed（*The Theatre of the Empire of Great Britaine* p. 1）把塔普罗巴奈当作苏门答腊。
[③] Francis Bacon，*The New Organon*，（eds.）Lisa Jardine and Michael Silverthorne（Cambridge，2000）p. 233.
[④] Ogilby，*America* p. 1.
[⑤] [Daniel Defoe]，*A General History of Discoveries and Improvements*（London，1725 - 1726）.

我们这个时代，在一阵奇迹般的活动之后，一道道通透的光亮照射而来；我们从中可以将过往并不知晓或者只能由古人盲目猜测的东西看得一清二楚了。"这样的评价适用于这个大发现的时代，也适用于对这个时代新获得的、具有准确性的地理知识。然而，海林的地理学分类和术语仍然依赖着托勒密。①

地处欧亚大陆的西北部并且周围海岛林立的欧洲是由海洋、冰川、山脉和荒漠组成的。定向来看，阿尔比恩和海伯尼亚的北部好似意大利和西西里南部的半岛和岛屿的延伸（也可以说是一种映像）。海林注意到："有人喜欢将一个国家的样子比喻为一种更容易观看和更容易理解的东西。*欧洲就被看作一条龙，龙的头部就是西班牙，而两翼则是意大利和丹麦。*"②在它们的区域内，跟通常人们所期待的不一样的是，不列颠的岛屿能更好地说明欧洲的地形特征。

在罗伯特·索恩（Robert Thorne）的分析中，英格兰和爱尔兰的位置"正对应着佛兰德斯"。这是欧洲几对这种"大陆"对"岛屿"的一例。其他几例则包括"土耳其［对］……罗得岛、克里特岛以及塞浦路斯；对应意大利的则是西西里岛和撒丁岛；对应西班牙的则是马略卡岛和米诺卡岛。"索恩继续解释说，欧洲是拥有类似地理状况的世界各地区中的一个而已，例如南亚、东南亚和加勒比地区也是如此。③在所有这些由大陆和岛屿构成的地方都具有一种内在的体系——群岛。在近代早期，当这些地区本身由航运业连接起来时，它们被描述为大群岛区（meta-

21

---

① Heylyn, *Cosmography* p. 20 and 'General Praecognitia of Geography'.

② Heylyn, *Cosmography* p. 28.

③ *The booke made by the right worshipfull Master Robert Thorne in the yeere 1527*, in R ［ichard］ H ［akluyt］ the Younger, *Divers Voyages Touching the Discoveries of America, and the Ilands adjacent unto the same* (London, 1582; facsimile, Ann Arbor, 1966) pp. C2 - C3.

archipelago），甚至被称为全球"机器"。对于培根来说，这给欧洲带来了特殊性，"既因为大部分的欧洲王国都是由海所环绕……也由于两印度地区的财富看起来……成为掌控诸海洋的工具"。

在牧师式的普世追求中，海林不仅将托勒密分类法应用于欧洲，也将其放置在四海之内。就此而言，他在职业上、政治上和知识层面上都在追随着塞缪尔·珀切斯的脚步。这个"寰宇之境"（'Terrestrial Globe'）被分成了"土地"和"水域"。"这个……土地部分……一般［被］分为大陆和海岛"。正是由于欧洲、非洲和亚洲不是被水域分裂开来的不同实体这样的事实才让它们成为一个整体有了可能（后来霍华德·麦克基德［Howard Mackinder］将这一观念称为"世界岛"［'World-Island'］）。"一个大陆就是一块面积广大的土地，任何海域都无法将其与世界其他地区分开，正如欧洲、亚洲、非洲所组成的这个整块大陆那样。"换句话说，世界的诸大陆不是由空间塑造的，而是在人的认识观念基础上的时间塑造的："无论是古代人所认识的欧洲、亚洲、非洲，还是近来人所知道的美洲［都是如此］。"在《论大海的潮起潮退》（'On the Ebb and Flow of the Sea'）一文中，培根将世界分为"旧世界和新世界这两个伟大的

① Antonio Benitez-Rojo，'The Repeating Island'，in Julie Rivkin and Michael Ryan（eds.），*Literary Theory*：*an Anthology*（Oxford，1998）.

② Francis Bacon，'Of the True Greatness of Kingdoms and Estates'，in *Bacon's Essays*，（ed.）Abbott vol. I pp. 110-111.

③ 关于哈库利特和珀切斯研究视野上的转变参见 Andrew Hadfield，*Literature*，*Travel*，*and Colonial Writing in the English Renaissance 1545-1625*（Oxford，1998）pp. 131-133。

④ Heylyn，*Cosmography* pp. 18,20.

⑤ Peter Coclanis，'Drang Nach Osten：Bernard Bailyn，the World-Island，and the Idea of Atlantic History'，*Journal of World History* 13,1（2002）pp. 169-182.

⑥ Heylyn，*Cosmography* pp. 18,28.

岛屿"，二者都是北部宽阔而南部狭窄，而且印度洋和大西洋各
自环绕在二者周围。①

　　"一座岛屿就是一些海水所围绕而成的土地；正如不列颠
岛，周边有海洋，而西西里岛的周边则是地中海。"在海林看
来，岛屿有四种出现方法。第一种是"地震"生成，既可以是脱
离相连大陆的方式（"正如伏卑亚岛［Euboea］从阿提卡中分出
来那样"），也可以是以从深海拱出的方式出现。第二种，它们是
由"在入海口冲入海洋的大河"冲积而成。第三种起源方式则是
"海洋剧烈击打地峡，将其击穿，从而把半岛变成了一个完整
的岛屿。因此，西西里从意大利分出，塞浦路斯从叙利亚分
出，英格兰从法兰西分出，而怀特岛则从英格兰的其余部分分
出"。②最后一种岛屿生成的模式则是海洋退却或陆地改造而成
（"正如人们认为，泽兰诸岛曾是大洋的一部分"）。海林继续
对水体本身——大洋、大海、海峡、海湾、湖泊和河流——进行
阐释。他讨论它们的大小、形状、环境、流动方向和通航性能
等特征。他注意到，全球海洋要比土地更"高"，因为它们"是
一个不那么沉的实体；第二，海员们发现，他们的船在通向海
岸时比离开海岸时走得要快；因此，没有理由不认为，水体比
陆地在高度上要高"。尽管详细解释了月亮和潮汐的关系，海林
还是把像洋流走向、盐度等海洋特性及其他因素留给……哲人
们"去解决"。③

_____

① Francis Bacon, 'On the Ebb and Flow of the Sea', in James Spedding, Robert Leslie Ellis and Douglas Denon Heath (eds.), *The Works of Francis Bacon*, *volume V. Translations of the Philosophical Works*, Vol. II (London, 1877) pp. 453,456.

② Heylyn, *Cosmography* p. 18.

③ Ibid. pp. 20,23. 特别是潮汐这样的水流运动问题是培根的《论大海的潮起潮退》的主题。关于近代早期法国的描述性地理学与理论科学（包括自然哲学）的分道扬镳参见 Anne Marie Claire Godlewska, *Geography Unbound: French Geographic Science from Cassini to Humboldt* (Chicago, 1999) ch. 1。

　　不管是涉及到地区、全国还是乡村，与大陆和海岛的细分有
关的这个学科叫作地方志（chorography）。①近代早期，最有影
响力的英格兰地理分析家是威廉·卡姆登。有时候人们会认为，
卡姆登是出于"爱国"追求才将不列颠与世界其他地方割裂开来
（"这片岛屿……其自然……看起来如同另一个世界，与其他的
地区分裂了，给人类却带来了快乐。"）。然而，正如罗伯特·梅
休（Robert Mayhew）所指出的那样，在此处，卡姆登引用的是
维吉尔的话。②卡姆登写作的目的其实是"将不列颠重新装入她
的［欧洲的］古典传统中，也把她的古典传统带入不列颠"。他用
拉丁语写作，是为了回复佛兰德斯地理学家和地图学者亚伯拉　　23
罕·奥特柳斯"去将不列颠呈现在……欧洲学术界面前"的这个
请求，并且把他的写作计划（与托马斯·莫尔很相似，接下来将
进行讨论）放入到人文主义者和欧洲人的传统中似乎更合适。正
如他的书名所暗示的那样，卡姆登独特的写作追求是为了"说明
作为罗马帝国组成部分的不列颠的情况"③。这一作品具有时间
和空间两个层面。地理与历史的互相依存的关系可以通过奥特柳
斯的格言加以说明：地图就是"历史的眼睛"④。对于海林来
说，如果说地理学从水文学、地形学和地方志中汲取营养，那么

---

① 关于宇宙志、地理学和地方志的关系参见 *Enlightenment Geography* pp. 25 - 32。理查德·海尔格森（Richard Helgerson）对地方志和航行文学进行了区分，前者与民族内在构成有关，后者则是民族的对外构建（Helgerson, *Forms of Nationhood* chs. 3 - 4）。当前的分析从目标和内容的方面强调了这些作品的相互重叠性（地方志、地理学、宇宙志和旅行文学）。后来笛福的《旅行》（*Tour*）就是关于国内旅行的，不断地参考了卡姆登的说法。
② Mayhew, *Enlightenment Geography* p. 50（quoting a different translation）and note 3. 莱斯利·科马克（Lesley Cormack）把这个看作一个"英格兰人不断地定义自己并且与大陆相分离……变得越发独立和孤立"的时期。' "Good Fences Make Good Neighbours"：Geography as Self-Definition in Early Modern England', *Isis* 82(1991) pp. 640,656.
③ Graham Parry, *The Trophies of Time：English Antiquarians of the Seventeenth Century* (Oxford, 2007) p. 22.
④ 转引自 Smyth, *Map-making* pp. 24 - 25。

宇宙学则是"由历史学和地理学……交融而成的"①。

　　于卡姆登而言，在地理学给不列颠历史提供的诸多要素中最关键的一项是人口迁移。在此背景下，他在阐释岛上居民的起源神话时大胆地否定了所谓的土生土长说和布鲁图斯（特洛伊人）说②。

　　　　这个世界并不是一直聚拢在一起且一直有人居住的；但是与亚美尼亚山区（这里是大洪水后诺亚方舟停留之地）相邻地区的国家则比其他地区更早地有人定居了；也就是说，此后小亚先有人居住，而希腊早于意大利，意大利又早于高卢，高卢早于不列颠。其中最令人高兴的是，最高的造物主让各个地区相互靠近，而且让岛屿也比邻洒落，这让它们之间不会有相隔太远的距离。那些位置最遥远的地方也可以从附近的某处看到，而且用肉眼就可以轻松分辨出来。③

　　欧洲的岛屿也是神圣意志打造的一处处跳板。因此"高卢的距离如此之近，只是一湾窄小的海峡将它分离出去的"，不列

---

① Heylyn, Cosmography p. 24. 对于海林来说，地理学需要从多个时间层面进行说明。"许多人都在抱怨，他们需要时间去作出承诺或完成诺言：然而，塞涅卡已经明确证实了，我们并不需要那么多时间，因为我们在浪费时间……我们太多的宝贵光阴已经虚度……要么是因为在做错事，要么是因为无所事事，或者因为不想干事情"（'To the Reader' pp. 1‐2）。作者的写作背景是他被迫退休。

② 在不列颠岛初民来源的相关传说中存在着本土巨人起源说和特洛伊移民说两种。其中特洛伊移民说称，在特洛伊战争后，特洛伊人在首领布鲁图斯的带领下到达不列颠岛定居。——译者注。

③ William Camden, *Britain, Or A Chorographicall Description of the Most flourishing Kingdomes, England, Scotland, and Ireland, and the Ilands adjoining, out of the depth of Antiquitie… Written first in Latine by William Camden …* Translated newly into English by *Philemon Holland* (London, 1610) p. 11. 比较罗伯特·休斯（Robert Hughes）关于澳大利亚土著移民的论述："通过试错……然后从东南亚进入澳大利亚（经由西里伯斯岛和婆罗洲）是可能的，这要穿越大海中星罗棋布的岛屿，它们如同一个个跳板。在航行中的很多时候，人们要用眼进行导航，去看着海岸，而移民们往往一开始就能看到它们。" *The Fatal Shore: the Epic of Australia's Founding* (New York, 1986) p. 8。

颠人

　　要明白,古代高卢(现在的法兰西)的歌篾人(Gomerians)……
穿越大海首先来到这座岛上,因为从大陆上他们就能看到它。　24
我们有理由相信……每一个国家最初的居民都来自相邻的地
方,而不是来自非常遥远的某处。因为,没有人不认为,塞浦路
斯的第一批居民来自靠近它的亚洲地区,克里特和西西里的
初民则来自附近的希腊……科西嘉的初民则来自邻国意大
利;并且……泽兰的初民来自靠近它的德意志地区,正如冰岛
的初民来自挪威……类似地,为什么我们就不能认为我们不
列颠的初民是其邻居高卢人? 为什么我们要把其设定为如此
遥远、如此遥不可及的特洛伊人或意大利人,以及阿尔本人
(Albans)和布鲁图斯之人(Brutians)呢?①

　　这样的观点也为"古代高卢人和我们不列颠人使用……同一
个语言"这类事实所支撑。②而下一波入侵者是罗马人。罗马人
在征服高卢后再继续军事入侵不列颠是合情合理的。③在罗马帝
国崩溃以后,"……就是撒克逊人了, 这是一群沃蒂根
(Vortigern) 邀请来帮助自己的德意志人。他们对这些邀请……
他们而来的朋友们痛下杀手并发起了残酷的战争;由此,……他
们把可怜的不列颠人从这片岛屿上的肥沃地带尽数赶走"。④ "我
们英格兰人来自德意志人",这些德意志人又来自低地国家,证
据就是"我们的城镇后来所使用的更加现代的名字的结尾处带有

---

① Camden, *Britain* pp. 11 - 12.
② Ibid. p. 16.
③ Ibid. p. 88.
④ Ibid. p. 107.

Burrow，*Berry*，*Ham*，*Steed*，*Ford*，*Thorp* 和 *Wich*，这些跟荷兰城镇名的词尾可以对应起来： *Burg*，*Berg*，*Heim*，*Stadt*，*Furdt*，*Dorp* 和 *Wic*" ①。因此，在 1622 年的作品中，卡姆登倡导人们去模仿荷兰式的"自由制度"和工业制度，而托马斯·司各特（Thomas Scott）也认为："看一下卡姆登先生的《不列颠尼亚》（*Britania*）……再看看斯皮德（John Speed）先生的编年史……他们的作品不仅赞誉了那个民族……也指出了我们与他们之间是血脉相通的。" ②

　　这种军事上的往来并不是单向的：英格兰直到 1558 年都在法国境内有领土，并且在 1658 年和 1662 年间又再次占领法国领土。不列颠还一直对爱尔兰实施残忍但又从未完全成功的征服政策。把这看作代表未来的那个孤立的、岛国特性的不列颠国家的起点已经是过时的观点了。甚至在大不列颠和爱尔兰的联合王国（1801 年）建立之后，这两地在制度上仍有很大的不同。③ 在伊丽莎白之前，关于爱尔兰唯一精确一些的地图反映的只是它的西部海岸地区，而且这幅地图是由西班牙人和葡萄牙人绘制的。④

25　　近代早期的爱尔兰是一个复杂的文化实体，它与罗马天主教和欧洲的新教都有着密切的联系。这一时期在爱尔兰反复出现的战争必须从跨民族、跨岛屿的角度来看待。

　　第一场重大战斗是宗教改革和反宗教改革派系之间的斗争，它不仅局限在欧洲，而且是在全球进行的。盎格鲁-诺曼人占据拜

---

① Ibid. p. 20.
② Thomas Scott, *The Belgicke Pismire* (London, 1622) p. 95.
③ Jason McElligott, 'Introduction: Stabilizing and Destabilizing Britain in the 1680s', in Jason McElligott (ed.), *Fear, Exclusion and Revolution: Roger Morrice and Britain in the 1680s* (Aldershot, 2006) p. 12; C. A. Bayly, *The Birth of the Modern World 1780–1914* (Oxford, 2004) p. 113.
④ Smyth, *Map-making* pp. 23, 28.

尔区（Pale）①和亨利八世领受爱尔兰全岛的王权可以看作这一分歧——特兰托公会议（1558 年末）给予它以动力——的先声。但是，正是由于伊丽莎白时代之人看到了阿尔瓦公爵（Fernando Álvarez de Toledo，3rd duke de Alba）在尼德兰（1558 年）建立的"血腥议事会"（'Council of Blood'）②和法国的圣巴托罗缪之夜大屠杀（Massacre of St. Bartholomew Eve，1572 年），他们才认为征服爱尔兰是保证英格兰和欧洲新教存活下来的必由之路。他们其中的一些人（莱斯特伯爵亨利·西德尼 [Henry Sidney] 和菲利普·西德尼 [Philip Sidney]，弗朗西斯·沃尔辛厄姆和埃德蒙·斯宾塞）的作品构成了阐释这一战略的"高峰"，他们的言论在近一个世纪之后得到了最深刻的应用。③一位英国共和派在爱尔兰事务委员会（Committee for Irish Affairs）中担任要职。在他的主持下，1653 年爱尔兰殖民地得以建立，而他就是西德尼的侄孙阿尔杰农（Algernon Sidney）。

在阿尔杰农·西德尼 1683 年因叛国罪而被处死前，他一直坚持家族传统，也就是捍卫新教和美德离不开军事力量的保护。④因为这场斗争并无地缘政治上的界限，它给英国人在书写 1550—1650 年间的世界时提供了上好的颜料。⑤正如菲利普爵士在尼德兰与西班牙对阵时战死，苏格兰的圣约军（covenanting army）在

---

① 指中世纪英格兰征服者直接管辖下的爱尔兰部分区域。到 15 世纪后期，这一区域主要集中在多基（Dalkey）到邓多克（Dundalk）的东部沿海地区。——译者注。
② 也叫"灾难议事会"（Council of Trouble）。1567 年，西班牙在尼德兰地区的最高长官阿尔瓦公爵按照国王腓力二世的指示成立该议事会。该议事会负责对当时起义反抗西班牙统治的本地人进行惩治。由于大量起义者被血腥镇压，故又名"血腥议事会"。——译者注。
③ Canny, *Making Ireland British* esp. chs. 1 - 2,8 - 9; Hadfield, *Literature*, *Travel* p. 100. 这里应该是指这些作家的作品在"光荣革命"期间唤起了人们对天主教的反感情绪。——译者注。
④ Jonathan Scott, *Algernon Sidney and the English Republic 1623 - 1677* (Cambridge, 1988) pp. 99 - 102; Scott, *Algernon Sidney and the Restoration Crisis 1677 -1683* (Cambridge, 1991) chs. 11 - 14 and pp. 357 - 359.
⑤ Hadfield, *Literature*, *Travel* pp. 91 - 133.

1638 年从瑞典服役后返回本国以保卫新教；正如爱尔兰的教士和平信徒通过教育和文化与代表反宗教改革的西班牙、奥地利和佛兰德斯建立合作关系，那些在西班牙服役的爱尔兰的军队也在 1642 年返回故土战斗。①

第二个背景则是英格兰（并非不列颠）国家形成过程中明显的欧洲因素。②这受到了宗教和人文主义意识形态中所融合的宗教改革、反宗教改革、文明性和野蛮性等话语的影响。它还有一个全球框架可供分析。伊丽莎白时代在爱尔兰的九年战争和荷兰的独立战争在这场史诗级的对付西班牙的斗争中竞相争夺资源。后来威廉时代对爱尔兰的征服在艰苦程度上与盎格鲁-荷兰联合对付法国的斗争不相上下。这一时期英格兰在爱尔兰的军事活动是当时宗教派系和军事安全斗争的一部分，并且受到的传统地理、文化乃至人性的束缚越来越小。汉弗莱·吉尔伯特（Humphrey Gilbert）这位来自英格兰西南地区的枭雄在 1583 年从尼德兰返回的途中溺水身亡，而他也是一位伊丽莎白时代的爱尔兰征服者，其在当地大开杀戒的同时，也为自己在军事上的进阶打开了前路。③到 1652 年，在历经十多年双方男女老少死伤枕籍的冲突后，爱尔兰的人口从 200 万下降到了可能只剩 70 万。④除了各地的要塞和军队纷纷消亡外，尼古拉斯·坎尼（Nicholas Canny）还得出以下结论：

---

① Scott, *England's Troubles* pp. 136 - 142; Smyth, *Map-making* chs. 1 - 2; Canny, *Making Ireland* ch. 8.

② Braddick, *State Formation*; Brewer, *Sinews of Power*; Scott, *England's Troubles* Pt 3. 关于国家建设（state-building）和国家形成（state formation）之间的区别参见 Scott, *Commonwealth Principles* pp. 63 - 75.

③ Smyth, *Map-making* p. 161. 1569 年——就在阿尔瓦在尼德兰陷入崩溃境地之时——吉尔伯特在六周的时间里连续拿下二十三座爱尔兰城堡并且将其中的占领者、男人、女人和儿童都屠杀殆尽。

④ Ibid. p. 75.

根据威廉·配第爵士的计算,平民伤亡的人数中,可能有40万人因屠杀、饥荒和疾病而死。这里需要注意的是,在十一年的冲突中,指挥军队取得决定性胜利的官员都是出生在爱尔兰的人,而且他们在战争一开始就参与其中了。[1]

第三个跨民族的背景是帝国。学者们认为,爱尔兰在欧洲境内并不寻常,因为它是帝国侵占和殖民的对象。苏格兰人和英格兰人都参与到这场实验之中,其中暴力冲突不断,而且盖尔族爱尔兰人、盖尔族苏格兰人和盎格鲁-苏格兰人都对此予以抵抗。爱尔兰成为北美殖民的实验室。然而,在对帝国进行比较研究时,约翰·艾略特(John Elliott)将爱尔兰形容为英格兰的格拉纳达。不过,这二者间有着重要的区别。在再征服(reconquista)[2]期间,以及随后征服墨西哥和秘鲁时,西班牙人至少承认,虽然他们所征服的社会带有异域性,但它们却是一个个结构复杂的社会。[3]

在《宇宙志》(1652年首版)中,彼得·海林将移民与殖民同等看待,所以人口在欧洲内部移动和向新世界移动之间的区别也就不明显了。"人的殖民活动跟蜜蜂有一比。一群蜜蜂生将另一群蜜蜂派出去,逐渐建立了一个新的基地(Castling),直到整个地区或整个花园再次变得越来越小而难以容纳它们。因此(从我们眼前的例子来说),高卢人首先在不列颠殖民,然后不列颠征服爱尔兰,爱尔兰人又征服苏格兰以及各个岛屿。"[4]正如卡姆

---

[1] Canny, *Making Ireland British* p. 571.
[2] 指15世纪末西班牙人攻占阿拉伯人在伊比利亚半岛上的最后据点格拉纳达。——编者注。
[3] Elliott, *Empires of the Atlantic World* pp. 17,59.
[4] Heylyn, *Cosmography* p. 7.

登所强调的那样，一些内部的移民潮流具有独特的暴力成分和
（罗马）帝国式的结构。在海林作品写成两年后，约翰·斯特雷
特（John Streater）也提到了蜜蜂的帝国式行为：

> 许多精干的国家和共同体都很重视结婚庆典，把它看作
> 一件神圣的事情……因为它增加了人口数量，并且扩大了领
> 土面积；罗马人经常在外部建立殖民地，这跟蜜蜂对年轻蜂群
> 做的事情一样；从一个蜂群扩展出更多的蜂群。与此类似，从
> 一个共同体中也可以建立多个新共同体。[1]

因此，爱尔兰的命运处在宗教派系影响下的国家建设竞争性
过程中，而帝国建设也参与其间。这一态势发展的早期阶段体现
在乔治·唐宁爵士（Sir George Downing，1623—1681年）的生
平履历之中：出生于都柏林，受教于马萨诸塞，后来成为苏格兰
新模范军的童子军团长，还担任了驻联省共和国大使，并且还是
复辟王朝进行贸易和殖民地管理的主要设计师。[2]不管是英格兰
国家还是后来不列颠国家所构建的帝国，抑或不列颠帝国所建立
的诸个国家，这些问题我们将在后面继续探讨。

海林用四本书展示了他对欧洲、非洲、亚洲以及最后的美洲
所组成的世界的看法。这些作品也是历史的作品，它从古代世界
论述到现代。这又有助于作者对欧洲内部情况的论述——从意大
利"这个（曾经已知）世界的最伟大地区的女皇"开始论述。之
后，海林的论述跟当年罗马人一样跨越阿尔卑斯山，来到了法兰

---

① John Streater, *Observations Historical*, *Political and Philosophical*, *Upon Aristotle's first Book of Political Government*（London，1654）p. 18.
② Jonathan Scott, ' "Good Night Amsterdam"; Sir George Downing and Anglo-Dutch Statebuilding', *English Historical Review* 118,176（April 2003）pp. 334 - 356.

西、德意志和不列颠。意大利的周边是科西嘉岛、撒丁岛和西西里岛，"在亚得里亚海、爱奥尼亚海和伊特鲁里亚海的包围之下，而意大利本身则是一个半岛（Demi-Island）"①。

　　一代人之后，约翰·奥格尔比在《美洲》（*America*，1671年）一书中提到了哈库利特的好友西奥多·德·巴里（Theodor De Bry）的多卷本（也是多语种）著作。德·巴里的这部著作是1594年在法兰克福出版的，英格兰的内容在书中占有重要地位。奥格尔比在讨论美洲本地人群时否定了关于他们是十个消失的以色列部落之一的说法，而且他也批判了格劳秀斯关于北美人和秘鲁人分别由挪威和中国渡海而来的说法。格劳秀斯却认为，只有如此解释才能说明为何在哥伦布到达美洲前本地没有马匹的问题。在拒绝了这一说法的同时，奥格尔比则宣称他确信，从语言、习俗和容貌特点来看，美洲人是由陆路从鞑靼地区（包括西伯利亚在内的中亚）过来的。他们是在诺亚时代的洪水后从亚美尼亚出发的。他们的马匹无法跟随，这是因为"沿途没有连续绵延的草地。他们要从宽阔的河谷处穿过难以攀越的高山，还要穿越大湖和广袤的荒野"②。

　　到18世纪时，宇宙志和地理学已经发生了改变。在《一部新的、尊贵的、真实的、完整的关于古代和现代的世界地理体系》（*A New Royal Authentic and Complete System of Universal Geography Ancient and Modern*，1790年?）一书中，托马斯·班克斯（Thomas Bankes）宣称，地理学现在是

28

---

① Heylyn, *Cosmography*, Title Page and p. 30.
② Ogilby, *America* p. 43 (and pp. 27 - 43). 看起来奥格尔比发展了阿科斯塔（José de Acosta）的观点，而格劳秀斯则不认同阿科斯塔的说法。Kidd, *British Identities* pp. 14 - 16.

一门科学……所有民族的文人都在研究它……在很大程度
上，它对所有阶层的人都是有用的。它对文化人尤其如此，因
为没有它，也就无法正确理解历史。对于政治家，由于他们需
要理解对于国家和王国的真正利益所在……对于军事和海军
官员……对于自然学家……对于古物学者……对于商贸人
员……以及对于好奇的探索者（都是如此）。①

继而，班克斯的作品翻转了海林作品中的时间序列（但没有
拒绝托勒密式的空间分类），因此，《世界地理》一书是从一幅描
绘着新荷兰（澳大利亚）、新西兰、新几内亚、中国东部、日本和
西北美洲地区的太平洋地图开始的。五卷书的第一卷关注的是太
平洋岛屿，其中包括澳大利亚、新西兰、新几内亚、塔希提、马
克萨斯岛（Marquesas）、复活节岛和夏威夷。按照班克斯的说法
（1768—1771 年），在詹姆斯·库克于 1770 年开启第一次远航
前，人们并不清楚新荷兰或新西兰是"岛屿还是大陆"，但现在
人们搞清楚了。在《世界地理》第二卷中，作者关注的是亚洲的
"大陆及其岛屿"；第三卷关于非洲的"大陆和岛屿"；第四卷关
于美洲；第五卷关于欧洲。欧洲部分开始于格陵兰岛和斯堪的纳
维亚，而结束于不列颠（南部和北部）和爱尔兰。

因此，英吉利海峡和爱尔兰海就成为波罗的海、北海、地中
海、大西洋和太平洋这一广泛的海洋体系的组成部分。河流，有
时候还有运河也是这一体系的组成部分。按照海林的说法，"伟大
和恢宏的城市"首要考虑的是"一条可通航的河流，或者某种容
易通往海洋的通道，这将带来持久的人员和商贸从业者的流入；

29

---

① Bankes, *A New Royal Authentic and Complete System of Universal Geography Ancient and Modern* (London, ? 1790), Preface, p. 1.

威尼斯、伦敦和阿姆斯特丹就是如此"①。河流不仅仅是交通通
道，它们还是"饮用水，以及盥洗和洗澡水的来源。它们还能灌
溉庄稼，并且水中的鱼还能直接提供卡路里能量。河流能冲走垃
圾……提供冷却用水……驱动水轮机和复杂的涡轮机"。此外，

> 水是近代早期群体生活中唯一的、最可靠的动力能源，它
> 为社会、集体和城市生活提供了值得依靠的基础……所以，欢
> 唱奔跑的水流之声可以被看作近代早期世界中的一个"基础
> 性声音"，通过无数的管道、水渠和溪流涌进了需要它的地方，
> 供人畜使用，但是更重要的是，它满足了共同体对能源动力的
> 需求。②

新鲜水源的供应对农业社会和城市社会同样重要。在水量充
沛的欧洲西部边缘地带，英国人民深谙他们农业的相对富足。③
因此，在世界的这个地方，岛屿和大陆互有沟通，它们处在
一个体系之中，依靠海水或淡水相互联通。这是近代早期欧洲
人在看待自己所处的区域及其与世界其他地区的关系时所具有
的视角。正如在古代世界，海洋上的沟通路线让岛屿在军事上
具有脆弱性，而在一个地区的地形地貌中，只有高山能提供某
种遮蔽。④

---

① Heylyn, *Cosmography* p. 4.
② Sawday, *Engines of the Imagination* p. 34.
③ 对于这些"来自潮湿乡村的人民"来说，去澳大利亚殖民是一个挑战。Cathcart, *The Water Dreamers* pp. 8,32 - 33.
④ Fernand Braudel, *The Mediterranean and the Mediterranean World in the Age of Philip II* (Berkeley and Los Angeles，1995) vol. I.

正如雅典人在经过一番探索之后发现了阿尔什（Arches）诸岛、西西里岛……迦太基人也对这几处岛屿进行探索，而且还发现了撒丁岛、科西嘉岛、马略卡岛、米诺卡岛等。罗马人在之后成为海上霸主，征服了以上岛屿，还征服了干地亚、塞浦路斯和罗得岛等。①

30　卡姆登也曾指出，在罗马人、日耳曼人、丹麦人以及诺曼人接连的入侵过程中，在阿尔比恩岛上生存下来的那些人是古代不列颠人中的佼佼者，但他们逃到了威尔士。对于莎士比亚笔下的理查二世来说，这片狭窄的海域"就像是一堵围墙，或是一道沿屋的壕沟"，而对于塞缪尔·珀切斯来说，这道海域却是一座桥。

这片大海……通过货运将各民族连为一体……将……展示于众人面前……正如上帝通过自然律法将公正裁决写入人心，他也让海洋包裹着陆地，并且还增加了各种水湾、海湾、港口以及其他自然优势和机会让人们能够商贸互通。因此，他还让风刮向不同的方向，就是要让人们在变动不居的风向中实现人类的互通有无。他还用如此多的河流将大地分隔，并且还在海滨处安上海角……自然世界……通过连绵不绝的舟船而将世界的贸易交流连为一体。②

---

① [Richard Gibson]，'Observations Upon Islands in Generall and England in particular relating to safety and strength at Sea'，NMM，REC/6 Item 17，f. 275. Another version，'Enquirys touching Islands in General + England in perticuler，relating to Safety + Strength at Sea'，BL Add MS 11684 ff. 22 - 29，was published by S. R. Gardiner and C. T. Atkinson（eds.），Letters and Papers Relating to the First Dutch War，1652 - 1654(2 vols.，London，1899) vol. I，pp. 33 - 47. Cf. Jeremy Black，*The British Seaborne Empire*（New Haven，2004）pp. 8 - 9.

② Samuel Purchas，*Hakluytus Posthumus or Purchas His Pilgrimes*，*Contayning a History of the World*，*in Sea voyages & lande-Travells*，*by Englishmen & others*（4 vols.，London，1625）vol. I p. 5.

在 16 世纪后期，乔凡尼·伯特罗（Giovanni Botero）认为，上帝创造了水作为"最简便的方式将商品从一国运往另一国……从中产生了一个共同体"①。1674 年，约翰·伊夫林也有类似思考：

> 当我们……凝视巨大的海湾、小溪和海岸时，我们看到了港口和站点……陆地……看起来好像伸向海洋边界的臂膀；尽管河流终将入海，但是它不是笔直前行的，而是降雨成河，并且一眼望不到头。另外，也正是在各种蜿蜒曲折（也是为了延缓水流的速度，并且灌溉和冲击着物产丰硕的平原）流淌之中，我觉得她看起来从一开始就具有交通和商业之用。②

英国作家们在这类观点上有一致性，并且还有着更深入的阐释。我们现在要去看一下一个 16 世纪的王国，它只拥有一座巨大的城市，而且这座城市的河流也直通大海。我们以上所说的这些观念在这个王国中有着怎样的地位呢？ 而且这些观念面临着怎样的挑战呢？ 那里的海上有什么呢？ 或者说什么东西可以在海上被看到，以及英国的作家、政治家和大臣们对此又有着怎样的反应呢？

---

① Giovanni Botero, *Greatness of Cities* (1588)，quoted by Clarence J. Glacken, *Traces on the Rhodian Shore: Nature and Culture in Western Thought from Ancient Times to the End of the Eighteenth Century* (Berkeley, Calif., 1967) p. 371.

② John Evelyn, *Navigation and Commerce, Their Original and Progress* (London, 1674) p. 2.

第二章

斯巴达女王

31

那时它还不是一个岛屿，它也不曾被人歌颂

在浩瀚的海洋之中，无人追寻它的身影

商人们还在远方追逐利润

但是当黑暗萧瑟到来后，一些人的想法……发生改变

劈波斩浪，来到凯尔特人的大陆

——埃德蒙·斯宾塞,《仙后》①

如果说民族由文化因素构成，那么一个岛屿上的居民，特别是那些在大陆视野范围内的岛屿上的居民很容易成为不习航海的民族。他们对眼前的大海几无关注。这就可以解释 1589 年理查德·哈库利特所记载的那个令人尴尬的事情。哈库利特记录了法国人"对罗得岛人的赞扬。他们作为（跟我们一样的）岛民非常擅长航海技术……让人惊讶的是，英国人竟在这一点上不如他们"②。

16 世纪英格兰的经济以农业为主导，仍属于农业社会，它的国王依然宣称自己是法国的合法统治者。 其时西班牙和葡萄牙已在航海事业上超越了它，荷兰在渔业和贸易业上也压倒了它。英格兰的海洋气息有多少呢？ 在 17 世纪中期，安德鲁·马维尔

---

① The Faerie Queene Book 2，Canto 10，stanza 5，quoted in Speed, *The Theatre of the Empire of Great Britaine* (1650), 'The British Ilands Proposed In One View' p. 1.
② Hakluyt，*The Principall Navigations* Epistle Dedicatorie p. 3. 关于 16 世纪英国旅行和旅行写作的特征参见 William Sherman, 'Stirrings and Searchings (1500 - 1720)', in Peter Hulme and Tim Youngs (eds.), *The Cambridge Companion to Travel Writing* (Cambridge, 2002) pp. 18 - 23。

32

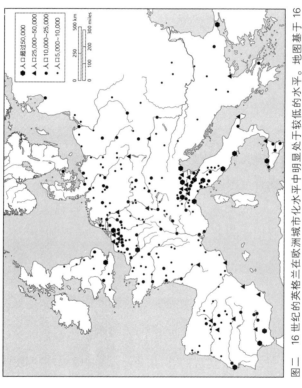

图二 16 世纪的英格兰在欧洲城市化水平中明显处于较低的水平。地图基于 16 世纪前半期的欧洲主要城市绘制，摘自庞兹：《欧洲历史地理》，第 22 页。

(Andrew Marvell) 曾对荷兰有过一番嘲讽：

> *荷兰，几乎配不上这片土地的名字，*
> *它不过是不列颠沙土冲刷而成；*
> *对这片土地作出巨大贡献的*
> *是英国的领航员；他们引领前进的方向；*
> *海洋也作出了贡献，海水运动所带来的新土是，*
> *海难船上的扇贝和蚌壳；*
> *这是大海消化后的呕吐物，*
> *却恰恰流向了荷兰人。*[1]

英语文学研究者们发现，在诺曼征服时，以及在盎格鲁-诺曼的土地保有体系出现时，远离海洋的倾向也出现了。在此之前，一种文化和精神的"联通性"围绕着爱尔兰海和北海展开。[2]"中世纪的英格兰，"布兰登·西姆斯写道，"从不是个岛屿：诺曼底和加斯科涅到伦敦的距离比威尔士到苏格兰的距离还近。"[3]到 16 世纪时，英格兰的海员们在国内各海岸间定期往来，并且还会航行得更远——当然，次数有限。纽卡斯尔的煤炭是英国海岸最大的贸易项目，也是海洋专业技术的最大来源处（甚至到 1772 年，詹姆斯·库克的"决心"号也是一艘改装过的运煤船）。负责给佛兰德斯、波罗的海和其他地区运送羊毛织品的大部分船只由外国人、汉萨人、佛兰德斯人和荷兰人操纵（后来，塞缪尔·佩皮斯观察发现"英格兰的贸易在亨利八世之前是由东部国家之人和外

33

---

[1] Andrew Marvell, *The Character of Holland* (London，1672) p. 1.
[2] Sobecki, *The Sea*, Introduction.
[3] Simms, *Three Victories* p. 10.

国人推动的；重要的是，在当时，他们比我们自己更了解这片海岸"。其实，到 17 世纪时，这一观察依然奏效）。[1]到伊丽莎白时期，来自西南诸郡的渔民们与法国人、西班牙人和葡萄牙人一道在纽芬兰的海岸边辛勤劳作。到詹姆士六世和一世[2]时期，他们正克服千难万险打算在此处建立一处定居点。[3]

前往地中海、波罗的海、巴伦支海、加勒比海和中、北美洲的远航并无固定航班且充满了危险。在与西班牙开战前后（1585—1604 年）的一波海盗活动却意外地诞生了英格兰的第一次环球航行（1577—1580 年）。约翰·伊夫林曾指出，尽管第一次环球航行是在斐迪南·麦哲伦的领导下于 1519 年完成的，但是"我们的德雷克（Francis Drake）"则是"所有人类中在上帝的恩赐下完成环球航行这一惊人成就的第一人，他不仅环行于新世界，而且将新世界和旧世界一起环行成功"，这是因为麦哲伦在到达菲律宾后就被杀死了。后世的英格兰作家往往带着骄傲之情回顾"德雷克、霍金斯、卡文迪什、弗洛比舍、戴维斯、哈德逊、雷利，以及其他那些不输风采之人的名字"[4]。

然而，用肯尼斯·安德鲁斯（Kenneth Andrews）的话34 说："在伊丽莎白时代传奇和民族主义宣传……的背后是一长串痛苦的失败与灾难，只是偶尔出现一些丰功伟绩聊以安慰，比如德雷克的航行。"[5]按照欧洲的标准，英国商人和渔业船队规模相对较小，皇家海军（亨利八世时建立）则规模更小。在

---

① Kenneth R. Andrews, *Trade, Plunder and Settlement: Maritime Enterprise and the Genesis of the British Empire, 1480 - 1630* (Cambridge, 1984) p. 7; Samuel Pepys, *Samuel Pepys' Naval Minutes*, (ed.) J. R. Tanner (London, 1926) p. 343.
② 指苏格兰国王詹姆士六世，1603 年继承英格兰王位，又称詹姆士一世。——编者注。
③ [John Oldmixon], *The British Empire in America, Containing the History of the Discovery…* (London, 1741) pp. 1 - 27; Andrews, *Trade* pp. 49,334 - 339.
④ Evelyn, *Navigation and Commerce* p. 57.
⑤ Andrews, *Trade* p. 1.

17 世纪上半叶维持这三方面海洋力量的努力面临着严重的困难和残酷的竞争。伊丽莎白时代的海员和其他的旅行者没能找出通往中国（Cathay）的西北航道，没能建立起持续繁荣的与俄国莫斯科的贸易，没能阻止荷兰人对东印度以及西班牙人对西印度的主导权的建立，甚至无法在苏格兰建立大规模的海洋渔场。

　　尽管英格兰的东印度公司在 1599 年成立，这比荷兰东印度公司（VOC）成立时间早三年，但是通过比较来看，英国东印度公司的资本非常不充裕，它在成立初的前九年里派出了 12 艘船，而荷兰的公司在前七年的时间里就派出了 55 艘船。[1]在最初的 81 艘船中，只有 35 艘返回。[2]其他的商贸组织（1555 年成立的莫斯科公司，1592 年成立的黎凡特公司）依靠的是皇家特许状（royal patent）的支持，而不是私人资本的资助。海军管理方面也采取差不多的方式。尽管伊丽莎白时代对西班牙的漫长的战争为海洋军事经验提供了有益的积累，但是海盗活动是其中的主流。尽管海盗活动具有了一定的规模，但是它们是由私人（商人和乡绅）的船只完成的，并且缺乏力量集中化的趋势。甚至在面临入侵威胁时，英国的海军力量主要依靠的仍是私人船只。皇家海军超过 100 吨重的船在 1548 年只有 28 艘，1558 年有 25 艘，1603 年有 31 艘。这一时期，欧洲在陆地和海洋上的战争正经历着转型。在对西班牙战争期间，国家力量支持下的军事行动才姗姗来迟，而且国家的军事力量主要放在了对付低地国家和爱尔兰地

---

[1] K. H. D. Haley, *The British and the Dutch：Political and Cultural Relations through the Ages* (London, 1988) p. 58.

[2] Andrews, *Trade* P. 23.

区的战斗中。①

　　16 世纪的英格兰不但是一个王室和贵族主导的社会，也是一个以农村和农业为主的社会。跟邻国相比，特别是跟尼德兰以及法国、神圣罗马帝国和地中海欧洲地区相比，英格兰城市化的程度要低得多。部分原因在于其人口密度相对较低（跟尼德兰、法国和意大利相比）。然而，英格兰的"乡野气息"（rurality）不在于其人口之多寡，而在于其文化因素。可以说，对于他们的精英来说，西班牙是一种城市（*civitas*）文化，而英格兰则充满了乡间大别墅和各种村庄。这样的生活模式在二者各自的美洲殖民地中也是如法复制。②正如彼得·海林所观察的那样，城市之根本是

35

> 贵族、乡绅、商人和各种商贸从业者持续地涌入：通过这样的方式，马德里，这个不久之前还是个可怜的、贫穷的乡村，现在却成为整个西班牙人口最多的城市……[此外]贵族们居于此地会让城市变得美丽，因为庄重的、宏伟的建筑拔地而起。这让意大利的城市完全战胜了我们英格兰的城市，他们的贵族居住在城市中，而我们的贵族则大多居于乡间别墅。③

的确是这样。　不过英格兰和威尔士的人口在 1520—1640 年间翻

---

① John C. Appleby, 'War, Politics and Colonization 1558 - 1625', in Nicholas Canny (ed.), *The Oxford History of the British Empire*, *volume* I ； *The Origins of Empire* (Oxford, 1998) pp. 55 - 56,65 - 67； Kenneth Andrews (ed.), *English Privateering Voyages to the West Indies 1588 -1595* (Cambridge, 1959)； Andrews, *Trade* p. 25.

② Elliott, *Empires of the Atlantic World* ch. 2. "英属美洲跟西班牙属美洲相比明显是一种乡村社会"（第 43 页），这也包括本土居民的定居类型和人口密度之不同。在 *Map-making* p. 13 中，史密斯（Smyth）则指出"在拉丁美洲和爱尔兰殖民地社会之间有着惊人的相似性，特别是'殖民地城市和市镇'和'大地产'，在两种文化中处于中心地位"。

③ Heylyn, *Cosmography* p. 4.

了一番，城市的规模也因此增大。根据估算，1500—1650年之间，居住在超过1万人规模城镇的英国人口数量从8万人（3.1%）增加到了49.5万人（8.8%）。^①然而，这些数据在一个现象级成长的城市面前就不算什么了。伦敦在1550年有5000名居民，1620年有12万人，1665年有40万人，到1700年则有55万人。在18世纪后半期英国的城市化席卷全国之前，这是欧洲地区发展中最耀眼的成就。跟巴黎不一样，伦敦不是宫廷和国家哺育的。近代早期的伦敦是北大西洋经济和文化的衍生物，正是在这样的经济和文化中，英格兰最终塑造出了自己的政治品格。^②

结果就是，伦敦成长为一个有着地区影响力的城市，并最终发展为帝国都市，而不仅仅是一个只有国内影响力的城市。这是一个新教徒的大都会，外国人的教会在这里享受信仰自由，而本地人却不曾享有，但荷兰人的侵入又确保了这一切得以维持。伦敦成为商人和贵族的首都，宫廷、议会、国家银行和证券交易所以独特的方式在这里安然相处。正是由于19世纪英国的城市大多是新成长起来的，以至于博伊德·希尔顿（Boyd Hilton）注意到，"与寻常欧洲不同的是，英国的主要城市很少有中世纪或近代早期的建筑，或者换一种说法，……英国中世纪和近代早期城镇的规模一直相对较小"^③。

16世纪时英格兰远洋航海活动主要由西南一些城镇（普利茅斯、法尔茅斯［Falmouth］、布里斯托）完成。这个国家对海洋

36

---

① Phil Withington, *The Politics of Commonwealth：Citizens and Freemen in Early Modern England* (Cambridge, 2005) pp. 5 - 6.

② 对16和17世纪时欧洲城市化地图的比较研究参见 N. J. G. Pounds, *An Historical Geography of Europe 1500 - 1840* (Cambridge, 1979) pp. 222, 325。

③ Boyd Hilton, *A Mad, Bad, and Dangerous People? England 1783 - 1846* (Oxford, 2006) p. 6.

文化的关注水平一直比较低下，直到伦敦掌握海洋活动的领导权后才发生了改变。英国乡村生活的主要问题可以在核心型乡村（nucleated villages）和林地中，在地方语和拉丁语文献中，在最具争议的社会问题（圈占可耕地为草地）和最紧迫的社会问题中一窥究竟：人口的增长引出了 1572 年《济贫法》以及在此之后的一系列关于贫穷、犯罪和流浪问题的各类观点。

我们在托马斯·莫尔的《乌托邦》（1516 年）中看到了许多相关主题。在乌托邦社会，农业劳作成果平等分配，立法者乌托普（Utopus）也"改变了当地的地理环境……在他们的土地与大陆连接处挖出了一条 15 英里宽的海峡，让海水环绕着这个国家"①。这是英格兰的形象，不过它的这个镜像位于气候温和的南半球；乌托邦由一位葡萄牙人发现，伴随他的是一位佛罗伦萨探险者，而他的海洋流浪活动则被描述成希腊式的："他的航行如同当初的尤利西斯，或者是……柏拉图。"②莫尔的这部作品用拉丁语写成，在安特卫普出版。岛国人民的生活对于"那个新世界来说"是"不同寻常的"，"它与我们之间的距离感与其说是由于地理距离，不如说是风俗习惯造成的"。③《乌托邦》在被翻译成德语、意大利语和法语后，才于 1551 年出现第一个英语版本，并且直到 1663 年才在英国本土出版了第一个拉丁语版本。④

在另一处对希腊的回应中，莫尔的岛国共同体俨然成为一艘

① Thomas More, *Utopia*, (eds.) George Logan and Robert Adams (Cambridge, 2000) p. 43.
② Ibid. p. 10. 关于约翰·吉利斯（John Gillis）宣称近代早期的乌托邦"独立于任何历史和地理背景"的观点，笔者并不认可。(Gillis, *Islands* p. 78).
③ 关于《乌托邦》作为一部文化倒置的作品的更全面的讨论参见 Carlo Ginzburg, *No Island is an Island*: *Four Glances at English Literature in World Perspective*(New York, 2000) ch. 1。关于莫尔的欧洲地理交往圈参见 E. G. R. Taylor, *Tudor Geography*, *1485 - 1583* (London, 1932) pp. 7 - 8。
④ J. C. Davis, ' "Concerning the Best State of a Commonwealth"：Thomas More's *Utopia*: Sources, Legacy and Interpretation', draft essay pp. 3 - 4.

船。柏拉图在《理想国》中曾提出，没有一群训练有素的船员，国家之舟是无法安全航行的，这需要经年累月地对"季节、天空、星辰、风向，以及一切……与航海有关的科学进行研究"[1]。在《乌托邦》中，主人公托马斯·莫尔向拉斐尔谏言："不要在风暴中放弃这艘船，因为你无法引导着风向的变迁。"[2]实际上，拉斐尔"在学习希腊语上的时间要比学习拉丁语还要多，因为他对哲学很有兴趣"，所以他知道柏拉图。当莫尔在安特卫普首次见到他时，他的"肤色已经晒黑……我把他错认成一位船长"[3]。与莫尔不同，拉斐尔一直都在洞穴（cave）外活动。他不曾放弃这艘船，而是很明智地选择了它。

　　半个世纪之后，我们看到了卡姆登的《不列颠志》这样一部拉丁语作品在佛兰德斯出版。卡姆登的作品为欧洲新教圈所接受，它也是这个圈子的产物。[4]与莫尔遥相呼应，卡姆登讨论了维吉尔和克劳迪安（Claudian）的观点："不列颠在过往的时光中曾一度与大陆相连。"[5]因此"在肯特郡的海角与法国的加莱地区之间……海洋如此狭窄，以至于有些人认为，那儿的陆地是被外力刺穿后海水才进入其中的，而在此之前并无海水"[6]。根据卡姆登的说法，在成为海岛后，以及为富有航海经验的希腊人所熟知后（比普林尼或者任何罗马人……更为了解），高卢人、罗马人、日耳曼人、丹麦人和诺曼人接连移居阿尔比恩。[7]

① Plato，*The Republic*，（ed.）F. M. Cornford（Oxford，1941）p. 191.

② More，*Utopia* p. 36.

③ Ibid. pp. 9 - 10.

④ Kevin Sharpe，*Sir Robert Cotton 1586 - 1631*；*History and Politics in Early Modern England*（Oxford，1979）pp. 9 - 11,84 - 86；see chapter 1 above.

⑤ Camden，*Britain* p. 4. 关于"广大人民群众"对英格兰当时的岛国地位的"认知"参见 E. G. R. Taylor，*Late Tudor and Early Stuart Geography*，*1583 -1650*（London，1934）pp. 91 - 92。

⑥ Camden，*Britain* p. 1.

⑦ Ibid. pp. 27,28.

卡姆登的书是在西班牙无敌舰队到来前两年出版的，他对英格兰面临外敌入侵时的脆弱性深表忧虑："因为，这个民族在过去（现在也是如此）抵抗敌军时很虚弱，但是在内战时却很凶狠，从而背负着罪恶的压力。"①当时还有人认为，

> 一个王国不能很好地保卫自己，特别是像这个反复遭受蹂躏的王国……如今，这个王国依然有可能被征服……然而，该王国从不缺乏人力或金钱，它所缺乏的是战士……我不理解为什么有人会说这个王国不会像过往一样处于巨大的危险之中；战争是权谋的更高形式，而这个王国却把战争的危险抛诸脑后。这个王国从未像今日这样面临如此强大、如此有力的敌人。因此，我希望……尽管陛下您的臣民不太在意此事；但是上帝却知道，陛下您需要对此格外上心。②

就在同一君主统治时期，约翰·斯皮德绘制了一幅关于"诺曼征服以来英格兰和爱尔兰内战与外敌入侵"的地图。地图中配有的文字说明显示的是"内战与各类战斗的简要描述"，其中列举了从 1066 年到 1572 年北方诸侯叛乱之间的七十四次战事。斯皮德所关切（尽管地图最初是在私下里进行传播，并且女王去世后才出版）的是英格兰在这些区域中面临着特别的问题。

> 停止内乱吧，啊，英格兰的臣民们，停止这一切吧，
> 这片美丽的土地不要再沾染鲜血：

---

① Ibid. pp. 108,110.
② BL Harleian MS 6843 f. 226：'How the Coast of yor Ma [je] sties Kingdome may be defended against any enemie'.

正如上帝所指示的那样，必须服从国王，带来和平。①

费尔南·布罗代尔（Fernand Braudel）写道：1558 年，随着加莱城的丢失，"英格兰当时没有意识到，它成了……一个岛屿，换句话说，成了一个自主的单元，与大陆欧洲有了区别。而就在这一转折点出现之前，尽管有着英吉利海峡、北海和多佛尔海峡，英格兰一直与法国、尼德兰和欧洲其余地区有着一体之接触"②。然而，正如布罗代尔在其他地方所强调的那样，岛屿是不能独立存在的。③英格兰与欧洲其余地区的联系也没有在 1558 年终结。它在 1572 年支持了尼德兰的反叛活动，法国和荷兰的新教流亡者也涌向英格兰，而且在 1585 年它还与西班牙开战。"在 1572 年，西班牙大使估计他的国王陛下的臣民中有 2 万人在英格兰寻求庇护，而且这些人还期待着……沉默者威廉（William the Silent）④能够战胜阿尔瓦。"⑤1624—1629 年间，英格兰参加了三十年战争，1651—1654 年又尝试与联省共和国建立联邦国家，1658 年占领了敦刻尔克，1670—1685 年还成为了路易十四时期法国的附属国，最后在 1688 年被联省共和国入侵过，并在汉诺威王朝时期，于 18 世纪深深地卷入了欧洲的政局之中。⑥

正如我们看到的那样，布罗代尔所认为的英格兰"在当时"没有意识到它自成一体的这一说法的确没错。此外，当时的国王

---

① Speed，*The Theatre of the Empire* pp. 5 - 8.
② Fernand Braudel，*Civilization and Capitalism*，*15th - 18th Century*，*volume III*：*The Perspective of the World*，trans. Sian Reynolds（London，1984）p. 353.
③ Braudel，*The Mediterranean and the Mediterranean World*.
④ 即荷兰（联省共和国）首任执政威廉一世。——编者注。
⑤ Haley，*The British and the Dutch* p. 32.
⑥ Scott，*England's Troubles*；Simms，*Three Victories*.

是一位女性，"这鼓励了国内外的敌人阴谋算计英格兰"①。然而，这位女性是一位新教徒，被天主教会开除了教籍，且终身未婚，没有子嗣。其时，教会、王朝和国家的存活都是未知数。随之而来的是通过军事活动参与苏格兰和低地国家事务。

在近代早期盎格鲁-荷兰建立亲缘关系有赖于三次事件，伊丽莎白干预低地国家事务构成了其中的第一次。1584 年，沉默者威廉被刺杀后，荷兰的起义军面临着悲惨的境地，他们将联省共和国的统治权拱手送给了伊丽莎白。尽管她并没有接受这一奉送，但是无双宫协定（Treaty of Nonsuch）却将两国从政治上到军事上都紧紧地捆绑在了一起。对于像理查德·哈库利特这样的新教民族主义者来说，在低地国家、爱尔兰和新世界等地与西班牙的军事交锋不仅是一种宗教责任，也是防御的需要。巴托洛梅·德·拉斯·卡萨斯（Bartolomé de Las Casas）的《西印度毁灭述略》（*Short Account of the Destruction of the Indies*）在 1583 年首次译成英文，并且改名为《西班牙殖民》（*The Spanish colonie*）。这本书告诫所有的新教徒：如果他们的抗争失败，将会面临可怕的境地。②

有人模仿伊丽莎白的话——这可能是杜撰的——向荷兰大使表示："你的国家没有国王，我们必须将一切综合起来考虑，将利弊得失一并看待……我们的国王要求我们所有人做好去联省共和国议会的准备。"③英格兰参与这场欧洲战争的最严重的后果就是西班牙在 1588 年的侵略威胁。西班牙本来打算有 4.4 万

---

① [Marchamont Nedham]，*The Case Stated Between England and the United Provinces* (London，1652) p. 2.
② Hadfield，*Literature，Travel* pp. 91 – 104.
③ Quoted in Haley，*The British and the Dutch* p. 45.

名来自西班牙和佛兰德斯的士兵登陆英格兰，但这一计划失败了，其原因很难说是英国的军事实力，而英国的治理效率就更谈不上了。

> 伊丽莎白在无敌舰队启程之前摇摆不定、难以决断，这让她的国家准备不足，也让她的海军陷入一场灾难性的前景之中。甚至当西班牙人已经打到门前时，她仍过于谨慎，这严重损害了她的舰队，让它失去了完全摧毁无敌舰队的大好良机；而她在战后的行为也让人极为痛心。当她的宠臣和廷臣对她极力奉承，赞美她的勇气和军事水平时，那些真正为稳定她的王位付出巨大努力的海军官员们却纷纷被边缘化或受到批评，那些为她冒死杀敌的海员们被弃之不顾……在战斗中未受伤害的英国的船员们也逐渐跟受到重创且沉船求生的无敌舰队的船员们一样讲述着他们自己的悲惨故事。①

要想客观看待这场幸运的逃亡之旅需要与后来的苏格兰（1640 年）和联省共和国的成功入侵事件结合起来看。此外，在 1616 年和 1642 年间，巴巴里海盗俘获了 400 艘英国船只并抓捕了接近 7000 人，其中许多抢劫行为发生在英国水域。1639 年 9 月，英国舰船只能无助地观望着荷兰人在唐斯②摧毁了西班牙的舰队。③正如罗伯特·伯顿（Robert Burton）在 1624 年所说："谁会不难过，不伤心呢……谁会不激动、愤怒、嫉妒、不满、恐

40

---

① Neil Hanson, *The Confident Hope of a Miracle: the True History of the Spanish Armada* (London, 2003) p. 471; James McDermott, *England and the Spanish Armada: the Necessary Quarrel* (New Haven, 2005).
② 唐斯（Downs），位于英格兰多佛尔海峡的一处锚地。——译者注。
③ N. A. M. Rodger, *The Safeguard of the Sea: a Naval History of Britain 660 - 1649* (New York, 1998), pp. 384, 413.

惧和忧伤呢？”①这个国家在军事上的脆弱性是此后一个半世纪里英国著述所关注的大问题。

　　在这种背景下，英国的作家们开始使用荷马式的浮岛比喻。这种比喻适合用于形容伊丽莎白时代、早期和后期的斯图亚特王朝以及18世纪的英国。②除了它们所处的时代背景，这些岛屿本身也展示了其具有的水的特性。不仅是一个需要抵达的终点，而且是一场旅程。这可以反映在其居民所具有的特性上，也可以反映在水波、风向或气候的影响上。正是在艾欧里亚（Aiolia）这座漂浮之岛上，艾欧罗斯（Aiolos）给了奥德修斯一袋风，"因为克罗诺斯（Kronos）之子让他负责风，让他能凭其心意将风止住或让风起扬"；这个牛皮袋子用"银丝线紧紧系住"，而且只有袋子中倒出的西风才能将奥德修斯的船只送回家；但是，当他休憩时，他的船员们打开了袋子，这带来的风暴"使得风在水面乱窜，并让他们远离了家乡"。③乔纳森·斯威夫特在《格列佛游记》（Gulliver's Travel）中描写了勒皮他（Laputa）这座漂浮之岛上居住着精神无助的、心烦意乱并且心不在焉的毕达哥拉斯式的人群（Pythagorians）。④

　　因此，浮岛缺乏稳固的基础，处于危险之中或其本身就充满危险。埃德蒙·斯宾塞的《仙后》是在伊丽莎白时期的新教危机时刻写就的，并且是在与西班牙作战时出版的。在一封给沃尔特·雷利

---

① [Robert Burton] Democritus Junior, *The Anatomy of Melancholy*: *What it is* (Oxford, 1624) p. 14. 在此书出版前的两年，托马斯·司各特也指出了一种弥散在全国的"忧郁情感"。(*Belgicke Pismire* Preface p. 1)
② 关于现代的情况可参见 'And Sometimes, the Island is Marooned on You', *New York Times Sunday*, 6 November 2005 pp. 1, 27。
③ *The Odyssey of Homer* Book 10 lines 20 - 49.
④ Jonathan Swift, *Gulliver's Travels*: *a Facsimile Reproduction* … (ed.) Colin McKelvie (New York, 1976) pp. 5, 147；Part 3. 在最开始，斯威夫特把勒皮他描绘为"漂浮或飞翔"，但他最终选择了后者。因此，在他的书中，这些岛屿不再漂浮在水上了，而是飞向空中。

(Walter Raleigh) 的信中，他坦陈自己（如约翰·迪伊①将要做的那样）利用了亚瑟王的历史，"这是因为此人乃人中龙凤……并且最不受今人之嫉妒和猜忌之威胁"②。然而，对于任何无法理解仙国之现状者，他也提醒读者和他的女王陛下，直到最近，

41

谁人曾听过印第安之秘鲁？

谁曾乘舟测量过

今日已成真的亚马孙人之巨流河？

还有谁曾观察过丰饶沃土弗吉尼亚？

然而所有这些在人未知时业已存在，

然而自人有智慧时就隐没在世界阴处

并且近世时反而越发无人知。

为何今日无知之人却错误地认为，

除了眼之所见,万物不曾存在？③

　　在第二册第十二章中，盖恩爵士（Sir Guyon）在从"贪婪湾"和"耻辱石"中死里逃生后，这位节制骑士（Knight of temperance）遇到了漂浮岛。

最终远离它们后,看到许多岛屿,

在一边滚滚水流漂过:

这时骑士说,看,我看到了陆地,

① 约翰·迪伊（John Dee，1527—1608），英国数学家，占星学家，神秘学家。——编者注。
② Edmund Spenser，*The Faerie Queene*，（ed.）A. C. Hamilton（2nd edn，Harlow，2001），'A Letter of the Authors' p. 715.
③ Ibid.，Book 2，Proem，stanzas 2-3.

因此，老先生，我要上你的船。

那可不行，船工说道。

这是为了避免不明智的行为造成悲剧：

因为这些岛屿，时隐时现，

它们不在坚固陆上，不是大块成型，

而是破碎的小块陆地，来去无踪影

在那湍急的水流中，水高百丈深

远超这漂浮的岛屿。它们就是这样；

经常将游荡之人吞噬

将其带入最致命的危险和最极致的痛苦中。

盖恩在被女海妖（"淫荡的菲德拉"［'the wanton *Phaedria*'］）追逐后，又接连遭遇了流沙、漩涡、海怪，还经受了美人鱼和哭泣的少女的诱惑。①他要摧毁的是一处巢穴，

阿克莱兹，这位邪恶的妖妇，

许多路过的骑士为其所害：

她的住所就在一处漂流运动的岛上，

就在危险的海湾处；

伟大的先生，如果你去过所有地方，就该明白

这片受诅咒之地，陷害了多少英雄，

它在世上确实也有些名气；人称喜乐之荫。②

用他的朋友罗德威克·布里斯基特（Ludowick Bryskett）的

---

① Ibid.，Book 2，Canto 12，stanzas 10 - 11（quotation）；stanzas 3 - 28.

② Ibid.，Canto 1，stanza 51.

话说，由于"完美地利用了希腊的语言"，斯宾塞追随着莫尔和菲利普·西德尼的柏拉图式道德传统一路前行。①二者所从事的都是新教的战斗事业。针对教宗制（popery）这一"致命的危险"，斯宾塞提议暴力对抗，而西德尼提出的反对意见被合理地视作对伊拉斯谟基督教人文主义的重视。按照伊拉斯谟的看法，"一位王公在发动战争时要万分谨慎，万分小心；各种活动自有其优点，但战争将把一切美好的事物毁灭"②。

　　我们不应该把斯宾塞的立场看作与传统的彻底决裂，这不仅是因为它与希腊传统仍一脉相承，也因为在斯宾塞这里跟在弥尔顿那里一样，正是这种人文主义（现在是新教）的基督教内容要求采取军事行动，只不过伊拉斯谟所要求的是和平。也正是通过伊丽莎白时代和斯图亚特时代与反宗教改革运动的斗争，我们才能理解后来英国共和主义的独特内核，即将柏拉图基督教人文主义和马基雅维利军事主义融为一体。于是，从伊拉斯谟式的弥尔顿到马基雅维利式的阿尔杰农·西德尼，这样一条思想的光谱清晰可见。③

　　人们一致认为，要想维护伊丽莎白共同体的安全有必要创立英国的海军权力。然而，这个念想也在要求着人们掌握一种令人生畏的因素。因为，尽管把水域描述为唯一高效的交通渠道是有道理的，但这并未触及它所包含的复杂的、具有挑战性的物理特性。约翰·伊夫林就指出，它不仅是富有成效的，也有着"相当猛烈和变幻莫测的一面"④。连贯性、持续性的缺乏即意味着变

① Quoted in Canny, *Making Ireland British* p. 8; Eric Nelson, *The Greek Tradition in Republican Thought* (Cambridge, 2004) pp. 100 – 102; Sidney, *The Defence of Poesy*, in Sir Philip Sidney, *Selected Writings*, (ed.) Richard Dutton (Manchester, 1987) p. 134; Scott, *Commonwealth Principles* pp. 45 – 48.
② Erasmus, *The Education of a Christian Prince*, (ed.) Lisa Jardine (Cambridge, 1997).
③ Canny, *Making Ireland British* pp. 37 – 38; Scott, *Commonwealth Principles* chs. 2,5,8,10.
④ Evelyn, *Navigation and Commerce* p. 17.

化性。在近代早期，变化是具有危险性的——正如近代早期中的
"现代派"——而水则是它的具象。它在水流、江洋和潮汐的推
动下形成了运动特性。机器可以改变它的轨迹，风也能将它吹入
山中。一位伊丽莎白时代的学者评论说，"安全抵达某地意味着在
与海水地狱的谈判中取得胜利；不幸的是，踏上返程之路时，还
要再次穿越这个地狱"①。

43

　　1832 年，查尔斯·达尔文写道："我非常痛恨海洋的每一个
波浪……我讨厌、我憎恨大海以及海上的所有船只。"②然而，许
多证据表明，正是由于忍受连续数年生活在一种持续运动的状态
中，才让这位患有厌海症的科学家在潜移默化中形成了以变化和
进化为特征的自然观。③风暴是海洋航行叙述的重点，其中就包
括那场将正在从美洲返航中的汉弗莱·吉尔伯特爵士"吞噬并淹
没的"风暴，尽管此前不久他在呼应拉菲尔·希斯拉德④时还引
用了西塞罗的话："海上离天堂的距离跟陆地上一样近。"⑤这片
让吉尔伯特丧命的"恐怖的大海""呈高低错落的角锥形。（他遇
害的原因）看起来可能是由于这片海中有着的高低不一的丘陵
状地带（就跟我们在陆地上见到的山峰和山一样）……也可能是
因为前进时遇到了诡异不定的风向。"⑥1609 年，一艘载满前往
弗吉尼亚的清教徒移民的船只在百慕大沉没，这可能是当时最著
名的一场"恐怖风暴"事件。该事件可能启发了莎士比亚写作同

---

① Jonathan P. A. Sell, *Rhetoric and Wonder in English Travel Writing*, 1560 - 1613（Aldershot，2006）p. vii.
② Quoted in Iain McCalman, *Darwin's Armada*（Melbourne，2009）p. 40.
③ 他对珊瑚礁的形成进行了推测："海水冲打着礁石这看起来好似无法战胜的敌人。然而，我们却看到它奋力抵抗，竟至以最柔弱、最缓慢的方式征服了敌人。" Ibid. p. 79.
④ 拉菲尔·希斯拉德（Raphael Hythloday），托马斯·莫尔小说《马多克》中的人物。——编者注。
⑤ David Armitage, 'Literature and Empire', in Canny（ed.），*The Origins of Empire* pp. 107 - 108.
⑥ Hakluyt, *The Principall Navigations* vol. II p. 695.

名戏剧。

> 一场令人忧虑的、可怕的风暴刮起来了……从天上射下
> 阵阵闪电；这如同地狱的黑暗向我们袭来……我们的呼号淹
> 没在风中，而风正咆哮不已……我们确信……正如死亡来得
> 如此突然、如此明显，它……在海上也来得如此具有戏剧性、
> 如此痛苦……不能说在下雨，水就像从空中泻下整条河一
> 般……我还有何可言？ 风和海丧失了理性，如同愤怒和狂暴
> 造成的后果那般……我们的船每一刻都在面临着突然的撕裂
> 和不断倾覆之危险。①

　　莎士比亚那激情澎湃的作品除了让观众感到毛骨悚然外，它
所写的风暴还包含着戏剧性。《暴风雨》（*The Tempest*）对水的
本质潜力的描述达到了一个新境界。作品中的人物因沉船而来到
一座岛上——这座岛屿即使不是漂浮不定的，那也可以说是充满
了魔性的。"真奇怪大家都那样困倦！ 那是因为天气的缘故。"
岛上的魔力延伸到水中（引发暴风雨）、陆上和空中。跟船上的
索具一样，卡列班的岛从未宁静下来。"这音乐声从何而来？ 在
地下还是空中？"根据迈克尔·威特摩尔（Michael Witmore）的
看法，音乐将水和空气变成了"唯一的震动薄膜"②，不仅是岛屿
通过音乐的声音和波动将它们变得一样。随着海洋将岛屿与作品

44

---

① Sir Thomas Gates, *A true repertory of the wracke, and redemption of Sir Thomas Gates Knight; upon, and from the Ilands of the Bermudas*, published in Purchas, *Purchas His Pilgrimes* vol. IV Book 9 pp. 6 - 8. 此文与莎士比亚之间的关系受到热烈的讨论。See Sobecki, *The Sea* p. 163.

② William Shakespeare, *The Tempest*, (eds.) Alden T. Vaughan and Virginia Masan Vaughan, *The Arden Shakespeare*, series 3 (New York, 2005)2. 1. 199 - 120; 1. 2. 388; Michael Witmore, 'An Island of One: Spinoza and Shakespeare's *Tempest*', talk given at Duquesne University, Pittsburgh, 2007.

中的人物包围——一开始将他们带入岛屿，最后又将他们带离——观众也逐渐被海洋"包围"起来。从抵达到离开，这部戏剧仿佛将观众带到了船上，观众们在一排排的木椅上观看戏剧时，他们发现自己也是在进行一场旅行。

海洋航行叙述中的这类比喻手法在 17 世纪后期已经非常常见，有的如笛福在《鲁滨逊漂流记》中对它大书特书，而有的则丝毫不去提及。

> 要不是我冒昧地把跟风和潮汐有关的无数段落删去的话，这卷作品跟其他许多航行作品一样，将达到现在的两倍之多；一起被删去的还有海员们在风暴中对船只管控的记录；类似的（被删去的）地方还包括经度和纬度的记录。因此，我有理由担心，格列佛先生会有点不舒服。①

不过，对于港口开发者来说，把这些技艺都掌握在手才是成功之道。用约翰·迪伊的话说，由于"这种航海技艺要求高超的技能和十足的勤奋"，所以它需要"数以千计的士兵……不仅要意志坚定，还要能冲破大海的狂暴和不安，并且能平静地忍受恶劣的住宿和饭食条件，还要具有很好的操纵能力，且接受能力强，这样才能够……在海上各种战斗中保持完美的状态"。②

对于迪伊来说，要做到这一点，关键性的文本不是《圣经》——这是哈库利特的挚爱——而是修昔底德的《伯罗奔尼撒战争史》。正是"希腊人无与伦比的领袖伯里克利……在对雅典

---

① Richard Sympson, 'The Publisher to The Reader', in Lemuel Gulliver, *Travels into Several Remote Nations of the World* (London, 1726) in Swift, *Gulliver's Travels* p. viii.

② John Dee, *General and Rare Memorials pertaining to the Perfecte Arte of Navigation* (London, 1577) pp. 4 - 5.

议会的元老发表演说时……对他们自己的国家跟斯巴达人的国家进行了一番比较"。伯里克利把斯巴达人描述为"农民，而不是海员"，他建议"假设我们是一座岛屿，难道我们不是很难保证不受攻击吗？ 我们就是要尝试着把我们自己想象为岛民；我们必须放弃土地和房屋保卫海洋和城市"。①

也就是说，要想赢得与斯巴达的战争，雅典人需要借鉴他们于公元前 480 年在萨拉米海战中击败波斯时所获经验。那场胜利的指挥官是地米斯托克利（Themistocles）。这个名字也萦绕在沃尔特·雷利的心中："这一直是地米斯托克利的观点。可以说，他掌握了海洋，掌控了贸易。他是世界贸易之主，是世界财富之主。"②雷利所思考的不仅包括地中海，还有整个大西洋。在雅典，关于这个城市把海权和贸易的地位放在"我们的土地和我们的住所"的地位之上的观点存有争议。当像公元前 480 年时那样面临紧急状况时推行这样的策略是一回事儿，但把它按照正如伯里克利所说变成持续性的国家政策则是另一回事儿了。雅典这样一个大陆城市怎能把自己变成一个岛屿呢？

对于这一问题的答案有两点——它们由地米斯托克利提出并且由伯里克利维持下去。一个是"自从波斯战争结束后"雅典所集聚的海洋权力，另外一个则是保卫雅典的长墙——特别是比雷埃夫斯港（Piraeus）——让其免于受到陆上的攻击（这座长墙初建时连接了雅典和迈加拉［Megara］）。③强大的雅典帝国将爱琴海中的这座岛屿城市与其他岛屿和城市连为一体，这个帝国也就成了海洋帝国。所以说，它采取的是群岛的形式，而不像对付斯

45

---

① Thucydides, *History of the Peloponnesian War*, trans. Rex Warner（Harmondsworth, 1972）pp. 121 - 122.
② Quoted in Andrews, *Trade* p. 9.
③ Frisch（ed.）, *The Constitution of the Athenians* pp. 63 - 87.

巴达的提洛同盟那样属于大陆联盟。这正是约翰·迪伊所设计的伊丽莎白"海岛王权"的模式。他以令人惊奇的手法（跟迪伊有关的一切都很奇妙）将英格兰、爱尔兰、尼德兰和奥克尼群岛纳入其中。①在随后给伊丽莎白的上书中——他生前并未出版，他的模型并非雅典，而是亚瑟王国，而且他把边界延伸到了北美、格陵兰岛、冰岛、斯堪的纳维亚、丹麦、西部俄国和卡斯蒂尔（即西班牙）。②

在这种希腊模式中关注其中的地理学基础，而不仅仅是其政治学基础就显得格外重要了。尽管迪伊所描写的伯里克利俨然是一位国会成员，但雅典的民主制并没有被约翰·迪伊运用到他所生活时代的分析中（霍布斯在后来很好地使用了雅典民主制）。雅典之所以对于迪伊、哈库利特和其他人不可或缺，并不仅仅是那座城市选择了海权大于陆权。根植在希腊文献中的还有一个更广阔的文化政治学。这为后来爱德华·萨义德（Edward Said）所提出的著名的东方主义奠定了基础。除了出现在伊丽莎白时代的讨论中，东方主义还是 18 世纪英格兰和苏格兰作家深入探究的问题。

萨义德注意到，在一些现存最早的希腊文献中存在着"东方主义"。其中之一就是埃斯库罗斯的《波斯人》（*The Persians*），因为对于雅典人来说，波斯就代表着"东方的"权力。这种文化中的光鲜奢靡的生活、盛行的奴隶制以及专制独裁让其成为雅典

---

① 相关的政治背景参见 Glyn Parry，'John Dee and the Elizabethan British Empire in its European Context'，*Historical Journal* 49,3(2006) pp. 656 - 660。

② John Dee，*The Limits of the British Empire*，(ed.) Ken MacMillan with Jennifer Abeles (Westport，Conn.，2004) pp. 43 - 97. 因此安东尼·格拉夫顿评论说，"德和其他伊丽莎白时代的知识分子没有转向古代，而是转向中世纪的资源为他们的英格兰帝国寻找依据"(Grafton，*New Worlds*，*Ancient Texts* p. 147)。这一点在 *Limits* 中得到体现，但并不符合 *Perfecte Arte* 中的观点。

的对照类型，而雅典也借此定义并构建了他们自己城市的风俗和制度。在修昔底德所写的伯里克利葬礼演说中，或者在近代早期欧洲人文主义者和共和派人士的作品中，雅典所构建的核心是自由（liberty）。[1]萨义德在他的书中关注了东方主义的"想象的地理学"，但却没太注意其中也包含着真实的地理内容。他的结论是，"一条线……出现在两个大陆之间。欧洲是强大的、能言善辩的；亚洲则是败落的和遥远的"[2]。但是，如果说在一个大陆和岛屿之间画出一条线会怎样呢？ 或者说，在陆地和水域之间画线会如何呢？

亚洲大地

在绝望中同声悲泣。

薛西斯勇猛向前,嗬嗬!

薛西斯一败涂地,哎哎!

薛西斯的梦想

在海战中全部破产。

事实上，薛西斯是为海中战船所阻止，并且在那次事件中，雅典人宣称自己所起到的作用是其成为希腊世界领导者的根源所在。正如雅典使臣对斯巴达人所说："在 400 艘战船中，几乎三分之二是我们的……这勇气和我们所显示出的胆量无可匹敌。要是没有陆地上的力量来帮助我们……我们会放弃我们的城市并销毁我们的财产……我们登上我们的船并选择这条危难重重之路。"[3]希罗

---

① Scott, *Commonwealth Principles* pp. 27 - 28.
② Edward W. Said, *Orientalism*（New York, 1979）pp. 56,57.
③ Thucydides, *Peloponnesian War* p. 79.

多德记录了薛西斯与水斗争的过程：当他的桥被风暴摧毁后，他
"下令抽达达尼尔海峡三百鞭并且还将一对枷锁扔进水中"①。
根据修昔底德的记载，伯里克利随后"将我们眼前的整个世界分
为……两个部分——陆地和海洋……各个地区中处于你所控制的
那整片区域——不仅包括目前你所控制的区域，还包括，要是你
想进一步努力就会控制的其他地区"。在他看来，土地与非必需
的奢侈品（伴随着财富而生的花园和其他高雅生活）联系在一
起，而海洋与保卫"我们的自由"和"我们的帝国"与免受"奴
隶制"压迫所必需的东西联系在一起。②

　　也就是说，在雅典的文献中，斯巴达是东方化的。雅典这个
海洋城市是自由的，而以农业为主的斯巴达人则生活在贵族制/
寡头制统治下。在战争前夕，科林斯人在一番充满焦虑感的话中
将二者进行了对比品评。

　　　　一位雅典人总是能够进行创新，很容易下决心并且快速
　　执行它。你则相反……没有想法，你的活动也缺乏目标……他
　　们……在遇到危险时却能保持自信。但是，你的品性却让你做
　　到的事情要少于你的能力，让你不相信你自己的判断……当
　　你畏葸不前时，他们却从不犹豫；当你躲在家中时，他们却奋
　　勇向前……如果他们赢得一场胜利，他们会立刻坚持下去；要
　　是他们遭受一次失败，他们很少会退却……一句话来讲，从他
　　们的品性来说，他们既不能让自己度过平凡的生活，也不让别
　　人如此度过……而……你们的整个生活方式跟他们一比就显

---

① Quoted by John Burrow, *A History of Histories: Epics, Chronicles, Romances and Inquiries from Herodotus and Thucydides to the Twentieth Century* (New York, 2008) p. 18.
② Thucydides, *Peloponnesian War* pp. 160 - 161.

得老旧不堪……你们的无所作为已经产生足够多的危害了。①

雅典人的本质特性是变动不居（motion/*kinesis*），而斯巴达则是"东方式"暮气沉沉的代表。历史学家们曾经探寻过修昔底德是否将前者看作具有活力特性（以及最终的那种具有不稳定特性的）民主制的结果。但是，运动和变化、活力和危险也是水之特性，它恰与稳定的陆地成对比。正如我们接下来谈到的那样，在17世纪时，几位英语作家将荷兰人在创新方面所具有的惊人能力归因于他们与水的亲密关系。

我们可以确定的是，修昔底德作品中科林斯人和伯里克利的言论是东方化这一宏大主题的组成部分。伯罗奔尼撒战争这个名字跟波斯战争一样，也是一个东方化的构建。这些战争成为反对大陆入侵的海洋防御战。最终，雅典人是被另一个海洋民主制（叙拉古）打败，而斯巴达人的成功也只是由于他们转而向波斯寻求军事支持的结果。

因此，这种东方主义是一种文化的构建而不是地理学的构建。以雅典的"文本"，无论是当时还是后来所"划定的欧洲和亚洲之间的界限"都在欧洲内部，并在希腊内部进行了再次的划分，用水和石头划定的界限甚至穿越了阿提卡。凭借海权和城墙，雅典尽管不是一个岛屿，但它的所作所为却俨然如此。英格兰和苏格兰由于处在一个岛屿上，它们所需要的（如果他们能够达成一致的话）唯一的城墙就是海权本身了。

类似于科林斯人，伊丽莎白时代的海洋鼓吹者（迪伊、哈库利特、雷利）则试图让一个保守的社会活动起来。面对着西班牙

48

---

① Ibid. pp. 76 - 77.

的军事威胁，伊丽莎白时代之人的作为也产生了足够多的危害。这些作家们的使命就是劝说英格兰人尽管他们跟斯巴达人类似是农民而不是海员，但他们需要开始"把自己看作一个岛民"。在西班牙的挑战到来前，英格兰的情况"让我们感到巨大的羞愧，让我们不禁发出责备……数以百计的外国渔船……前来，（某种程度上说）来到我们家门口，并且……每年夺走了我们几十万镑的金钱"。①这正与雅典人的情况相反。

迪伊致力于阐释航海业及其相关机械技术的理论基础。它特别受到葡萄牙相关知识进展的影响，并且还在鲁汶大学获得了相关经验。②威廉·伯恩（William Bourne）的《一个海洋集团》(*A Regiment for the Sea*，1574 年) 更多面向学术界而不是海员而写。在这部作品中，他的主题是"怎样指导一个人在发现没有航线时经过或穿越海洋……怎样在最短的时间内抵达港口……怎样在遇到各种混乱时，比如遇到风暴时维护船只运行……"。伯恩还宣称，最重要的是关于这个国家"为海洋环绕下所处……的情况"的相关知识以及"这个时代"的相关知识。③

哈库利特的工作也是为了推动"航海业的进步，（构建）我们这片岛屿的高墙，跟宣示雅典海上势力的神谕如出一辙"④。他呼吁建立一个"关于航海技艺"的"讲座"，以此"培育海员们的航海技能"。在献给菲利普·西德尼爵士的一本书中，他反复陈情

---

① Dee, *Rare Memorials* pp. 6 - 7.
② Taylor, *The Haven-Finding Art* pp. 192 - 208.
③ William Bourne, *A Regiment for the Sea: Conveying most profitable Rules, Mathematical experiences, and perfect knowledge of Navigation*, in Bourne, *A Regiment for the Sea and Other Writings on Navigation*, (ed.) E. G. R. Taylor (Cambridge, 1963) Preface to the Reader p. 139.
④ Hakluyt, *The Principall Navigations* p. 3. 神谕要求雅典人对其木制墙头保持信心，这是后来理查德·吉布森（Richard Gibson）的作品中会再次出现的一个比喻修辞。

49

THE PRINCIPALL

NAVIGATIONS,VOIA-

GES AND DISCOVERIES OF THE

English nation, made by Sea or ouer Land,
to the moſt remote and fartheſt diſtant Quarters of
the earth at any time within the compaſſe
of theſe 1500. yeeres: Deuided into three
ſeuerall parts, according to the po-
ſitions of the Regions wherun-
to they were directed.

The firſt, conteining the perſonall trauels of the Engliſh vnto Iudea, Syria, A-
rabia, the riuer Euphrates, Babylon, Balſara, the Perſian Gulfe, Ormuz, Chaul,
Goa, India, and many Iſlands adioyning to the South parts of Aſia : toge-
ther with the like vnto Egypt, the chiefeſt ports and places of Africa with-
in and without the Streight of Gibraltar, and about the famous Promon-
torie of Buona Eſperanza.

The ſecond, comprehending the worthy diſcoueries of the Engliſh towards
the North and Northeaſt by Sea, as of Lapland, Scrikfinia, Corelia, the Baie
of S. Nicholas, the Iſles of Colgoieue, Vaigatz, and Noua Zembla toward the
great riuer Ob, with the mightie Empire of Ruſſia, the Caſpian Sea, Georgia,
Armenia, Media, Perſia, Boghar in Bactria, & diuers kingdoms of Tartaria.

The third and laſt, including the Engliſh valiant attempts in ſearching al-
moſt all the corners of the vaſte and new world of America, from 73. de-
grees of Northerly latitude Southward, to Meta Incognita, Newfoundland,
the maine of Virginia, the point of Florida, the Baie of Mexico, all the In-
land of Noua Hiſpania, the coaſt of Terra firma, Braſill, the riuer of Plate, to
the Streight of Magellan: and through it, and from it in the South Sea to
Chili, Peru, Xaliſco, the Gulfe of California, Noua Albion vpon the backſide
of Canada, further then euer any Chriſtian hitherto hath pierced.

*Whereunto is added the laſt moſt renowmed Engliſh Nauigation,
round about the whole Globe of the Earth.*

By Richard Hakluyt Maſter of Artes, and Student ſometime
of Chriſt-church in Oxford.

Imprinted at London by GEORGE BISHOP
and RALPH NEWBERIE, Deputies to
CHRISTOPHER BARKER, Printer to the
Queenes moſt excellent Maieſtie,

1589.

理查德·哈库利特的《英格兰民族伟大的远航、旅行与发现》(2 卷,伦
敦,1589 年;影印本,剑桥,1965 年)。哈库利特要求按照旅行的方向
(南-东,北-东,西)编纂他的作品,并且在各个方位内部按照时间顺序
编纂。这种编纂方式成为后世模仿的标准。

英格兰必须向"希腊人和迦太基人这样的榜样"学习。①跟约翰·迪伊一样，伯恩、雷利和哈库利特这些人在地理学上都有着长远的追求。②在西北航线的问题上——这是"一条直接的、路途较短的道路可以从西部进入中国（Cathay）"以及富有的东方——他阐述了塞巴斯蒂安·卡波特（Sabastian Cabot）关于"美洲整个北部地区由一个个岛屿组成"这样的观点。③这种原来认为北美是岛屿的想法后来让位于北美是大陆这样一个事实，而后来在南太平洋的经历却正好相反（见第九章）。在一份写给斯巴达女王（"帕丽斯莫尼亚"）④的手稿中，哈库利特的关注点集中在英格兰在北美殖民所带来的诸多优势上。

　　随着这样一个制约和敌对西班牙帝国的新教势力的出现，这些优势就跟宗教有关了。这给土著人也提出了要求，他们需要在斯库拉（Scylla）异教徒和卡律布迪斯（Charybodies）教宗偶像崇拜派之间作出抉择。⑤"现在，英格兰的国王和女王们拥有了信仰捍卫者的称号。我认为，在这样的头衔下，他们不仅要负责维持并巩固基督的信仰，还要扩大并推进其发展：这不仅是他们最重要的工作，也是所有其他工作的首要关注所在。"⑥这些优势也跟社会现实有关，因为这样的一个殖民地可以给我们提供机会，"让我们的共同体免于大量混日子的人和懒惰的游民所带来

① R［ichard］ H［akluyt］ the Younger，*Divers Voyages* p. 2.
② 伯恩在 *Regiment*（1680 年）第二版中提出"水域知识显示有五条通往中国（Cattay）的路径，两条已为人所知，其他三条尚待开拓"。Bourne，*Regiment* p. 301.
③ Hakluyt，*Divers Voyages* pp. 3，4.
④ 指女王伊丽莎白一世。"帕丽斯莫尼亚"（Parsimonia）意为节制、犹豫。——编者注。
⑤ 斯库拉和卡律布迪斯皆为古希腊神话中的海妖。英语中有 between Scylla and Charybdis 这样的成语形容进退两难之境地。文中以此形容北美土著面临着接受新教还是天主教这样的问题。——译者注。
⑥ Richard Hakluyt，'Discourse of Western Planting, 1584'，in E. G. R. Taylor（ed.），*The Original Writings and Correspondence of the Two Richard Hakluyts*（2 vols.，London，1935）vol. II p. 215.

的伤害"，这样一些人"要么难以制服，而且还想着颠覆政权，要么制造负担……他们自己也经历痛苦的生活，最后免不了面临上吊绞死的悲惨境地"。①

其中一个最重要的好处则是"增强、维护并保证我们海军的安全，特别是有利于我们的船运业，这是我国优势之所在"。同时，哈库利特也希望用北美的自然资源来取代从他处进口的贸易物资。佛罗里达的"气候跟巴巴里、埃及……波斯、土耳其、希腊和黎凡特海的所有海岛一样"，所以从佛罗里达可以进口枣、柏木、香料，"大量的珍珠"和金子。②在中间纬度地带则对应着"加斯科尼海岸和圭亚那"，所以我们可以进口野味、水果、坚果、谷物、"大量的酒类"和橄榄油。远至北纬67度的北方地区则能获取鱼类、鲸鱼、木材和皮毛。北美有着如此多样的气候，它足以替代"所有那些已经衰退的、危险的欧洲、非洲和亚洲的贸易关系"。③

哈库利特认定，"从佛罗里达到北纬67度之间美洲部分的所有权"是通过当初英国国王给威尼斯人塞巴斯蒂安·卡波特的特许状而确定下来的。哈库利特解释说，这整片领土"距离（伊丽莎白）女王的王国要比距离欧洲其他国家近得多"。英格兰跟北美的地理关系有着诸多优势，堪比"葡萄牙跟巴西的关系："可以说，比起西班牙或葡萄牙，我们（前往北美）过程中的危险更少，路途更近。"

尽管"英格兰这个王国……为海所环绕"，它的王公们却"跨越大海征战四方……征服了许多富庶、美丽的地方……扩大了你的王国并且获得了……法国国王的臣服"。据说，在北大西

51

---

① Ibid. pp. 211－212,234.
② Ibid. pp. 222－223.
③ Ibid. pp. 213,222－233.

洋航海过程中面临着"巨大的危险和艰难困苦"。然而，这个问题却因为在夏季能享受"持续晴朗的白天而无黑夜之幽暗"这种情况而得到部分弥补。① 最后，时不我待。"我可以向您保证，伟大的地理学家亚伯拉罕·奥特柳斯曾经告诉我，1577年他最后一次去英格兰时，要不是因为佛兰德斯爆发战争，低地国家之人在此之前就已经打算去美洲地区和西北部的海峡进行发现之旅了。"②

水下的东西与水面的部署同等重要。约翰·迪伊对渔业的兴趣主要是因为它是训练海员的良好手段。但是迪伊跟威廉·蒙森（William Monson）这位伊丽莎白时代反抗西班牙的老兵一样有着更加宽广的视野，他们都对海洋作为食物和贸易来源表示重视。根据蒙森所说，英格兰海洋文化和海洋经济的一大支柱就是从纽卡斯尔到伦敦的运煤贸易（"我们的北方印度，凭借它的货物和优势成为王国的宠儿"③）。另一项受到重视的事情是对活跃在不列颠海岸周围的荷兰渔业的模仿。"我们从这项工作中能借鉴什么呢？ 能从我们最为毗邻、最为亲密的荷兰朋友那儿学习什么呢？ 他们长途跋涉，他们勤劳奋进并且有着天才般的创造……超越了所有其他的民族……凭借的是他们的劳作和我们的鱼类。"④蒙森解释了荷兰利用一项发明而发现的"金矿"，因为"从1307年开始，他们拥有了无尽的财富，这是我们的耻辱，而第一个发现鲱鱼腌渍秘密的人是威廉·巴克劳（Wm Backalew），这项发现给他带来了声望"⑤。他分析说，每年有"2万艘渔船竞相"前来渔猎，"这些鲱鱼船就像一艘艘追逐群鹿的猎狗一样"，到了出

① Hakluyt，*Divers Voyages* pp. 2 - 6，B，B2.
② Hakluyt，'Discourse of Western Planting' p. 279.
③ 'How to imploy our fleet against Spain' NMM REC/4 Item 12 ff. 7 - 8.
④ Ibid. f. 4.
⑤ NMM REC/4 Item 14；'On the fishery' p. 1.

售时，鲱鱼"被看作珍贵的食物，在整个欧洲贩卖，而他们获得的回报又让他们有能力……维持那一场场花费惊人的战争以应对强大且有威吓力的西班牙王国"。①

蒙森继续说道，不幸的是，英格兰和苏格兰模仿这一成就时面临着诸多困难。一个就是英国人并不喜欢吃鱼。当时许多人都对此提出了自己的解决之道，蒙森的方案就是进行强迫吃鱼。有些人担心当局会推出法令规定每周增加一日为"吃鱼日"（fish day），因为许多人把此看作"一大创新"。不过，一位作家则回应说，情况正相反，这样的法令不过是恢复了取消修道院（Dissolution of the Monasteries）之前的做法，因为在此之前，那"五百座宗教场所"里善于自我鞭笞的居民们就经常吃鱼。②

更大的问题是，渔业缺乏"贵族和其他在土地而不是海洋中获利人士的参与和支持"③。在这一行业里要想取得成功，"所有这行业的人不仅要为自己打拼，还要成为为国王和国家服务的商人"。在这种情况下，一些人"害怕"这类商人和海员"会压在其他行业从业者的头上，这就变得危险了"。对于有人认为不太容易获得必要的投资资金这类异议声，蒙森回复说这"让那些外人看来很讽刺"，因为英国人好奢侈、爱炫耀并且经常做"不必要的花费"。然而最后，与农业相比，渔业呈现出寒冷、潮湿和危险的特质。就在"荷兰各界人士"都在为此欢呼雀跃时，在英格兰，渔业却面临着"冷淡，乃至被人们的恶语相加"的境地。④

---

① Ibid. ff. 10,13.
② NMM REC/3，"有人认为，重建英格兰海军是必要的，这样可以有更多机会吃鱼。因此，应该推出一周里增加一天为吃鱼日的规定"，ff. 116,117。
③ Sir William Monson, 'Relating to ye Fishery' NMM REC/4 Item 13 f. 3.
④ Ibid. ff. 14 - 15. 蒙森是托比亚斯·金特尔曼（Tobias Gentleman）的恩主。"渔民兼海员"金特尔曼是 The Best Way to Make England the Richest and Wealthiest Kingdome in Europe，By Advancing the Fishing Trade… [and] Building… Busses and Pinks after the Holland Manner（London，1660)的作者。

在伊丽莎白后期和斯图亚特王朝早期，英国出现了一波学习荷兰和波罗的海地区航运业的发展、管理、供应经验以及航海术的热潮。[1]随着斯图亚特王朝的到来，至少可以说，一个不列颠群岛戏剧性地出现了。在这个背景下，渔场可以为该群岛的经济提供保障，因为鲱鱼的洄游路线恰围绕着"苏格兰、爱尔兰、设得兰群岛、奥克尼群岛和赫布里底群岛组成的王国中的数以百计的岛屿"进行。[2]在蒙森看来，这不仅带来了就业和社会繁荣的机会，而且也为苏格兰高地地区和岛屿区——特别是那些位于刘易斯地区的人——带来了宗教和道德改革的机会，因为他们被看作跟爱尔兰人一样生活野蛮、生性血腥。然而，这三个王国无论是宗教上还是政治上都尚未统一。它们也没能免于受到欧洲那充满暴力的宗教政治的波及。[3]

本章所讨论的作家们（蒙森是个例外）出版的作品面向国内以及（或者）更广大的欧洲读者。此外，迪伊、哈库利特、斯宾塞和蒙森撰写了政治谏言著作。所有人都希望能影响到公共舆论和政治，尤其希望自己的观点能上达女王本人。所有人都指出，在尚未掌握海洋的情况下，英国在军事上存在着薄弱之处。大部分作家都希望英格兰民族与海洋以及海洋的流动性之间建立积极的关系。通过成功地建立这种关系以及对这种文化的鼓吹，危险可能让位于机遇。在下个世纪的各类事件中，我们就可以清晰地看到这些焦点是如何进一步凸显出来的。

---

[1] NMM REC/3 ff. 119 - 122; 'The Order and Manner of ye Ships of Warre with their provisions in the United Provinces'; ibid. ff. 123 - 127; 'Answers to the demands concerning the Navie of the United Provinces … R. Rodenberg 22 April. 1600'; ibid. ff. 129 - 132; 'Instructions for the Voyage into Holland and Zeland'; ibid.

[2] Monson, 'Relating to ye Fishery' ff. 27 - 30.

[3] Scott, *England's Troubles* chs. 1 - 6.

第三章

海洋纪律

54

> 然而您的勇敢流溢而出,抵御住了它们的进攻
>
> 光芒永在,清晰照人。
>
> 将水中泽国荷兰带入一个光彩照人的领域。
>
> 我感觉,在那个荷兰,我看到了光芒。
>
> 您充盈着好奇心的冒险则更为精彩:
>
> 这是您最宝贵的王冠。对于品行来说
>
> 人生价值依靠它的保护,并让它更显珍贵。
>
> ——乔治·赫伯特:《致波希米亚的王后》①

一位苏格兰国王前来承接了英格兰王冠,虽然没能建立一个统一的岛屿王国,但是一个不列颠王朝还是问世了。詹姆士六世(一世)心中最大的理想就是让这个王朝实现政治上的(以及宗教上的)大一统:这两大民族融为一体不仅带来孤悬海外心态,也让群岛并列的状态浮现出来,盎格鲁-苏格兰联合殖民爱尔兰就是实现这一目标的方法之一。托马斯·霍布斯后来在作品中提出,这位"最明智的国王"追求罗马式的融合战略,"要是他能做到这一点,内战很有可能就避免了,可惜的是,内战的发生让这两个王国如今陷入悲惨境地"。②

詹姆士和他的儿子查理都没能实现这一目标,这是因为国王需要克服两国之间在文化、宗教和政治上的巨大不同,此外两国

---

① George Herbert, *The Poems of George Herbert* (2nd edn, Oxford, 1961) p. 202.

② Thomas Hobbes, *Leviathan*, (ed.) Richard Tuck (Cambridge, 1996) p. 138.

还面临着在发展目标、司法管辖，以及现实的军事和政治权力上日益增长的分歧。1618—1648 年的欧洲军事冲突①又给这些问题带来了巨大的压力。在这样的情况下，斯图亚特的三王国之战自身也成为了一个戏剧舞台。②查理一世在 1625 年谈及他的意图是"在我们的整个君主国中实现一个单一的政府统治……尊贵的帝国降临到我们面前，并且毫无疑问的是，它属于我们，与我们有关"。对此，查理一世不仅指涉英格兰、苏格兰和爱尔兰，还包括弗吉尼亚和新英格兰。跟在其他地方一样，查理（在 1623 年访问过马德里）把卡斯蒂尔王国作为一个榜样，不过他却缺乏资源实现自己的这一设想。③

就在詹姆士统治时期，约翰·斯皮德阐释了一种新的王朝地理学。跟卡姆登所强调的不一样，斯皮德在描绘"这个欣欣向荣的不列颠君主国向外开拓的内外特征"时，他把眼光聚焦到"这些岛屿……所实际占有的东西上（与其他国家能够自信地宣布对大陆土地的占有不同，我们没有涉足欧洲大陆）"。④这些岛屿是指英格兰、苏格兰、威尔士、爱尔兰和马恩岛。托勒密记录"大不列颠岛"时，他注意到它在规模上仅次于塔普罗巴奈，利普斯（Justus Lipsius）将它列于古巴之后，而斯皮德无意中将它退回到欧洲背景中，因为他勉强同意"它（毫无疑问）是罗马世界最大的岛屿……这样一个荣誉"⑤。斯皮德注意到"有些人顽固地坚持认为，这片岛屿曾经通过一块陆地将其与高卢大陆连接起来"，而且"斯宾塞"也持有这类观点。斯皮德反对这种"立场不

---

① 指当时欧洲的三十年战争。——译者注。
② Scott, *England's Troubles* chs. 2 - 6.
③ Elliott, *Empires of the Atlantic World* p. 117 and ch. 5 in general.
④ Speed, *The Theatre of the Empire*, 'The British Ilands Proposed In One View' p. 1.
⑤ Ibid.

坚定"的观点，认为"它不过是一种臆想"。①斯皮德代表着一种
英国地理学的出现，它的核心组织原则是孤立性，强调其与欧洲
大陆的不同并对其充满防备。

　　作为王朝政治的工具，这种岛屿观念被政治化了，国王使用
它以支持盎格鲁-苏格兰的政治合并，而英国议会成员则反对它，
因为议员们宣称的自由要么根植在这片岛屿的某处（"撒克逊人
统治中的那些法律……因其强固有力而在［诺曼］征服后继续存
在"），要么是从欧洲广大文化区中汲取了养分，而后一种观点对
古典共和派和"哥特主义者"有效。②横贯在这些政治—王朝界限
中的是竞争性的派系地理学。像乔治·阿伯特（George Abbott）
这样的加尔文主义者强调英格兰、苏格兰、联省共和国和德意志
部分地区之间的共通性和互为依存性。彼得·海林和查理一世这
样的"阿米纽派"（'Arminianism'）则认为在教会和国家中存
在着一个古老的、独一无二的英格兰宪政，它能将海洋诸岛统合
起来。③

　　詹姆士时期的新情况与强势的查理一世时期的后续事件是有
关系的，而将它们沟通起来的是军事上的——包括海军的——腐
化与管理失误。说它们有关系不仅是因为朝廷的这一系列政策和
要求意味着朝廷至少在理论上具有军事执行力，而且王权与贵族
的基础能力中也包含着军事才能。结果却是，在斯图亚特王朝早
期，军事上的修辞与实际的军事权力之间越来越多地"分道扬

56

---

① Ibid.

② Kenneth R. Olwig，*Landscape*，*Nature and the Body Politic*：*From Britain's Renaissance to America's New World* (Madison，Wisc.，2002) chs. 2 - 3；Kidd，*British Identities* p. 291；古典共和派的自由源自希腊罗马，哥特主义的自由则来自推翻罗马帝国的"北方诸民族"中。

③ Robert Mayhew，'Geography's English Revolutions：Oxford Geography and the War of Ideas'，in D. Livingstone and C. Withers (eds.)，*Geography and Revolution* (Chicago，2005) pp. 260 - 263.

镳"。当相关联的文化裂缝被军事化后，以及当詹姆士的军事不作为跟随着查理一世的军事失败纷纷出现后，不列颠群岛内上演了取消王权和上议院这样一出大戏。

这些灾难是在一个和平时期（1604—1624年）以及一个追求和平的国王统治之后才出现的。欧洲的舞台上两极化日益明显，不禁令人忧心忡忡，而在这样的环境中追求和平免不了也需要手持大棒。但是詹姆士缺乏这种想法，也没有能力这样做。在没有常备军的情况下，他的乡绅们到低地国家作战才获得了军事经验。这一时期海军档案中"充斥着欺诈、贪腐的行为，各种调查委员会的出现以及漏洞百出的官官相护"。詹姆士"至少早在1608年就了解到在每一个公职机构中，不法行为每日都在上演，但是他只是满足于'口头批评'了事"。我们也看不到有任何"理由，仅仅为了海员免于饥饿和劫掠之苦，或者由于英国人民的防御能力正在被摧毁，还或者由于英国人民的钱财大量落入一群群盗贼之手，而能让詹姆士国王出手相救。金雀花王朝和都铎王朝为君之道如今已经沦落成斯图亚特的'君王权术'了"。①

实际上，正如我们所看到的，伊丽莎白时期的海军管理明显还不能体现出王道威严。尽管女王已经在利用海军、冒险家和海盗对外开拓，但是它却是不连贯的、犹豫的并且目的也很简单：这些远征活动在于为王权带来利润。在无敌舰队到来之后，"不管是由于力不从心还是愚蠢的悭吝本性……参战海员的命运在拯救了他们的国家之后，将在悲惨、忽视与无助之中渐趋消亡，除了那些与他们并肩作战的军官外，无人理会，无人帮助。在伊丽莎白及其周边之人的眼中，他们不过是一群'蝇营

---

① H. Oppenheim, *A History of the Administration of the Royal Navy and of Merchant Shipping in Relation to the Navy* (repr., London, 1961) pp. 185, 215.

狗苟之人'"①。

57

詹姆士国王也期望着在海军投资上能获得回报。这意味着，在和平年代，海军职位成为恩赐下属的重要来源。在给予高级官员赏赐时往往强调其在支持王权上的社会贡献，而不是其赢得战争所应具备的资历。低级别的职务则直接售卖，海军物资经常被克扣，舰船衰败不堪，人人都在行贿和受贿，而船员们（现在甚至没有"与他们并肩作战的军官"陪伴）则因败坏的食物、疾病和恶劣的环境成批死去。按照奥本海姆（H. Oppenheim）的描述，在詹姆士统治时期，这个充满了各种恶习的海军体系演变出了一场场有组织的洗劫活动，而"海军大员们举止粗鲁，依赖着宫廷中友人的支持"②。1681 年，塞缪尔·佩皮斯发表了同样的抱怨。佩皮斯使用的字词如此相似，以至于人们不得不认为奥本海姆是把这样的评价照抄到了更早的时期罢了。甚至在和平时期，情形也很凶险，当局无力保护商人们免于海盗的威胁，最终的结果就是"商人们几乎不敢出海"③。欧洲战事爆发后英格兰很晚才决定参战（1624 年），不过这一决定却影响深远。

在和平时期的一份没有日期的卷档分析了一系列问题，它们正是后来成为早期斯图亚特麻烦和抱怨声的主题。

　　　　本来人们以为，在海军大臣、财政大臣、主计长（Controuler）、测量员之下的海军大员们……是海洋活动中水平最高之人，是……航运业中具有实际判断力和经验之人。但

---

① Oppenheim, *Administration* p. 143. 关于奥本海姆的结论的讨论参见 Andrews, *Trade* pp. 235 - 226. 这类指责在 Hanson, *Confident Hope of a Miracle* pp. 455 - 471 中又做了进一步的阐述。

② Oppenheim, *Administration* p. 193.

③ Ibid. p. 199.

是，这些人之所以任此职务是因为他们是王公的宠臣，或者是大人物将此职务作为拔擢其仆人的跳板……有些官员缺乏经验并且无知可笑……在为国王陛下服务时造成巨大的损害……在与为国尽忠和保卫王国安全有关的问题上，所有私人利益的问题都应当被剥离，而德行应被真正考虑。①

正是由于参加欧洲战争才让人们将英国政府与联省共和国作了一番比较，引发了诸多不满。正如霍布斯后来所说："我相信许多人都认为，英格兰后来的麻烦是由对低地国家进行模仿引发的；人们认为重要的不是变得更加富有，而是改变——正如他们所做的那样——他们政府的形式。"②其中一位提议进行模仿的人士是牧师托马斯·司各特。让司各特对荷兰印象深刻的不是其物质财富，而是其道德财富、新教信仰以及军事力量。在波希米亚陷落一年后，司各特在伦敦出版了一本书籍"以说明大不列颠王国与联省共和国之间的互相依存性"。他希望詹姆士国王不要"太过忽视他自己的荣誉与安全，或者我们的生命与自由，以至于让我们落入敌人之手……或者让我们遭受物质与精神枷锁之苦"。③

对于司各特来说，荷兰人与水斗争的历程让这个国家具备了抵御宗教裁判所大举入侵的法宝。④从懒惰中，它摘取了勤奋；从"私人"恶习中，它摘取了互相依赖和互助而居的品性。

---

① NMM CAD/D/19 Item 2；'Observacons touchinge the Royal Navy and Sea Service' pp. 1 - 2, 20.
② Hobbes, *Leviathan* p. 225.
③ Scott, *Belgicke Pismire* Preface pp. A2，A4.
④ Ibid. pp. 50 - 75. "因此，我们看到这个民族怎样让自己抵挡住了西班牙国王和海洋"（第69页）。

　　　海洋在他们的海岸边如此咆哮，好似随时要将其吞
没……荷兰无视它们，并且它们看起来被踩在它脚下：他们通
过技巧和勤奋让强敌保持距离……难以置信他们付出了怎样
的辛劳才让一种长草……在这片荒芜的沙地上成长。他们灌
输的心血和精心的处理行为如同我们在花园中打理花朵和芳
草那般：这种草一旦生根，就紧紧附着在大地上，风也不能吹
离它们。这种相依为命的风骨给荷兰人以经验，让他们学着从
虚弱走向强大。①

这个国家"之内的淡水"不比海洋挑战性弱。

　　　不过，在荷兰人开辟出的连接一处处耗资不菲的通道中，
我们可以看到他们从自身弱点中获得了怎样的好处，那就是
这些湖水始终如一充当着虔诚的仆人，并将荷兰人通过这些
通道带往他处，让他们能来来去去，而且行程便宜、便捷、安
全……不仅水如此，风也是他们的雇工。借助于风磨和机器持
续为荷兰人工作；风可以实现抽水和压水以给周围的牧场带
来水源；风还能帮助压榨油脂，制造亚麻品、大麻和铜制品；风
还可以帮助碾压谷物、香料；风可以制造纸张，切开木材。总
之，无论是男人、女人还是儿童，无论是海洋还是陆地，无论是
水还是风都不能懒惰。风不管怎么刮，都会给荷兰人刮来一些
好处。②

　　　因此，对于司各特来说，联省共和国的水和风的运动会让荷

① Ibid. pp. 67 - 68.
② Ibid. pp. 69 - 70.

兰人在现实和道德上都有所收获。类似于雅典人，这个"勤劳且快乐的民族"永不停歇。当他们获得足够多了，他们就会制定更多计划。由于拒绝懒惰，他们宁可选择"带来安全的战争……也不会选择不安稳的和平"。①跟雅典一样，勤劳的结果就是自由的获得。除了良心的自由，"我注意到一种被普遍允许和使用的自由。在这里，一切人关心公共的活动，一切人也维持着公共活动的进行，人们毫无抵触地普遍参与到对公共问题的争论、探讨、细究和审查之中"②。与之相反的是（司各特提及了莫尔的观点），腐败的詹姆士政权操纵在一群"软弱无能的……贵族手中……他们在懒惰的生活中长大……只知道打猎、训鹰、跳舞、饮酒和寻欢作乐"，而把人民当成"奴隶"。③"要去拯救衰败等级的性情，要去给全体国民带来财富，要去重建自由，要去实现道德律法的统治：这一切都要求智慧。"④

　　司各特关于水的道德沉思后来由威廉·坦普尔爵士进行了回应并作了进一步延伸。在探讨荷兰社会最杰出的特征——创新的能力——时，坦普尔将土地、风和水看作带来变迁的力量。"时不时地来一场汹涌的洪水，而且陆地上的洪水、风和潮汐还会不同寻常地一同出现，海洋国家内外经常面临着这种现象所带来的各种陌生而又强有力的变化，但是没有人能对此加以说明。"⑤水不断地推动并塑造着陆地，不仅包括波浪和潮汐，而且"沙土卷动着并冲积到三条大河的河口处，然后通过几个省的海岸注入大海"。一个结果就是塔西佗曾描述过的"巴达维亚之岛"的自然

---

① Ibid. pp. 51，and 59 - 90 in general.
② Ibid. pp. 89 - 90.
③ Ibid. pp. 27,30 - 32.
④ Ibid. p. 37.
⑤ Temple，*Observations Upon the United Provinces* p. 121.

景观变得难以辨认了。①另外一个结果则是，"在经历了陆地与水的长期竞争后"，一个国家

> 被它们分隔开来：想一想那些大河，大量的运河出现在这个省。这不仅带来伟大的城市，而且几乎每一个乡村，每一个乡下农户都依靠它存活；在它们上面到处可以看到航行的船只，数量难以计数；在人们的头脑中，水与陆地在这里平起平坐；居住在船上的人与居住在陆上屋里的人数相当。②

不仅是景观，空气中也充满了水汽，而这也导致了荷兰人的勤奋。

> （荷兰的）空气特别潮湿。我认为这是他们的房屋特别干净、他们的城镇特别整洁的原因。由于没有那些风俗的帮助，他们国家并不适合如此多的人居住，而空气又降服了每一次的炎热天气，将人们暴露在大范围的、感染性的疾病威胁之下……空气的潮湿将钢铁腐蚀得锈迹斑斑，让木材发霉；这让荷兰人不得不持续进行擦洗，去寻找解决或治愈之法：就是这样，明亮与整洁才能进入他们的家门，也成为他们的代名词……其实大部分民族的习俗都是由某种看不见的或不易观察到的原因或必要性所造成的。③

荷兰人擦洗和打扫他们的国家就如海员清理一艘船。"土地

60

---

① Ibid. pp. 122 - 123.
② Ibid. pp. 126 - 127.
③ Ibid. pp. 132 - 133.

与水的竞争"永动不息，这是一种具有本质意义的不确定性，而这种不确定性的一个产物就是物体变动不居，而另外一个产物就是要将陆地与水域之间不断变动的边界作出标记来。正是有了这样的标记才能让坦普尔所说的沿着陆地进进出出的航行变得顺畅。它也解释了荷兰景观中的其他几个著名的特征。"因此，在雅各布·凡·雷斯达尔（Jacob van Ruisdael，1628/9—82）……的绘画中，水磨和磨坊机器被展现为纪念碑式的、英雄般的形象……磨坊和运河以及远方教堂的尖顶成为陆地的标记，它们能帮助人们在缺乏特征的天空、水和沼泽中确定自己的方位。"①

　　司各特对荷兰联邦的赞誉并非没有争议。他早期的作品已经被禁止发行，而他也逃往乌特勒支并在 1625 年被刺杀身亡。尽管约翰·迪伊把伯里克利的雅典作为样板呈递给伊丽莎白女王，但托马斯·霍布斯在 1629 年出版第一个修昔底德《历史》的英文全译本时却把它作为反民主的警示寓言。②根据霍布斯的说法，修昔底德所谈及的雅典和司各特所说的联省共和国远不能解决英国的任何问题，而它们本身也都存在着问题。这不仅仅是因为两国既是民众国家也是海洋国家。如果雅典人（像水一样）不断处在运动之中，无力过上安宁的生活，或者也不让别人这样做，那他们就会如他们自己的历史所显示的那样成为战争的根本来源。霍布斯如此翻译修昔底德对伯罗奔尼撒战争的解释："真正的分歧在言论中表现得最少，但我知道，它跟雅典的权力增长有关；它让

---

① Sawday, *Engines of the Imagination* p. 11.

② Thomas Hobbes, 'On the Life and History of Thucydides' and 'To the Reader', in R. B. Schlatter (ed.), *Hobbes' Thucydides* (New Brunswick, N. J., 1975); Jonathan Scott, 'The Peace of Silence: Thucydides and the English Civil War', in Jeffrey Rusten (ed.), *Oxford Readings in Classical Studies: Thucydides* (Oxford, 2009).

斯巴达人陷入到恐惧之中，这必然引发战争。"①雅典的活动压制了不善运动的斯巴达，从而引发了"希腊历史中这场最大的变动（*kinesis*）"。

修昔底德记录的这场悲剧将霍布斯的政治哲学带到了成熟阶段：世界是永恒变动中的物质；一件事物"将处于永恒的运动之中，除非有其他的什么东西将它阻止"；这种没有外界阻止的运动中人的状态就是一种"一切人反对一切人的战争"；这样一种状态的最重要的通告物需要"在内部……处于自愿运动状态；这通常被叫作激情"；在对这些激情运作的方式进行分析时可以看到一种能够带来和平的权力出现。②

尽管威廉·蒙森对荷兰人的勤奋和天资表示赞赏，但在大约写于 1624 年的一份特别手稿中，他对荷兰人进行了猛烈的攻击。他认定，荷兰人"狡猾的手段"是"造成我们伟大的王国每日遭受贫困之苦的直接原因"。他指责在英格兰的荷兰移民占据了制造业、金融业和贸易业的机会。"海洋城镇，或者其他距海20 英里以内的城镇面对着荷兰，但是却没有什么人居住，那么是什么导致了这里的居民和定居者破产逃离的呢？"③

司各特的观点与之正好相反：在他家"诺里奇城"中，它的"财富、人口、亮丽、秩序，以及……高效的贸易……政府长官的良好治理，市民的勤奋"，工农业的繁荣，"主要是向……荷兰

61

① Quoted in Jonathan Scott, 'The Peace of Silence: Thucydides and the English Civil War', amended version in G. A. J. Rogers and Tom Sorell (eds.), *Hobbes and History* (London, 2000) p. 122.

② Hobbes, *Leviathan* pp. 37 - 46, 91, 149; Scott, 'Peace of Silence' (2000) pp. 122 - 125.

③ Sir William Monson, *An Addition to the Sixth and last Book of Fishing, and the reasons why it was divided from the other former Discourse*, in Monson, *The Naval Tracts of Sir William Monson*, ed. M. Oppenheim (5 vols., London, 1902 - 1914) vol. V pp. 303 - 304.

'定居者'学习的结果"。①蒙森的作品中散发着嫉妒的气息，又充满了忘恩负义的指责。像其他早期斯图亚特时期的评论家那样，他把联省共和国看作英国人的创造。

> 我们保护了他们的公国，让他们的技工与王公平起平坐，组建了寡头联邦以反抗王权，这难道不是我们的努力、荣耀和回报吗？我们身经百战的士兵……在他们的指挥下，我们的大半财富在那里消耗殆尽，并且他们因此有能力按照他们最高委员会的裁决解决这个公国的事务……即反抗一位国王，这难道不是我们提供的保障吗？然而，就在国王提议把荣誉作为首要之事，公益作为次等之事，利益作为第三等之事时，一个民众国家却变得更喜欢私人利益，公益成为次等之事，而荣誉沦落到末位了。②

在 1624—1625 年，随着第一次恢复帕拉丁领地的军事活动的失败，不列颠王权的声誉跌入低谷。③正是在这一背景下，一份英国手稿提出全盘接受荷兰的政策和习俗的建议。

> 一个国家……在准备一场战争时最好的方法是去模仿那些在战争供应和支出方面有着足够经历的国家；如果这片土地有能力掌握同样的手段，那他离胜利就不远了。联省共和国通过他们的一系列政策手段，经历了漫长的时期，终于抵御住了

---

① Scott，*Belgicke Pismire* pp. 95 - 96. 实际的情况参见 Murray，'The Cultural Impact of the Flemish Low Countries'。
② Monson，*An Addition* pp. 307 - 308. See Purchas，*Purchas His Pilgrimes* vol. I，'A Note touching the Dutch' following 'To The Reader'，其中有关于这一时期英国人对荷兰谈论的细节。
③ Scott，*England's Troubles* pp. 103 - 106.

世界上最强大的国王……尽管他们只是一个小民族。①

荷兰成功的药方中包含着三味药材。第一个是"勤俭……这是一个明智国家的立国基础……［也是］所有其他优势之母"。与之相反的则是"浪费……［议会的］补助金制造的是混乱，战争准备则几无进展；臣民们则认为他们已经制造了奇迹（不管多么的不充分），这是因为他们感觉已经为缴纳税金耗尽积蓄了；而且他们不会继续掏钱了"。第二味药则是："对外贸易……勤俭节约是在国内积攒财富，而对外贸易则是把财富带回家。"此外，与之相反的是，英国的经济结构极度不均衡："国王土地的收入跟一位领主的收入一样，属于一个人的私人［收入］，然而战争属于公共事务，必须由公共支出维持……没有什么事情能够比对外贸易更好了：这是增加国王和臣民财富的方法。"通过对低地国家的观察显示，"对外贸易"受到"各种不合理要求的限制；这是极大的障碍"，但是通过邀请"信仰各种宗教的外来人前来，给他们自由和好的权益"，对外贸易就能得到推进。荷兰人最巧妙的手段则是

消费税；一种对食物和服饰征收的税种，而且面向全体臣民征收；特别是当一位王公在议会法案授权下去打一场重要且必需的战争时……消费税的批准令中有如下字词：1. 它不是新奇的发明，但是给当局带来了正面影响；这在我们邻国长期战争中就可以观察到。2. 征收消费税能够做到范围更广、更加持久，而在补助金征收时，许多人出于必需被免除缴纳……3. 通

① NMM REC/3，p. 240；'How a State may the best provide itself for a Warr'.

过这种一点点征收的方式,臣民们几乎……感受……不到它的存在,这样就能够更容易地向臣民征税了。①

对于有人认为消费税对穷人负担太重的反对意见,这位作家坚持认为:"让我们看一下低地国家在这方面的情况……通过这种消费税,不仅给他们本民族的穷苦人提供了一些帮助,而且在当地的所有民族的穷苦人都能获益;人们很难在他们中间发现乞丐。"②"这就是征收消费税的理由;一心为公之人不会对这种具有深远影响和无限好处的事情表示异议。只有那些追求小圈子利益,或者出于嫉妒或无知的人才会反对它。"

值得注意的是,这种经济和财政改革的倡议是对那些"害怕我们走上一条不曾踏足过的道路之人"说的。实际上,"我们有榜样可循;我们把它看作异国成功执行过的榜样"。此外,"认为所有的时代都或者应该都听从首领指示的想法是错误的;一直以来就没有什么首领,过去如此,现在也如此"③。这是约翰·弥尔顿后来所捍卫的"史无前例的"弑君行为的充满勇气的先声,正如他所说:"拥有更多的智慧、道德和宽宏大量让他们知道自己能够成为他人的先例。"④

实际上,查理一世的战时税收革新走向了相反的方向,当时之人并未把它与联省共和国联系在一起,而是把它与法国联系在一起看待。⑤于是,国王对荷兰共和主义的敌意,以及在他自己

---

① Ibid. p. 241; see also Francis Bacon, 'Of the True Greatness of Kingdoms and Estates', in *Bacon's Essays*, vol. I, p. 105.

② NMM REC/3, p. 242.

③ Ibid. p. 242.

④ John Milton, *The Tenure of Kings and Magistrates* (1649), in *Complete Prose Works*, (ed.) D. M. Wolfe *et al*. (8 vols., New Haven, 1953 - 1982) vol. III p. 237.

⑤ *To all English Freeholders*, 24 January 1627, quoted in Richard Cust, *The Forced Loan and English Politics 1626 - 1628* (Oxford, 1987) pp. 172 - 173.

的下议院中把它描述为"王权的敌人"也就不难理解了。①正是随后海军在加的斯的灾难（1626 年），给英国海洋话语中补充进了一个最有力的主题，并在接下来的世纪中大放异彩：以陆地为基础还是以海洋为基础的船只控制权。贵族与海员在船上的关系令人紧张，这是 1578 年贵族志愿者托马斯·道蒂（Thomas Doughty）在巴塔哥尼亚被弗朗西斯·德雷克处死的部分原因。德雷克谴责道蒂"造成了我们中间日益增多的暴乱与不和谐……我们需要贵族在航行中负责管理……[但是]我要求贵族必须向海员们表示敬意并与大家同气相求，而海员们也当如此对待贵族"②。不过，明显的是，正是加的斯的远航才诞生了关于这一问题的第一篇文章。

> 这次加的斯远征暴露了英国航海技术处于低端水平。在此之前和之后的许多情况下，船只被派出时，发现和供应的物资都同样匮乏。但是，无论是过去抑或现在，对于一位航行者该肩负的日常工作责任而言，从未有如我们这般不堪大用。行动混乱的船只拥挤在一起不知所措，没有计划，没有秩序，令人羞愧难当，这是对詹姆士一世政府的控诉，因为他竟允许伊丽莎白时代的海洋技术在这一代消失殆尽。③

64

当时之人对于该谴责谁、该谴责什么具有明确的认知。另一份匿名的改革倡议则表示"担心被指责言论过分大胆，并且担心因陈

---

① John Reeve, *Charles I and the Road to Personal Rule* (Cambridge，1989) p. 132.
② Quoted in Glyndwr Williams，*The Great South Sea：English Voyages and Encounters 1570 - 1750* (New Haven，1997) p. 23.
③ Oppenheim, *Administration* p. 221. 更新的分析参见 Rodger，*The Safeguard of the Sea* pp. 357 - 363,401 - 403。

述事实而招致自己被忌恨……［已经］忍耐两年多的时间而不愿
袒露自己的心声（尽管一些地位尊崇之人对此进行过请求）"。然
而现在，作者需要去解释英国的军事安全之基石不在英国海军，
而在其商业舰队。

　　　英格兰、苏格兰和爱尔兰组成的王国，凭借神圣天意，受
　　到海洋的包围……不需要惧怕任何在陆地上称王称霸的外来
　　敌对势力，除非它同时掌控海洋。就此而言，这个王国本地的
　　船队被……推崇为铜墙铁壁（Walls of Brasses）。只要我们仍
　　是海上霸主，就能使得这个王国免于外国的威胁与入侵。①

本地船队意味着"臣民的船队在数量和水平上……优于国王陛下
的王家船队，它不需要国家的费用来建造和维护，它由私人负
责"。私人船只的重要性在于它给船员提供训练机会。缺乏了有
经验的海员，战舰"也不过就是些发动机和器械，……有胆有谋
的海上战士或一些（知道怎么操纵船只的）海员会使用它们"。
没有有经验的海员，这些英勇的战士也"不需要敌人来摧毁他
们，因为他们很快就自我毁灭了……狂风暴雨会让他们难受，让
他们失去腿、胃和勇气"。②
　　1588 年，"西班牙无敌舰队"之所以被打败凭借的是"通过
上帝的力量"和"海员们的经验和勇气"，而"海员们并非只依赖
船只本身获胜，他们是在战争中成长壮大，也是在战争中受伤

---

① NMM REC/1，Naval Miscellanies，Item 56；'A Discourse on the Necessity of Maintaining
　　Freedom of the Seas by Keeping Shipping in an efficient state' ff. 1,15 - 16. 这个 35 页的小册子
　　既无签字也无标题。此处的标题属于一种（不准确的）档案描述，并且使用了"约 1620 年"这
　　样的日期。网络数据显示这份小册子属于"国王查理"统治时期（第 5 页），当时"我们正与西
　　班牙和法国作战"（第 30 页），即 1627—1628 年。
② NMM REC/1 Item 56；'A Discourse on the Necessity of … Shipping' ff. 6 - 7.

的"。在伊丽莎白时期，全部舰队中"在 200 吨以上"的船不超过
5 艘，如今它们则提供了部分起到保护商船免于"海盗和阿尔及
利亚的土耳其人"的袭击的作用，另外，重量在"300～500 吨"
的船只也能及时造出了。不过，在缺乏相应专家的情况下，这样
的船只还不如不用。

造成这种匮乏窘况的第一个原因是 17 世纪第一个二十五年
中，英国对外贸易的大幅下滑，主要因为英国商人无力与追求低
利润的荷兰运输业相抗衡。对于这种现状不满的抱怨声非常多，
但是抱怨的是英国外贸中绝对数量的下滑还是联省共和国对英国
外贸行业的掌控就不得而知了。① 与之相关的问题是，斯图亚特
政府力图模仿荷兰和"威尼斯政府的航海扶持政策"以禁止"外
国人运输英国货物"，但这一政策失败了。联省共和国和威尼斯
都是商人共和国。当英格兰也成为共和国时，这种指责声再次
出现：

> 由于先前的国王们对此不问不顾，以及他们的国务大臣
> 们的腐败……这些[荷兰]人……不仅得到了很大一部分贸易
> 额……而且几乎侵吞了我们的全部贸易额……并且因此摧毁
> 了我们的航海业和海洋防御能力。我们长期以来在世界各地
> 航行，将英格兰的声誉也带往世界各地，但是现在却被阻遏在
> 他们的边界外，而主要由荷兰人的船只负责进行转手贸易，然
> 后再把各地的货物售往英格兰。②

共和国对这一问题的回答就是 1651 年的《航海法案》，这部法案

---

① Taylor, *Late Tudor and Early Stuart Geography* pp. 100‐103.
② [Nedham]，*The Case Stated Between England and the United Provinces* p. 13.

禁止用外国船只进口英国货物。

　　"这个王国的航海业、航海技术遭受摧毁的危险以及因此而带来的荣耀的丧失"的另一个原因与社会和政治问题有关。①大部分海员出生于"贫穷或普通的家庭"，因此，"他们只能凭借着健硕的躯体和勇敢的精神忍受一切艰难困苦，忍受着巨大的危险，无数次逃离海洋中（让人绝望的）险境"。任何有经验的海员"在从事海洋活动后，危险与痛苦是家常便饭。他们必须经历饥饿、干渴、酷热、寒冷、潮湿、枯守等痛苦"。"正是大风暴才能让真正的海员在懒惰者和无知者中被发现。"②这不是贵族式的海军管理所能发出的言论。正如"海上服役与陆上服役之间并无可比性，认为陆上军事活动比海上军事活动更容易获得经验是肤浅的言论"，所以在甲板上，以陆地为基础的社会等级就变得无效了。"如果认为一位贵族参加一两次海洋远航（他会在恶劣天气时晕眩，即使不晕船，也会难以站立……）就能成为强大的海员或指挥官，这种想法是可笑的。"③

　　水手有他们自己的语言。"海上的胡言乱语（我用这个术语来说明它）……只对他们自己有效，其他人听不懂。""海员们希望由自己的内部人……来领导他们……因为这样才能理解他们的律令、习俗，才能用他们自己的语言传递信息。"④一位指挥官要是不懂他们的语言，"就会像巴别塔里迷惑的建造师"，因为他"无法理解他所听到的蛮语"。不应当"按照鹦鹉学舌的方式来学习这样的语言（即能够说它们，却不懂它们的意思）"，"而是需要下苦功夫且要有迎接挑战的决心"。海员们"如果热爱或畏惧"

---

① NMM REC/1 Item 56；'A Discourse' f. 16.
② Ibid. ff. 9，11.
③ Ibid. f. 11.
④ Ibid. f. 10.

他们的船长，"就会义无反顾投入到险境或可怕的活动中……"，同时"在发现他们的指挥官对海洋准则表现出无知时，海员们就会变得顽固难制"。

海洋准则与道德准则有着更明确的关系。有警惕心的指挥官"既要鼓励并珍视有功之臣，又要斥责和惩罚……懒惰者和懦弱的行为"。船长"要注意给予基督式的指导，也要给予文明的管辖：因为如果海员们在海上没了纪律，那就会遇到各种因醉酒……偷窃……争吵、谋杀以及侮辱长官而造成的混乱局面，这些都是亵渎神明的行为"。①官员们有惩罚的处置权，这足以"让世界上最粗俗、最野蛮的人得到驯化"。然而，这些惩罚行为应当在面对恶劣的犯罪行为时实施，而不能"出于愤怒和激情"作出惩罚决定。除了惩罚规训与学习榜样外，还有其他提升"船员的素质和诚实度"的方法，这包括"（提供）卫生且美味的食物"。

在司各特的《比利时蚂蚁》（*Belgicke Pismire*）一书中，荷兰（或者英格兰）共同体应当学习的榜样是蚂蚁。它们辛劳工作，富有远见和殖民思维，这使得"她的巢穴成为联邦国家（Commonwealth）的完美展示平台，因为蚂蚁了解，只有联邦制才能让她免于外敌入侵，也才能让她们团结一心形成一个共同体"②。在一份未出版的匿名《演说集》中，模范国家应当是一艘船，而船组成舰队则与蜂巢类似。一艘船也是一个共同体，因为它作为一种社会共同体也是以语言和经历为基础组成的。一艘船还是一个共和国，因为它是道德的训练场。最后，在航行途中，船员们既需要相互依赖又要有自我管理能力。

---

① Ibid. f. 13.
② Scott, *Belgicke Pismire* p. 25.

这个小的共同体由 100、200 或 500 名这样强硬且危险的人物组成……他们聚集在木墙内，或者说，站立在类似浮岛的船体上。在这里，高兴或不高兴都要有忍受力，无处可逃，并且（当他们在海上时）除了船长没人可以申诉——我们的商人……有时候在船舱装载上 5 万［镑］货物，有时候则达到 10 万或 20 万镑，这堪比一艘最上乘的战舰的价值。①

在展示了"我们海员的特质、成长经历和生活条件……围绕着他们这个小共同体的封闭空间，怎样才能很好地对他们进行管理，以及相关的律令与法规是什么"之后，这本小册子又进一步地"向你展示了这些小共同体（就像蜜蜂）虽然规模不大，力量不大（孤立无援），但是凭借着这几大特性却能团结一致组成保卫这个王国的铜墙铁壁"。②

然而，在查理一世时期的英格兰，"虽然某人是一位海员……但却不能担任［船长］，而另一个不是海员之人却能凌驾于他之上担任他所在船只的船长"③。与之正相反的是，"联省共和国的安全却主要依赖于他们的海洋能力，并且在过去的多年时间里依赖于……那些有着多年海员经历、经验丰富之人并最终成长为指挥官和船长的人"。"近来，在我们的大型舰船需要水手时，他们也是被强征入伍成为平底船船员、桨手、驳船船员以及陆地服务人员的"。在英格兰，海军官职是可以被出售的，"出价最高者得其位，而不会……考虑他的诚实度或他承担职位所需能力的水平"。④水手们拿到的是"腐败且不健康的食物，这会要了他们的

---

① NMM REC/1 Item 56：'A Discourse' f. 11.
② Ibid. p. 15.
③ Ibid. f. 12.
④ Ibid. ff. 31-32.

命"，究其原因是"为了他们自身的利益、好处以及相应手段的便利，担任粮食供应官和粮食监督员的种种好处常集于一人之手"。①

当然，这种通过商人和反贵族的视角来解释军事上的失败是有争议的。一个对立的观点认为，问题在于没能"培养出从事海洋服役的年轻贵族"。一个必要的措施是提升海军军官的待遇，这样才能"让那些有地位、有能力的贵族受到鼓舞走向大海"，否则，"国家就必须完全信赖那些从基层成长起来的机械工"，但这又会"引起地位较高的贵族的鄙视，他们将拒绝在这样的船长领导下出海服役"。②

要想评价这些言论的意义需要明白以下几点。第一，在查理一世统治下，推动贵族进入海军官员群体是一项政治计划，其目的在于给王权以支持，就如议会改革也是政治性的，有着相同的目标。尽管很难说二者中哪一个破坏力更大，但由于后者所推出的政策引发了加尔文主义者的愤怒以及前者所展现的国王在军事上的无能，这些都导致了斯图亚特王权的崩溃。国王在任命军官时坚持社会等级标准而不是职业经验标准，这不仅造成了海军内部的分裂，而且也引发了海军和私人商船在指挥结构上的分离，而海军原本既依赖于私人商船帮扶又要给它们提供保护。在查理一世"个人统治"（Personal Rule）③期间，这种分裂趋势在宗教、政治和社会层面也愈加明显。④同样的政策生动地解释了"水手们，或'机械工'对他们的廷臣船长的厌恶每年都在加剧"⑤。

这种反感的原因并非因为军官们是廷臣——尽管在雷岛远征

---

① Ibid. ff. 15,31.这类指责得到 Oppenheim, *Administration* 的支持（"甚至在粮食运输部门，连一个名义上的监督体系都没有。"）and Rodger, *Safeguard of the Sea* pp. 375,395 - 403。
② British Library Egerton MSS 2541 f. 13 quoted by Oppenheim, *Administration* p. 226.
③ 指1629—1640年查理一世不召集议会、实行个人暴政的状况。——编者注。
④ Rodger, *Safeguard of the Sea* pp. 409 - 410.
⑤ Oppenheim, *Administration*, p. 226.

（1628 年）①时，海军大臣白金汉公爵携带的个人物品就包括纸牌和筛子（价值 2 镑），酒（164 镑），9 头牛（59 镑），80 只羊（60 镑），50 只鹅（10 镑），12 只猪（8 镑），980 只鸡（63 镑），2000 枚鸡蛋，腌牡蛎，柠檬，挂毯以及土耳其地毯——而是因为他们能力不足。②在加的斯远征后，英格兰的军事灾难仍在继续，这种情况直到白金汉本人被一位归来的水手刺杀身亡才告结束。国王从欧洲的冲突中脱身而出，开始了没有议会的统治实验。同时伴随着的是他所推行的新式苛捐杂税以及反加尔文主义的宗教革新。后者中有一批成了流亡者，他们在联省共和国和北美找到了流亡之地。

　　到了 17 世纪 30 年代，在联省共和国有 30 家新教派系，其中有许多成员后来在英国内战时名噪一时，比如，菲利普·奈（Philip Nye）、约翰·古德温（John Goodwin）、约翰·李尔本（John Lilburne）以及休·彼得（Hugh Peter）。其中，休·彼得在 1635 年前往新英格兰前，其在鹿特丹已拥有教会信徒达千人之多。在"个人统治"时期，马萨诸塞湾、马里兰、康涅狄格、普利茅斯、纽黑文和巴巴多斯已经建立了居民代表大会。在内战期间曾有过两次在马达加斯加建立殖民地的尝试。第一次尝试时东印度公司的势力范围还未触及那里，而这次尝试包含着与巴达维亚竞争香料贸易的目的。第二次尝试则是在东印度公司的指挥下，人们将此处作为新巴巴多斯看待。与英格兰不同，马达加斯加是"一处平静、安宁、安全、富裕的居住地。这里是一处如此美妙，如此愉悦，如此丰饶的国度，这里本身就是一个小世界"③。实际

----

① 即 1627—1629 年英法战争的开端。雷岛（Rhé）位于法国西部城市拉罗歇尔附近。——译者注。

② State Papers，*Domestic* vol. CXIV p. 48 quoted by Oppenheim，*Administration* p. 234.

③ Quoted in Games，*Web of Empire* p. 192.

上，本地人一向好战，这个岛上也是疟疾横行，所以美好的迷梦很快就烟消云散了。

在 1642 年 1 月，有 2000 名军官接受议会指挥并致力于保护议会。用伯纳德·卡普（Bernard Capp）的话说，"查理一世对海军的关注只在他的船只上，而不是那些为他开船之人的饭食供应、服饰和待遇的好坏上，所以反感之情深深扎入军官们的心底"[1]。奥本海姆认为，这一决定的基础是物质的而不是意识形态的。所有的海员"在想到王权时只是记得饥饿和乞求，只记得腐败的食物，疾患肆虐和拖延工资……议会在偿付工资时很大方也很准时。海员们也是报之以诚实且认真的工作态度"[2]。这些管理上和物质上的问题非常重要。但是，不仅在英吉利共和国时期，即使在内战早期，一种与海洋有关的职业和社会意识形态就已经诞生了。正如马克·基什兰斯基（Mark Kishlansky）对新模范军所作研究表明，在军事危机时期，职业上的不满会演化成政治上的不满。[3]后来，威廉·考文垂爵士（Sir William Coventry）曾对塞缪尔·佩皮斯评论说，"我一直认为"，查理一世时海军舰队的不足是因为"来自陆地的指挥官对海员的领导所造成的，他们永远不能像海员一样完成国王的工作，所以他们得不到所指挥之人的爱戴"。[4]

1642 年，那些仍在掌控议会所控制的海军的贵族指挥官被油布指挥官（tarpaulin commanders）[5]所取代。这些油布指挥官通

---

① Bernard Capp，'Naval Operations'，in John Kenyon and Jane Ohlmeyer（eds.），*The Civil Wars: a Military History of England*，*Scotland and Ireland 1638 - 1660*（Oxford，1998）p. 161.

② Oppenheim，*Administration* pp. 240 - 241，243.

③ Mark Kishlansky，'The Army and the Levellers: the Roads to Putney'，*Historical Journal* 22，4（1979）.

④ Pepys，*Samuel Pepys and the Second Dutch War: Pepys' Navy White Book and Brooke House Papers*，（ed.）Robert Latham（London，1996）p. 226.

⑤ 船员们在海上休息时睡在甲板上，为了防风雨侵袭，他们的服装采用油布做成。这里的油布指挥官是指有着较长海洋作业经验的军官。——译者注。

常具有商业经验，他们处在海军大臣罗伯特·里奇（Robert Rich），也就是沃里克伯爵的指挥下。其中一位油布指挥官威廉·伦斯伯勒（William Rainsborough）和他的儿子托马斯都是普特尼辩论中成年男子普选权的捍卫者。[1]伦斯伯勒家族与新英格兰（托马斯的姐姐是总督约翰·温斯罗普［John Ninthrop］的第二任妻子）有着紧密的联系，并且有好几位新英格兰人在内战期间返回英格兰以捍卫新教。[2]在这些人中，休·彼得在 1642—1643 年担任了海军舰队的牧师。

托马斯·伦斯伯勒被理查德·吉布森（在下一章中对他会有更多介绍）列为与"弗朗西斯·德雷克、约翰·霍金斯爵士（Sir John Hawkins）等泰斗级别人物……以及约翰·纳伯勒爵士、威廉·潘恩爵士（Sir Wm. Penn）"一起受到"海上男孩们尊崇的人物"[3]。在经历了一段海上生涯后，作为独立派成员的伦斯伯勒回到陆地上活动，并在 1648 年被任命为海军副大臣。当时的海军以长老会信徒为主，他们抵制这一任命，认为这是"在每一条船上引入陆地士兵以掌控和监督海员的图谋"[4]。第二年，伦斯伯勒就去世了，查理一世也是在这一年被处死的。

因此，在查理一世统治时期，海战的失败刺激了一次明显的反贵族海洋军事意识形态的出现，并且带来了重要的影响。所以，在战争时期，一个国家的地理本身带有了政治含义时会发生什么事情呢？ 如果弗朗西斯·培根爵士的"掌握海洋就是限制王权"这句话是对的——不管他什么意思——又会怎样呢？[5] 我们

---

① Rodger，*Safeguard of the Sea* pp. 414，415.

② Whitney R. D. Jones，*Thomas Rainborowe*（*c.* 1610 - 1648）：*Civil War Seaman，Siegemaster and Radical*（Woodbridge，2005）.

③ BL Add MS 11602 f. 39.

④ Quoted in Jones，*Rainsborowe* p. 107.

⑤ Bacon，'Of the True Greatness of Kingdoms and Estates'，*Bacon's Essays* p. 110.

可以从这一观点中回想起莎士比亚在《暴风雨》中写出的那一句著名的话："这些波涛才不管什么国王不国王。"这里所讨论的波涛是由暴风雨所激荡出的波浪，而水手长发脾气的对象（接下来就是"回舱里去，安静些！"）是一群妨碍了船只管理的没用的贵族。当水手长被警告"别发脾气"时，他回应说："你叫这海不要发脾气吧……！"①如果国家的安全要求对海洋有掌控力，如果掌控海洋又离不开海员，以及如果海员的培养有赖于海洋本身，什么东西才能阻止政府——像希腊和联省共和国的政府那样——被海洋所带来的风、潮流和波浪所塑造呢？

在托马斯·盖茨（Thomas Gates）的描述中，在百慕大"沉船"时刻到来前，风暴已经持续了三天四夜。通过这场危机，甚至社会生活中（贵族所具有的）懒惰本性也消弭无声了。

> 我可以确定地说，人为了生活而劳作，而上层阶级则在行为举止上下功夫，他们追求互相的吸引力……并且……例如他们的一生从未做过一小时的工作，但现在（他们的头脑正指挥着身体）却在两天四十八小时中齐心合力，与狂风暴雨奋战到底。②

现在，作为社会区分的标志也就剩下服饰这一项了。   71

> 普通等级的人赤裸着身体，战舰中人就是如此。他们在海中前进和后退能更容易，这种情况越来越多，因为这可以让他

---

① William Shakespeare, *The Tempest*, (ed.) David Lindley (Cambridge, 2002) pp. 92–93. 在 David Norbrook（'What Cares These Roarers for the Name of King? Language and Utopia in The Tempest', in R. S. White (ed.), *The Tempest* (Basingstoke, 1999)）的分析中，这些参照物都是指自然的不驯服本性。我认为，水所包含的引发潮汐、洋流和天气变化的不驯服本性只针对其自身。

② Gates，*A true repertory* pp. 9, 11.

们在身体疲惫和精神懈怠时双眼睁开,头脑和双手保持活跃……他们抛弃舒适和轻松自在的生活。他们互相帮扶,以免于淹死之危险。①

正如司各特和坦普尔所述,海洋是一件水平仪,是低地国家的建造师,也是共同体的缔造者。

在 1636 年,威廉·斯托尔特（William Strode）的《漂浮岛：一部悲喜剧》(*The Floating Island*：*A Tragi-Comedy*)"在国王陛下到牛津时上演……基督教堂学院的学生负责演出"。"在一个漂浮岛出现后",一位演员从海洋中升起并发表开场白:

不管我们遇到怎样的自然环境,

（伟大的国王和聪慧的王后）只有你们,

将我所处的土地从晕眩的海岸带离,

它是海上漂浮之物,现在处境更是不佳。

我无法告知风暴从何而来,

只能看到当地人一片激动:我的眼睛

看到一大奇迹;那儿有狂风和暴雨,

然而太阳和月亮则在一边闪闪发光。

你的土地因此摇摇晃晃,我希望这个时代

能在海水上涨前结束这种情况:

而在这种混乱情境中,你只能看到

国王陛下已经将摇摇欲坠的王冠牢牢抓住了。②

---

① Ibid. pp. 9 - 10.

② William Strode, *The Floating Island*： *a Tragi-Comedy*, *Acted before his Majesty at Oxford*, Aug. 29. 1636(London, 1655), Prologue.

对于这位国王来说——他在《海洋之君》(*Sovereign of the Sea*)
中是要推翻而不是控制海洋——流动性既是傲慢心态的体现，也
会带来危如累卵的险况。可以预料到，几年之后，这段矫揉造作
的虚构作品中所阐述的摇摇欲坠的王冠就不能安稳地为太阳和月
亮所享用了。在斯托尔特的作品中，一位理性的、斯多葛式的国
王暂时被疯狂的激情所侵占（"远方大海，土地，已经驻扎其间的
激情，谁能蕴含着更多的不安定，我们不知道"）。这些激情包括
性欲、怨恨、愤怒、怯懦以及犹豫和哀思（"一位心怀不满的清教
徒"）。斯托尔特几次引用了荷马史诗。其中第一次的使用是在发
动叛乱之前，"激情们"抱怨说国王锁住了他们的"像埃俄罗斯
(Aeolous) 一样的风；这带来了平静，但却让……沙沙的清风也
无法发出了"①。它们的不轨图谋被关在了一根银线所捆缚的牛皮
袋中。当牛皮带被松开后，在它们争先恐后追求"自由"后，错误
就犯下了。看起来好似锁链的东西其实代表着正义与节制。在一位
"国王……恢复了理性统治后……这个岛安宁下来了，激情的骚
乱也平静了"。之后，"每一种情绪/意愿都想让岛屿停止漂浮，
希望它变得稳如泰山"。②两年之后，苏格兰签署了一份国民誓约
(National Covenant)，准备用军队来捍卫自己宗教改革的成果。

　　基于英格兰在宗教和政治上的分裂受到欧洲冲突的影响而进
一步恶化，苏格兰在 1638—1640 年的挑战中又提出了一些问题，
但是王权的回答却没能让人信服。这位国王怎样才能恢复指挥军
队的能力呢？　在军事能力缺失的情况下，斯图亚特的国王如何才
能完成它们对整个不列颠以及帝国的允诺呢？　在这种权力不在

① Ibid. Act I, Scene ii.
② Ibid. Epilogue.

场的情况下，在缺乏苏格兰和瑞典帮助的情况下，新教如何才能受到保护呢？ 如果这个岛漂浮不定的话，王权也是摇摇欲坠的。在它的领域内，臣民们熟悉了风和水形成暴风骤雨时的特性。在风暴过后（至少在英格兰），"断头台已经架上了舞台"①。

在《多头蛇》（*The Many-Headed Hydra*）一书中，作者彼得·莱博恩（Peter Linebaugh）和马库斯·莱迪克（Marcus Rediker）把近代早期船只上——以及陆地上——所施行的规矩称为"恐怖"。他们认为在《暴风雨》中，莎士比亚是一位在弗吉尼亚公司中有投资的资本家，并且他们还认为，该剧中那位桀骜不驯的水手长适合上绞刑架。②我在本章以及其他章节中关注的是海洋所具有的规训意义，以及海洋所具有的经济、军事和政治意蕴。我们已经看到，在已经出版或未出版的材料中，这个问题鼓动着当时之人。我们也看到了，它在实践意义上所具有的关键价值。透过这个受到王权支持的、以贵族制为主导的社会和政体，一位历史学家发现的是一次"贵族的反叛"③。但是，什么是反对军事无能之贵族？ 一个国家当它在国内外都面临着战争的威胁时，海洋纪律又有着怎样的影响呢？

我们已经在王权的崩溃这个背景中思考过这个问题了。接下来我们所谈论的内容会再次戏剧性地对其重要性作进一步的深化。这是一个兼具帝国意识的共和国，它完全了解它的商人和海军的利益所在及其潜力所在。

---

① Ibid. Author's Dedication.
② Peter Linebaugh and Marcus Rediker, *The Many-Headed Hydra： Sailors, Slaves, Commoners, and the Hidden History of the Revolutionary Atlantic* (Boston, 2000) ch. 1.
③ John Adamson, *The Noble Revolt： the Overthrow of Charles I* (London, 2007).

第四章

战争方舟

真如某人所说,我们曾经见过的那个

在一位首领带领下经历了两场战争的国家消亡了吗?

当我们好容易穿衣打扮好时,一支海军出现了:

在我们就餐前,他们的国家就崛起并得到重建。

多么伟大的橡木森林,多么伟大的黄金矿!

多么伟大的领袖,多么伟大的一统大业!

他们的船只就如猫头鹰一般前进

飞速离开,在海上翱翔。

它们不是普通的船只,而是战争的方舟,

从远方驶向了鹰嘴海角;

这漂浮之岛成为一处新的孵化之巢。

一支世界级的舰队,追逐于全球各地,

一批令人惊骇的木制利维坦,

装载着三层的铜制飓风;

从中心处射出的闪电

能将锚钉的大地击打沉底。

——安德鲁·马维尔:《为奥利弗·克伦威尔政府一周年庆
而作》

1649 年革命远不止"建立了一个没有国王和上议院共和制的
政府"。在内战期间,议会取消了议会补助金,转而收取需按月
缴纳的财产估计税金和消费税。前者资助陆军,后者则给了海军
舰队。此外,议会和当时的共和政府通过将犯罪惩罚金和王室以

及主教区土地出售所得来资助军事活动。据估计，在 1642 年到 1660 年间，通过这些和其他的收入来源，政府的收入总共有 9500 万镑（"多么伟大的金矿！"），这是查理一世凭借征收船税 (Ship Money) 而使税收达于鼎盛时的五倍。①

之所以能做到这点，其部分的原因在于内战是在与伦敦城结成联盟的情况下打响的，而英国的公众又对"对外贸易业"情有独钟。所以，商人数量和海军舰队的数量在 1649—1653 年间均增加了一倍。另外一个原因是 1650 年 10 月 3 日的《殖民法案》(*Plantation Act*) 规定"所有的……（在美洲的）区域和地方都归于英吉利共和国"(Commonwealth of England) 管辖（包括弗吉尼亚、马里兰、安提瓜、巴巴多斯和百慕大都宣布拥护查理二世）。②最重要的是 1651 年的《航海法案》。至少在 17 世纪 20 年代英国商人就呼吁制定这一法案，而约翰·斯特雷特则把它称为"贸易法案，永不被忘记之法案……它的出台遭遇了一场有重要意义的却又危险的对荷兰的战争"③。

与这些措施相伴随的是对海军的进一步发展和规划。在 1651 年年中，一位威尼斯观察家报告说：

> 由于议会的关注，他们有了承载 80 人的战舰，这的确是当下最精良的漂浮物。无论从构造、装备还是船员来说都是如此。他们能够将船只所承载的人数增加到难以置信的 150 人、200 人甚至更多人后出航……[此外]，贸易……在过去一段时

---

① Oppenheim，*Administration* pp. 303 - 304.

② Robert Bliss，*Revolution and Empire：English Politics and the American Colonies in the Seventeenth Century* (Manchester，1990) pp. 45 - 61.

③ Quoted in Steven Pincus，*Protestantism and Patriotism：Ideologies and the Making of English Foreign Policy*，*1650 - 1668* (Cambridge，1996) pp. 11 - 12.

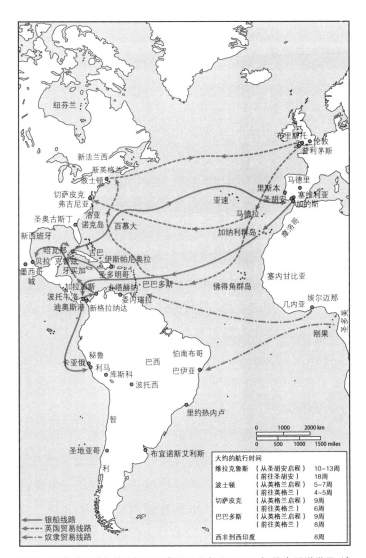

图三　纽芬兰和爱尔兰之间以及非洲西北部和巴西之间的大西洋世界。该图基于《近代早期的大西洋世界》,参见 J. H. 艾略特:《大西洋世界的帝国:不列颠和西班牙在美洲,1492—1830 年》(J. H. Elliott, Empires of the Atlantic World: Britain and Spain in America 1492 - 1830,纽黑文,2006 年),第 50 页。

间里得到大踏步的发展，而且现在由于从议会、共和国政府以及从事这些贸易的个人那里取得对贸易保护政策的支持而得到进一步改善。①

查理一世在战争期间每年建造 1～2 艘新舰，而英格兰共和国则能建造 10～12 艘——在 1654 年甚至建造了 22 艘。早期斯图亚特国王要花费一年时间去规划"在狭窄水域内进行一次和平的夏季巡航"，而共和国则能在英吉利海峡、地中海和加勒比海域同时巡航。②这既反映了新政权所面临的战略挑战，也说明了它所能获得的资源有多少。以亨利·范内（Henry Vane）为首的海军委员会对海军管理模式进行了改革。海军军官的工资待遇得到极大提高，而且海上纪律也得到严肃对待。一个半世纪之后的1797 年，不列颠海军在斯皮特海德（Spithaed）和诺尔（Nore）发动暴动。当时"有人想把参与暴动的舰船称为'漂浮的共和国'"，而在来自暴动参与者所提交的情愿书中，人们回忆说自1652 年 1 月增调工资至今，工资未得增长，海员们只好苦苦挣扎。③

76　　　彼得·莱博恩和马库斯·莱迪克的作品提到"在 1649 年，克伦威尔和议会惊恐地发现，他们只有 50 艘海军战舰来捍卫他们的共和国并应对欧洲的国王们，而这些国王对于查理一世被砍头看起来很不开心"。这种情况很快就得到了改变。1688 年，海军战舰的数量达到 173 艘，这使得"克伦威尔开启了［英国］海洋国

---

① *Calendar of State Papers and Manuscripts relating to English Affairs … in the archives … of Venice*（London，1927）vol. XXVIII pp. 187 - 188.

② Oppenheim，*Administration* p. 303.

③ G. E. Manwaring and Bonamy Debree，*The Floating Republic：an Account of the Mutinies at Spithead and the Nore in 1797*（Edinburgh，1935）Frontispiece and pp. 21，23.

家而查理二世将之实现"的这一说法成为可能。[1]然而，这样一种解释完全忽视了海军、相关的贸易和殖民政策，以及这个国家所赖以建立的共和政体所起到的作用。1649年时，克伦威尔还不是护国公，只是总司令。共和国的海军以及随之而来的盎格鲁—荷兰战争是由他的对手制造出来的，也可以说是由1653年共和政府的解散所激发出来的。的确，他对那一事件的愤怒针对的是一些个人，这些人虽然成功管控了海军冲突，但却将管控成本不断抬高，所以他自己创建了一个新的军事权力中心以替代之前的军队管理中心（"啊，亨利·范内！"）。[2]阿尔杰农·西德尼就是克伦威尔所针对的个人中的一位，后来他在尼德兰谈及这场战争："他们［荷兰人］受到了威胁，我们用战争将其摧毁"。西德尼的朋友斯林斯比·贝瑟尔（Slingsby Bethel）则感叹说：

> 当这位已故暴君，也叫护国公（正如某些人这么称呼他）的人关闭了长期议会，这个王国在贸易、财富和荣耀方面达到了任何时代所不曾有过的高度……我们的荣耀为全世界所熟知，这是因为我们有一支战无不胜的海军，它让骄傲的荷兰人屈膝投降，向我们乞求和平。凭借着我们的优势，所有其他国家都战战兢兢。[3]

正如我们将要看到的那样，这支海军的实力并没有转到查理二世（或者詹姆士二世）的手中。同时，共和国的成就不仅是钱的问

---

[1]　Ibid. p. 146.

[2]　Scott, *Commonwealth Principles* pp. 105, 260, 267 - 272.

[3]　Slingsby Bethel, *The World's Mistake in Oliver Cromwell … shewing, That Cromwell's Maladministration … layed the Foundation of Our present … Decay of Trade* (London, 1668) p. 3.

题，同样重要的还有管理水平和生活方式。①这包括一种新的管
理效能，一种得到认可的非贵族或后贵族社会的简朴。在法国，
77　有人向红衣主教马萨林（Jules Mazarin）建议说：

> 他们不仅在海域和陆上称雄，他们还生活简朴，不尚奢
> 华，且不对他人亦步亦趋。他们在个人开支上很节俭，但在公
> 共事务上又毫不吝啬，而且每个人都热情投入其中仿若自家
> 事情。他们在管理大笔钱财时能做到诚实可靠，遵守严格的规
> 矩。他们赏罚分明。②

第二年（1651 年），勃兰登堡的大使赫尔曼·米利乌斯
（Hermann Mylius）记录下了典礼官奥利弗·弗莱明（Oliver
Fleming）所说的话。弗莱明宣称，在共和制下，"没有人关注外
在的炫耀；在议会中那些收入在 6 万英镑、7 万英镑乃至更多的
议员通常也是步行走路，没有仆人陪伴在旁，而他们享用的晚餐
也很简单（这是他的原话），等等"③。奥本海姆把它归于"钢刃
般的"清教特性，并认为它与"油嘴滑舌的"荷兰人之本性正成
对比。④不过，正如我们看到的那样，英国人对荷兰政治治理和
油嘴滑舌的社会这类评价并未占据主流。真正受到推崇的是荷兰

---

① 关于 17 世纪共和主义主要是一种生活方式的观点参见 Scott, *Commonwealth Principles*。 在
　　1681 年 6 月 17 日，商人塞缪尔·阿特金斯（Samuel Atkins）记录道："在正餐后，我们……去
　　了自由城卢卡（Luca）。这里不受别人统辖，而是由人民选举出来的长官……进行治理……这
　　里地方不大……但很整洁、安宁，井然有序，一切邪恶之事都受到控制……这是我见过的最安
　　宁的地方，非常适合沉思的地方。"NMM JOD/173 Journal of Samuel Atkins 1680 - 1684 p. 39.
② Quoted in Robert Brenner, *Merchants and Revolution： Commercial Change, Political Conflict,
　　and London's Overseas Traders 1550 - 1653* (Princeton, 1993) p. 582.
③ Quoted in Leo Miller, *John Milton and the Oldenburg Safeguard* (New York, 1985) p. 37. 也可
　　参见文章中弥尔顿对共和制的赞誉： *The Readie and Easie Way to Establish a free
　　Commonwealth* (2nd edn, 1660) in *Complete Prose Works* vol. VII pp. 424 - 425。
④ Oppenheim, *Administration* p. 306.

人的赋税、交通、节俭、勤勉和团结。威廉·坦普尔也评论说："[荷兰的]官员们……在生活中厉行简约和谦逊的风格……我从未见过海军中将勒伊特（Michiel De Ruyter）比最普通的船长穿的还好……海军中将维特（Jan De Wit）……经常被人发现在大街上行走且独自一人，就跟这座城市中最普通的市民一样。"[1]

　　如果说井然有序已经代替了腐败横行，那这不仅是海洋纪律的功劳。根据米利乌斯的说法："未曾见过一支更加谦逊……在宗教上更加用心……的军队。他们对遵守严格的纪律规定这件事情可谓无怨无悔、一片赤诚。腐化堕落、亵渎神明、背后诋毁他人、不守安息日规定或者任何虚妄之事，无论是言语上的还是行动上的，都不曾被看到或听说。"[2]与斯图亚特的命运不同，到1651年时，共和国已经在军事上将不列颠和爱尔兰统一起来了。这一史无前例的成就是一个提议，即盎格鲁-荷兰的政治合并，"就是最近议会通过武力所施加在苏格兰之上的那种"[3]。英国共和派的计划是从荷兰尝试推行联省共和国这一重要政策中学习来的。

78

　　这一计划用共和国的报纸《墨丘利政治家》（*Mercurius politicus*）的话说，"这两个伟大的共和国……同样为欧洲的王权所嫉恨……[应当]成为一个整体"。在1651年11月到1652年1月间，约翰·弥尔顿在他的手稿摘录簿中摘抄了马基雅维利《罗马史论》（*Discourses*）中的一些内容，其中包括："通过共和国的形式所形成的联邦或联盟要比在一位王公的领导下更值得信赖。"无须多言，这一提议被荷兰断然拒绝。不过，当1652年军

[1] Temple, *Observations Upon the United Provinces* pp. 112-113.
[2] Miller, *Oldenburg Safeguard* p. 40.
[3] Israel, *The Dutch Republic* p. 714; Scott, *Commonwealth Principles* pp. 102-105.

事敌对情形出现时，在伦敦的谈判涉及到"（形成）一个比先前更加紧密的统一或联盟关系"，这样两个共和国中的任何一位新教市民在另一国中能"自由地居住和定居"，拥有和继承财产，以及享有完全的法律权利。[1]所以综合来看，第一次英荷战争算是荷兰的第二次独立战争。

　　通过这些年的政策可以看出 18 世纪英帝国的发展之路。[2]在这里，陆上权力、海上权力，以及商业、政治和金融改革互动融合。共和制的帝国在不列颠、美利坚和欧洲表现出不同样式。[3]正是由于出现在这个背景中，我们才需要去理解近代早期盎格鲁-荷兰亲密关系中的第二阶段。这与第一阶段有几个方面的不同。这一次，合并的动议来自于英格兰。此外，它也来自于一个正向联省共和国学习的政府，这个政府正学得变成一个宗教宽容的海洋共和国。许多历史学家（主要是从荷兰视角来看待这一问题的学者）把战争的原因主要归咎于经济问题。[4]英国的史料则提供了一种相反的解释。[5]但是，从盎格鲁-荷兰的长期关系来看，这场战争可以看作是英国人所构建的政治、宗教和经济策略的结果。

　　政治上的策略是为了扩展和保卫欧洲的共和主义（或自由），以期通过构建一个横跨北海的单一国家而在领土上完成这一目标。英国的战时宣传并不打算否认联省共和国是一个共和

① Leo Miller, *John Milton's Writings in the Anglo-Dutch Negotiations 1651 – 1654* (Pittsburgh, n. d.) p. 173.

② Jonathan Israel, 'The Emerging Empire: the Continental Perspective, 1650 – 1713', in Canny (ed.), *The Origins of Empire* p. 423; Armitage, *Ideological Origins* chs. 4 – 5.

③ 关于帝国的共和意识形态参见 Scott, *Commonwealth Principles* ch. 10。

④ Charles Wilson, *Profit and Power: a Study of England and the DutchWars* (London, 1957); Jonathan Israel, 'England, the Dutch Republic and Europe in the Seventeenth Century', *Historical Journal* 40,4(1997) pp. 1117 – 1121

⑤ Pincus, *Protestantism and Patriotism*.

国。"人的活动是利益所致，由于利益而有了行为的动力，为了利
益而有了追求的目标，这如同自然界中石头下落一般正常……的
确，为了独立所带来的好处，他们坚守自由国度之状态。"①就在
联省共和国在追求成为自由国度时，英格兰却因处在追求私利和
腐败的王权统治而日渐衰弱，所以两国之间在权力和繁荣程度上
的差距才变得如此之大。问题在于荷兰共和国在追求这种自由时
只是自顾自的。实际上，荷兰

> 远不曾帮助其他国家建立这一自由状态，任凭他们处在暴君
> 的压榨之下呻吟不已，情形悲惨；整个欧洲都知道，他们的伟
> 大设计是怎样将他们自己打造成自由人的，而让整个世
> 界……变成他们的奴隶……目前，他们离真正自由的原则相
> 去甚远，因为这一原则要求其他国度能与荷兰同享自由。②

与之相反，英国人对自由制度的共和式理解则是帝国式的。自由
是上帝给予的，它是英国人所承担的义务。（"现在整个人类在权
力不受节制的、受到邪恶欲望驱使的国王和大人物——既可以指
王权，也可以是指国家——的统治下痛苦地生活，（英国人需要）
将他们带入自由状态。"③）这样我们就理解英格兰提议的盎格
鲁-荷兰帝国策略中的宗教内涵究竟为何物了。关于"新教关切之
所在：它切切实实地已经在那里宣扬了多年，实践了很久了……
它是许多重要的圣徒们的流亡之地，让他们免于上帝敌人的残酷
迫害，让他们得享真正的宗教"④。英国的共和派有理由记住这

① ［Nedham］，*The Case Stated Between England and the United Provinces* pp. 23,29.
② Ibid. p. 29.
③ Ibid. p. 53.
④ Ibid. p. 23.

79

一点，因为他们中的许多人也曾经在联省共和国作为宗教团体成员生活过。然而，与联省共和国的龃龉之处在于，"所有其他的宗教跟新教徒一样，都有他们自己的立信誓言"，所以不仅为了共和主义的安全，也为了新教的稳定，良心的自由只能向新教徒开放。与伊丽莎白女王后期相比，空位期（Interregnum）①的英国帝国主义同样是以派系划分为标准的。就此而言，这使得其更像西班牙，而不是荷兰的伙伴。

如果说盎格鲁-荷兰的联合政策着重于政治和宗教方面，这也并不意味着其缺乏经济方面的内涵。恰好相反，经济内容正是它最有趣的特征之一。在一个农业仍占主导地位的经济体和社会中，新的政策主要面向城市和商业。这反映在到目前为止伦敦在金融和政治上的压倒性地位上，也反映在英国对荷兰的经济和政治模式的模仿上，即建立一个英国的贸易委员会，制定更低的关税，以及同时致力于扩张国家的海军和商业舰队。在重商主义的心态世界中，资源是有限的，而两国在政策上的相似性也意味着冲突将会发生。之所以有人提议合并，其部分原因就是联盟的建立可以代替潜在的冲突。然而，英吉利共和国本身就是战争的产物，如果合并建议无法通过谈判的方式达成，那就只能使用武力了。

理查德·吉布森是 1652—1654 年英荷战争的参加者。吉布森于 1635 年生于大雅茅斯（Great Yarmouth）。作为一位"在该城从事法国贸易的船主"之子，吉布森在 13 岁时就参加了海军。②

---

① 指 1649 年查理一世被处死后至 1660 年斯图亚特王朝复辟，十一年间英国王位空缺。——编者注。

② Richard Gibson, 'Petition to the King concerning the mismanagement of the Navy', BL Add MS 11602 f. 125. 吉布森去世的日期未知，但这份文献写于 1714 年 11 月之后。 See also Gibson, 'A Reformation in ye Royall Navy most Humbly Proposed to His Majesty King George by Richard Gibsen Gent', BL Add MS 11602 f. 84.

在葡萄牙和地中海地区为保王党服役后，他在 1653 年 1 月 6 日被任命为护卫舰"保证"号（*Assurance*）的事务长。就在六周之后的 2 月 20 日，布莱克（Robert Blake）就在波特兰外海取得了关键性的胜利。[①]吉布森留下的文字中就包括了这场让"保证"号遭受 17 人阵亡和 72 人受伤的战斗记录，并且他还记载了自己三十六年海上服役中的一些光荣时刻。[②]吉布森极有可能是在塞缪尔·佩皮斯的要求下才记下这些经历的。他曾经是佩皮斯的下属，并且在 1667 年，佩皮斯回忆了在与吉布森共进晚餐时他"告诉了我许多与这场 [1652—1654 年] 战争及其指挥官的活动有关的美妙故事。我要找时间把它们搜集起来，并且他将会是我写作海军史时——如果我要这么做的话——一位令人称羡的帮手"[③]。

佩皮斯的《日记》后来记录了他与吉布森的对话，这使得"我很好地理解了食物供应的情况以及事务官的职责。我很羞愧于自己"之前对此了解甚少。[④]吉布森宣称，在 1641—1649 年期间，"渔业从业者所享用的面包和啤酒……以及……海军所享用的食物都是最好的"。他认为，来自"纽卡斯尔煤矿业"的指挥官们"非常了解怎样才能驾驭海军的那些庞大的木马（Wooden Horses）……因为……真正的勇气存活于有危机感的头脑中；经

---

① 即历史上的波特兰之战，也叫三日之战。1653 年 2 月 18—20 日，英国舰队在罗伯特·布莱克爵士的指挥下，在波特兰外海与联省共和国的舰队之间的战事。该战事属于第一次英荷战争的组成部分。这场海战让英国恢复了对英吉利海峡的控制权。——译者注。

② Richard Gibson, 'A few Instances of English Courage and Conduct at Sea within the Memory of Richard Gibson', BL Add MS 11684 ff. 2 - 21. Published in S. R. Gardiner and C. T. Atkinson (eds.), *Letters and Papers Relating to the First Dutch War, 1652 - 1654*, vol. I (London, 1899) pp. 2 - 30, see esp. pp. 13 - 17.

③ Quoted in Richard Ollard, *Pepys: a Biography* (London, 1974) p. 194. 三年前，威廉·考文垂爵士曾建议佩皮斯书写一部关于第一次英荷战争的历史书。"我很高兴听到这点，因为我对此有着极度的渴望，也符合我的特长，并且如果要是做得好的话，将使我受到热烈的欢迎。"（ibid.）

④ *The Diary of Samuel Pepys*, (eds.) R. C. Latham and W. Matthews (11 vols., London, 1971 - 1983) vol. VI: 1665 pp. 315 - 316.

81　验的积累能提高航海水平，正如每一位运煤船主在冬天所经历的那样"。随后他又控诉了 1672 年"皇家詹姆士"号（*Royal James*）上所发生的超过 600 人遇害的大屠杀事件。他认为，他们本可以通过一个合适的操作就能免于遇害，但是"除了那些在过去七十年里从事纽卡斯尔煤矿业的海员以外，无人知晓这一操作……并且这些人一直以来对于操纵船只的行为缺乏使命感"。①他回忆自己亲耳听到"休·彼得于 1653 年 11 月在哈里奇教堂对他的听众说，他已经知道有好几位海员成了无神论者，不过不是每个人都是教宗主义者（Papist）"②。

　　吉布森最精彩的论断是"世界上没有一个国家或民族让他们的海军落入他们的贵族之手而不因此丧失海洋控制权的"③。关于"为什么我们……在反叛时期能在海洋上取得胜利"的原因则与海军人员配置和海军管理能力有关。在共和制下，海军部由"委员会进行管理，他们都是些普通出身的勤勉又有经验之人，而不是由那些通过地位和出身来掩盖自身经验缺乏和性情懒惰的海军大臣所组成"。海军委员会"由海员及辅助人员所组成时在行动上会更有利，而贵族或无知的乡绅则将海员们折磨得疲惫不堪"④。

　　奥本海姆也认为，从物资供应入手，海军管理在共和国时期发生了改变。"最重大的变化"是"不再像之前那样对海员们的健康和生活水平漠不关心了"。这种改变"在舰长、海军将领、海军专员（commissioners）那里比在政客……中更为明显。当然，政

---

① Gibson, 'Petition' pp. 126 - 127. 关于索尔湾之战（Battle of Solo Bay）和"皇家詹姆士"号的命运参见 John Spurr, *England in the 1670s*; 'This Masquerading Age' (Oxford, 2000) pp. 30 - 31。

② Gibson, 'A Reformation' f. 77.

③ Ibid.

④ Ibid. f. 86.

府成员也并非未受当下精神的影响"①。奥本海姆尤其赞同吉布森关于海军专员的工作的说法：

> 通过审视与海军专员及其工作有关的信件和文件，可以看出，他们对日常责任中最细微的工作也下了心血，他们努力确保做到完美，并且他们对于自己与海员和工作人员之间的道德关系有着深刻的理解……他们的成就是海军部门从未做到的，也难以与之媲美。②

这一论断的意义在于，如果说不列颠曾经统治海洋的话，那是在英格兰（也是不列颠）的共和国时期——不管这一时期多么短暂。此外，吉布森继续谈道，"我们的漂浮共和国"，③即船只本身的人员配备"是那些经过挑选的海员组成的，他们不仅掌控全局，而且船上的每一事务都在他们的职责之内，而廷臣、贵族、腐化了的市民及其年轻的随从则被排除在外"④。一位海员应该具备勤奋、冷静、勇敢、"经验充足、勤勉不懈和诚实守信"等基本品质。第一次英荷战争的胜利是用"勇气和行动"赢来的，选拔的标准也用功绩来代替过去的"行贿"和出身这样的要求。这些新手段带来了胜利，克服了过去的弊端，让英国海军走向了领

82

---

① Oppenheim，*Administration* p. 325.
② Ibid. p. 347.
③ BL Add MS 22546 f. 160，Sherwin to Major Burton，27 January 1653 [4?]．Bernard Capp，*Cromwell's Navy* 认为"17 世纪 50 年代的海军不像 17 世纪 30 年代那样以贵族舰长为主，而且在复辟之后……也没有任何一名贵族出身的舰长……空位期的海军极可能算是那个时代所能给有才干之人提供职位的最好的部门了"。（pp. 175,185）
④ Gibson，'A Reformation' ff. 85 - 86 (and see ff. 57 - 61).这一分析最初是"已故国务秘书约翰·特伦查德 (John Trenchard) 通知我……让我给他关于我国海洋活动中所存问题的建议，而我则在 1693 年 7 月 25 日的信中向他予以陈述"。关于共和国海军委员会的通信参见 Add MSS 18986,22546。

先地位，实现了自我的超越。

> 长期议会把海军管理权交到了海员们的手中……这确保
> 了依靠对外贸易为生的伦敦的安全；桀骜难制的船只也恢复
> 了常态——并且在几年的时间里，为各国的海洋活动制定了
> 规矩。正是在凡·德·马克（Van der Marke）伯爵指挥下的海
> 员把布里勒（Brielle）从西班牙手中夺回来了。在此之后，奥伦
> 治的威廉亲王又为莱顿解围。通过确保他们的航海安全，荷兰
> 诸省摆脱了西班牙暴君，并且才有了今日之成就。[1]

吉布森随后写了一篇叫作《一位英国和荷兰船长关于英国人
怎样在 1652 年和 1653 年在海上打败荷兰人的对话》的文章。可
能是根据个人经历，这篇文章描述了一次发生在 1653 年 10 月期
间的对话。对话是在四级护卫舰"凤凰"号舰长福斯特和作为奖
赏而获得"凤凰"号的、"正乘坐一艘精良的荷兰船只前往斯德哥
尔摩的"船主之间进行的。[2]福斯特询问船主荷兰人"基于英格
兰在荷兰对外贸易中的战略地位而向我们发动战争"的原因是
什么：

---

[1] Gibson, 'A Reformation' f. 73.

[2] Richard Gibson, 'Heads of a Discourse between an English and Dutch Sea Captain how ye English came to Beate the Dutch at Sea in Anno 1652 + 1653', BL Add MS 11602 ff. 90-91.另一个版本可能在吉布森手中，叫作 'A Discourse then between an English Sea-Captaine and a Dutch-Skipper how the English came to Beate the Dutch at Sea', April 1654, BL Add MS 11684 ff. 30-32. 后一篇文章载于 Gardiner and Atkinson (eds.), *Letters and Papers Relating to the First Dutch War* pp. 31-33.吉布森给了塞缪尔·佩皮斯一版，而这批文献的一部分载于 *Samuel Pepys' Naval Minutes*, (ed.) J. Tanner (London, 1926) Appendix II, pp. 447-449。"凤凰"号真实存在。1762 年 9 月 7 日，它被荷兰人作为奖赏而获得，后来英国海员在欧文·考克斯（Owen Cox）的带领下将其夺回。考克斯作为该船船长一直到他在 1653 年 7 月的一次行动中被杀为止。Oppenheim, *Administration* p. 345.

在一年中超过四分之三的时节里,风都是向西吹向我们的海岸,所以这就使得我们的海岬和海岸比他们的任何一个都好吗？并且,我们的国家就如鹰之翼,一端在锡利群岛(Scilly)到荷兰马斯河(Maas)一线,另一端直抵奥克尼群岛,超出他们的国土有 120 里格①。

83

"聪明的荷兰人"则回答说,尽管这有道理,但由于"在反抗西班牙人的战争中取得胜利……[他们]很擅长海上活动",并且英格兰只有"一支小海军,只有一对后膛炮尾,一旦把它们打烂,我们就可以安睡,等他们去修复了"。这位船主并未把荷兰的失败归咎于未曾逆料到的英国海军装备的提升,而是认为这与1650 年威廉二世去世、奥伦治主义者被清洗后掌控荷兰海军的政治官员的变动有关。"到这时,你们是在贵族舰长指挥下与我们作战,而我们(由于对于排斥国王的贵族舰长保持戒心)则使用海员出身的舰长来指挥与你们的战争,结果便是你们打败了我们。"

吉布森编写了一部伊丽莎白时期海军的历史。他发现

许多事情之所以发生是由于缺乏油布指挥官,或者由于缺乏具备丰富海洋事务经验的贵族,正如我们通过比较弗朗西斯·德雷克爵士、约翰·霍金斯爵士、威廉·伯勒斯爵士(Sr William Burroughs)、马丁·弗洛比舍爵士(Sr Martin Frobisher)和威廉·蒙森爵士的行为与我的埃芬厄姆爵士、南安普顿伯爵、坎伯兰伯爵、托马斯·霍华德勋爵、理查德·刘易舍姆爵士、理查德·格林维尔爵士、李斯特船长、弗朗西斯·维勒

---

① 里格(league),陆地或海洋的旧长度单位,1 里格相当于 3 英里(或海里),约合 5 千米。——编者注。

爵士、威廉·布鲁克斯爵士等人的行为就很明白了。①

　　他宣称，在 1590 年西班牙的海岸边，西班牙虽然拥有 20 艘船，却因为吓破了胆而不敢发动对德雷克和弗洛比舍的 2 艘船的进攻战。这是因为后者处在"经验丰富的油布船长的指挥下……而且我还进一步注意到，商人们……跟弗朗西斯爵士一样有着冒险精神；他们的勇气和行为堪称楷模"。

　　不过，即使如吉布森正确地指出的"海员中的天才与他们的贵族指挥官之间具有天然的、特殊的敌意——正如查理一世……经过测试所证实的那样"，在一个贵族和农业社会中，共和国海军的需要如何才能被满足呢？② 这一问题的答案部分可从联省共和国的经验中获得，即商人和海军舰队之间建立国家支持的关系。不过，吉布森也强调了能够同时掌握陆地和海洋军事活动的精英教育的合理性。

　　　　在查理一世国王时代，长期议会受到的压迫如此之重，以至于他们在苏格兰人提供帮助之前被迫（与一些贵族）建立盟约；在此之后，他们无法避免海上和陆上官员的背叛、忽视、无知、懦弱和懒惰的危害，直到他们给自己下令，在他们的议院中不得有成员在陆军和海军中担任职务，这一情形才告结束。③

---

① Richard Gibson, 'Observations on Queen Elizabeth's gentlemen sea captains' ill-conduct', BL Add MS 11602, Item XVI, ff. 50 - 51.

② NMM REC/6, Item 16; [Richard Gibson], 'Discourse on our Naval Conduct' f. 268. Another two copies exist in BL Add MS 11602 ff. 37 - 41 and 43 - 49. The tract was published as Reflections On Our Naval Strength, in J. Knox Laughton (ed.), *The Naval Miscellany*, vol. II (London, 1912) pp. 149 - 168.

③ Gibson, 'A Reformation' f. 68.

这一自我禁令迫使海军大臣沃里克伯爵和总司令埃塞克斯伯爵辞
职。创立新模范军的措施也促使一个新模范海军的出现。两支军
队的行政管理和财政-军事现代化（模仿荷兰的策略）对于英吉利
共和国在军事上的成功有着至关重要的意义。但是对于吉布森来
说，这一转型使得道德改革成为可能：背叛、无知、贪婪为勤
奋、经验和勇气所代替。

阿尔杰农·西德尼这位英荷战争的指挥官也得出了同样的
结论。

> 当凡·特伦普(Cornelius Van Tromp)袭击驻扎在福斯通
> 湾的布莱克时，议会派出了不到 13 艘船只来应对 60 艘舰
> 船……来应对世界上最好的船长……在这个不安定的国家还
> 可以看到许多其他的困难：船只太少，资金缺乏，派系林
> 立……但是那些掌舵之人却有着智慧和正直的品格，并且他
> 们还擅长选贤任能，这给他们带来了成功，他们在两年的时间
> 里就让舰队变得跟陆军齐名了；我们民族的声望和权力也到
> 达了一个新境界，甚至比我们当年占据大半个法国时还要
> 高……欧洲的那些国家，无论是国王还是君主，对我们不能说
> 是唯唯诺诺，也算是极度尊重了；罗马对布莱克及其舰队表现
> 出极大的担忧，比对当年瑞典的伟大国王①——当时他率领着
> 十万大军进攻意大利——还要忧虑。②

跟吉布森一样，西德尼在对这一成就进行赞誉时，也把它归功于

---

① 指古斯塔夫二世·阿多夫 (Gustaf II Adolf, 1611—1632 年在位)，素有"北方的狮子"之称。
　1630 年三十年战争期间，率师进攻意大利。——编者注。
② Algernon Sidney, *Discourses Concerning Government*, (ed.) Thomas West (Indianapolis, Ind.,
　1992) pp. 278 - 279; Scott, *Algernon Sidney and the English Republic* pp. 100 - 102.

荷兰人。甚至海员们在 1654 年 10 月向护国公提交反对强制征兵的请愿书时，不仅抱怨——跟平等派在 1647 年时一样——这一行为与"自由和解放的原则不相一致"，而这些原则却是"他们所有人流血牺牲和历经艰难困苦后获得的果实"，同时，他们还乞求给予"您的请愿者以跟荷兰人一样的自由，因为这些荷兰人俨然已经成为上帝在世间的代表"。①

　　人们通常认为，在 1649 年，英格兰经历的是一场政治和宗教革命，而非社会革命。然而，我们在这里所引用的当时之人的评论中包含着这样一种暗示，即存在着一次军事政府以及政府的政策和文化方面的社会革新。伴随着竞争力的急速提升，贵族官员们从海军舰队中的退出的确有着社会意义。

　　　　正是……从这一时期开始，在海军官员与那些曾经从事有组织的、长期的海军服役的人之间有了一种团结一致的意识……在 1642 年到 1660 年期间，每一位在职的英国海员都在国家的船只上待了很长一段时间；船长和海军官员受到国家长期雇用，这就造成了一种阶级情感的形成，以及特别的生活方式和行为习惯的建立，而他们在工作时不再与他们的老伙计们经常接触也成为这些人的特征。这些战舰上的军官的特别的形象、表达模式，以及他们的行为举止在复辟时期文学中大量出现——而在此之前很少提及他们——这显示出新形势所产生新的效果速度之快。②

---

① *An Agreement of the People for a firm and present peace*（1647），in Kenyon，*The Stuart Constitution* p. 275；*Resolutions at a Council of War* quoted by Oppenheim，*Administration* p. 318. 这还不能不提与之相对的其他相关证据显示，船员们的兴趣纯粹在于物质方面。

② Oppenheim，*Administration* p. 355.

马奇蒙特·尼德汉姆在其翻译的塞尔登（John Selden）的《海洋领地》（*Dominion of the Sea*，1652 年）一书的卷头插图中解释说："在罗马人入侵之前……围绕着这片岛屿的海洋君主国……一直以来被看作……不列颠帝国不可分离的附属物。"随着共和国在陆上取得胜利，"全世界的眼睛都聚焦在海洋上的运输活动这一尊贵的事业上来了"。①

要是在战争结束前，这个政府没有被一场军事政变赶跑的话，会发生什么事情呢？我们无法陈说。在护国公摄政时期，随之而来的是重新调整对外政策，以及社会、经济、宗教和政治政策。政府的战略和结构变得更符合王权传统和宗教传统，而贵族气也变得更弱了。它在政治上有变化，另一个议院（Other House）②最终得以建立；经济上也有变化，即地主群体在社会和政治上的地位得以重建，并且压倒了商人群体。在这样一个先前为王国的农业社会中，"治愈疾病和问题的解决"只能如此，别无他法。

这是理解詹姆斯·哈林顿（James Harrington）的《大洋国》（*The Commonwealth of Oceana*，1656 年）这一摄政时期共和主义杰作的一个背景。在强调了他的海洋标题后，哈林顿的引言中包含着一句格言："海洋为威尼斯的成长制定了律法，而大洋国的发展则成为海洋的律法。"把威尼斯而非阿姆斯特丹作为他的模型，这为贵族式的共和主义打开了大门。跟莫尔的《乌托邦》类似，大洋国更明确地成为英格兰的地理形象。③然而，跟《乌托邦》还有一处相似的是，甚至比《乌托邦》更严重的是，哈林顿

86

---

① Marchamont Nedham, Epistle Dedicatorie, in John Selden, *Of the Dominion, Or, Ownership of the Sea* (London, 1652).
② 1656 年，为了控制下院权力，克伦威尔提议创立了第二个议院，史称克伦威尔的另一个议院。议员由护国公提名组成。——译者注。
③ Nelson, *The Greek Tradition* pp. 103 - 106.

的模型中缺乏对海事问题的提及，这令人感到惊异。实际上，跟
莫尔不同，哈林顿更支持农业和贵族制度；他还反对金钱、海洋
国家及其经济。

这部分原因在于哈林顿是一位贵族。[1]秉持着对残缺议会的
强烈批评态度，《大洋国》由这位查理一世先前的密友献给了"英
格兰、苏格兰和爱尔兰的共和国的护国公殿下"[2]。如果说哈林
顿的模型是一个共和国的话，这个共和国也是由一个拥有土地的
贵族阶层（和骑兵阶层）所领导。"在共和国的形成过程中，在统
治她的过程中，以及最后在领导她的军队的过程中……贵族的天
赋独享一份特殊的贡献。"[3]人们无法想象，这样一种言论能从克
伦威尔的口中说出，更不要说吉布森了。"机械的"共和国（雅
典、荷兰、瑞士和残缺议会）为哈林顿所厌烦，并且与贵族共和
国（斯巴达、罗马和威尼斯）截然对立。[4]

这样的立场将哈林顿与当时绝大多数的英国共和派隔离开
来，而且使得哈林顿与其所依靠的最重要的资源也分道扬镳了。
马基雅维利对社会"平等"的重视是他与莫尔为数不多的共同持
有的理念。[5]他的观点是"马基雅维利恰恰缺失的，非常狭隘且
更危险的是，他谈及贵族对大众政府有敌意，而大众政府也敌视
贵族阶层"。他认为，这一错误的原因是马基雅维利对统治权要

① 在王朝复辟之后对哈林顿的审讯中有一份叫做《我珍视》（'I value'）的文章可资参考。*The Examination of James Harrington*, *The Political Works of James Harrington*, (ed.) J. G. A. Pocock (Cambridge, 1977) p. 856.

② James Harrington, *The Common-Wealth of Oceana* (London, 1656) Title Page.

③ Harrington, *Oceana* (1656) p. 25.

④ James Harrington, *The Commonwealth of Oceana*, (ed.) J. G. A. Pocock (Cambridge, 1992) p. 138.

⑤ Niccolò Machiavelli, *Discourses*, (ed.) B. Crick (Harmondsworth, 1985) pp. 245 - 247："那些保持政治生活不受腐蚀的国家并不允许它们的市民追随贵族的生活方式。正好相反，他们坚持那里要有完美的平等关系……在贵族数量很多的地方，人们建立共和国的提议不会成功，除非他首先清除掉这些人。"

有平衡性这一戒律的无视。实际上，"一位贵族和乡绅来到大众政府中，不但不会将其倾覆，反而会成为它的生命和灵魂所在"①。

城市和海洋共和国（雅典和联省共和国）被哈林顿看作天生具有动荡特质。大洋国的政治经济学是以农业为根本的（"尽管这个国家以编织粗布为生，但这种生活方式却是一个共和国最好的内在构成。"②）大洋国的军事榜样不是雅典或威尼斯，而是罗马（"耕种培育出上好的士兵，也培养出一个上好的共和国。"③）令人惊异的是，尽管这本书名如此，大洋国的海军却并未受到关注。这与其他的颂扬文章截然不同，因为那些文章赞誉着共和国的"战争方舟……这可怖的木制利维坦"打败了荷兰人。④

如果说哈林顿在军事上只是放了些空炮的话，护国公感受到的不仅是轻微摇晃，而且是剧烈震动了。哈林顿的书名可能与他后来所说的共和国就是一艘船这样的理念有关。另一个原因则与他所说的媒介（即一个民众参与型的平衡统治）有关，而霍布斯的"伟大的利维坦"则居于其间。⑤在一个处于持续运动状态的物质世界中，最好的政府不是由一人统治（"现代的经纶之道"），而是由官员所环绕的市民共同体进行治理。

这并不是说，如果哈林顿接受霍布斯的政治哲学（正如他做的那样），他将从中获得另一种政治哲学。哈林顿的霍布斯式假定（他吸收了《利维坦》和霍布斯所翻译的修昔底德作品中的内容）进一步给他以论据来证明雅典和荷兰与动荡特质有关。跟

①　Harrington, *Oceana*, (ed.) Pocock (1992) p. 15.
②　Harrington, *Oceana* (1656) Introduction p. 2.
③　Ibid. p. 4
④　Marvell, *The First Anniversary* pp. 111 - 112.
⑤　Scott, *Commonwealth Principles* pp. 165 - 166,184; Hobbes, *Leviathan* pp. 9,120; see Jonathan Scott, 'James Harrington's Prescription for Healing and Settling', in Michael Braddick and David Smith (eds.), *The Experience of Revolution in Seventeenth Century England* (Cambridge, 2011).

《利维坦》一样，《大洋国》不仅对民主制度表示怀疑，而且对商人和对外贸易也不信任。这些经济要素所创造的财富就如同水一样，它们缺乏稳定性。①伊斯特万·洪特（Istvan Hont）就曾评论过霍布斯的"反商业"立场。②约翰·波考克也从哈林顿的例子中分析了共和国中所存在的德性与商业之间的紧张状态。然而，大部分英国共和派作家对海洋、商业和海军权力持支持态度。在古典材料中，特别是与雅典和腓尼基有关的材料中，他们发现了大量与此有关的内容。③在众多的共和主义者中，哈林顿具有独特性，而其中的一个原因与霍布斯有关。

哈林顿与其他共和派人士的一致之处是他对帝国的责任。这一点在一定程度上无疑是为了支持克伦威尔，为此，他甚至与霍布斯发生了决裂。④《大洋国》中的帝国起于同化作用，并且已经影响了两个相邻的王国。爱尔兰诞生了"一个懒惰又懦弱的民族……因为反抗枷锁而人口尽失"，而现在则"重新安置了一个新的种族。但是（由于其土地之德性和河流之邪恶等原因）他们也陷入退化状态之中"⑤。哈林顿的解决方案是让犹太人在这个岛上定居，"允许他们使用自己的仪式和律法……［由于］有着富饶的国度和优良的港口，他们很快就会在"农业和对外贸易上"取得好成绩"。

苏格兰不是被英格兰"收编"，而是"主动融入"进来的，因

① Scott, 'James Harrington's Prescription'; Jonathan Scott, 'The Rapture of Motion: James Harrington's Republicanism', in Nicholas Phillipson and Quentin Skinner (eds.), *Political Discourse in Early Modern Britain* (Cambridge, 1993); Scott, 'Peace of Silence' (2000).
② Istvan Hont, *Jealousy of Trade: International Competition and the Nation-State in Historical Perspective* (Cambridge, Mass., 2005) pp. 17 - 19.
③ Scott, *Commonwealth Principles* pp. 93 - 98, 以及前文第二章和下文第八章。
④ Hont, *Jealousy of Trade* p. 18. 洪特正确地观察到，这一步带有马基雅维利的特性，但他并没有指出它所受到的赞誉言辞来自《圣经·旧约》。David Armitage, 'The Cromwellian Protectorate and the Languages of Empire', *The Historical Journal* 35,3(1992).
⑤ Harrington, *Political Works* p. 6.

为他们在威斯敏斯特有代表，而且在自由贸易上有特权。这个
"联邦"基于马基雅维利所说的罗马模式，是一种"不平等的联
盟"。哈林顿认可这种安排，但是他明确要求，为了使得主动融
入的过程顺利进行，苏格兰人应该像荷兰人一样阐明他们对"人
类之解放"（不仅是他们自己解放）的关切，并且苏格兰的贵族阶
层（"他们统治那个国家跟波兰的方式一样"）必须被摧毁。

　　哈林顿与克伦威尔的观点一致的地方是，他所捍卫的是一个
神圣的、末日启示式的帝国。"原因在于……天命秩序的最后一次
上演正值帝国初起时。当时伴随着上帝的祝福，共和国的臂膀如
同神圣的避难所将悲惨的世界拥入怀中，给予世间以休憩时节，
避免让她继续辛劳。这都是在您的羽翼荫蔽下进行的。"[1]哈林顿
写下这句话时正值护国公体制建立，而那些清教共和派人士正担
忧军事权力的膨胀将腐蚀他们的事业之时。

　　　　许多人认为战争制造伟大而和平产生渺小……除非你能
　　将对贪婪、野心和奢侈的喜爱从头脑中排出，除非你将豪华之
　　风从家中请走，否则你将发现在家中存在着暴君，而你却相信
　　这个暴君的注意力会放到外部和战场上……而实际上许多暴
　　君情不自禁地日复一日地想着怎样夺走你的心爱之物。[2]

　　在其他人眼中，正是内部暴君的出现，共和派的实验才在
1653年被摧毁。同时，哈林顿把"诸岛"（不列颠、爱尔兰和威尼
斯）描述为"上帝为了共和国而设计的"。最终，作为一个坚定的

_____

① Ibid. p. 323.
② John Milton, *Second Defence of the English People* (1654), in *Complete ProseWorks* vol. IV pp. 680-681.

89　柏拉图主义者，哈林顿把他的体制理解为一艘航船。正是木材构造才使其乘客免于浸入水中。

> 如果它们不抓紧你，您的法令就毫无价值；为什么要登船。它们就像一艘航船；如果您一旦登船，将不是您带领它们，而是它们带领着您。看看威尼斯是怎么处理她的渔具的吧；您就不会舍弃它们而选择跳入海中。但是它们的数量很多（大洋国有 30 个法令）且内容艰深。我的主啊，什么样的海员会因为它有了 24 点的指南针就会不要他的罗盘呢？然而，在您的共和国中，您的法令到处显现并且任务艰巨。考虑一下我们是怎样因为您刮起每条教义之风就变得东倒西歪，以及我们是怎样在自己的天堂中因为您派来的油嘴滑舌之人和王公显贵具有巧舌如簧般的舌头而让我们迷失掉了的。①

这些关于船只形状和运行状况（共和国是一个环状物，它的市民处在永恒的循环往复状态）是哈林顿自然哲学和自然实在之根本。他的体制航海说的惊奇之处在他与其他共和派于 1659 年争辩时才明晰起来。

哈林顿在那一年对《大洋国》观点的总结体现在他的《立法的技艺》（*The Art of Lawgiving*，1659 年 2 月 20 日）这篇文章中。该文对当时经济和政治状况的分析受到了理查德·克伦威尔（Richard Cromwell）的议会的支持，并且在复建的残缺议会中，亨利·内维尔（Henry Neville）等人也对他表示了支持。内维尔是《军队之职责》（*The Armies Duties*，1659 年）的作者之

---

① Harrington, *Political Works* p. 145.

一。这部作品重述了《大洋国》中的观点："自由的保障在本质上是必要的，同一个会议中永远不应该既具有争辩之功能又有决定事务的权力，这是为了避免该会议突然沦为小部分人实行寡头或暴君统治之工具……正如……长期议会兼具争辩权和决定权，就具有了把自己打造成永久的立法者地位的强烈冲动。"①

5 月 13 日，残缺议会接受的《一个谦逊的请愿和陆军军官的谈话》(Humble Petition and Address of the Office of the Army) 这一请愿书，要求政府"可以由人民代表组建，其中包括由人民连续选举出的一个议院，而其功能……正如这届议会所做的那样，还要包括精心挑选出的元老院，它要具有权力协调者的功能，而且精明能干且信仰虔诚之人也要加入，他们要是一些具有神圣信仰的佼佼者，并且能有精力持续投入到这一事业中"②。在阐释自己的论点时，军官们最重要的同盟是亨利·范内（受到弥尔顿的支持）。三天后，哈林顿在《关于这一说法的谈话》(A Discourse upon this saying，1659 年 5 月 16 日)③中批判了《谦逊的请愿》一文的内容。军官们被要求要"憎恶狭隘的寡头政体这种底层疥癣。如果你的共和国建立在正确的基础之上，用不了七年，不管是市民的还是宗教的群体，你们这群具有党见之人都会消失殆尽"。

这离不开上帝建立的平衡统治关系，也离不开"你的共和国的内在结构"。

> 海员们不信任大海，但信任他的航船。人民的精神不应该

---

① Ibid，p. 25.

② Austin Woolrych, 'Historical Introduction', in Milton, *Complete Prose Works* vol. VII p. 72.

③ 该文标题全文如下：*A Discourse upon this saying*：*The Spirit of the Nation is not yet to be trusted with Liberty*；*lest it introduce Monarchy*，*or invade the Liberty of Conscience*。

依赖于他们的自由度,而是制定的法律或法令;所以,信任并不存在于人民的精神中,而是存在于那些法令的结构之中。尽管它们有的严密,有的则有疏漏,但是这些法令就是人民登于其上的船只。人们不能推翻它,同时,没了它,人们也就没了方向。①

大洋国的法令是能帮助船只运行穿越大海的木材。对于弥尔顿而言,当历时十年的"动荡、混乱和无序"将船只带入沉没的境地时,再去讨论全体船员们在未来的关系就显得完全不合常理了。"共和国之舟一直在运行;他们坐在船尾;如果他们指挥顺畅,他们需要做的就是改变它们;这会相当危险吗?"②后来,阿尔杰农·西德尼把柏拉图称作他的观点的来源: 这是"一件最令人绝望,也最具危害性的疯狂之事,因为一群人去印度,却把船只的指挥权交给了世界上最好的船长的儿子"③。

对于哈林顿来说,情况恰恰相反。"和平与安全"的唯一基础是一个内容充实的宪政体制的确立。"一个共和国……不会因为她的原则而偏离航线,这只会是她的制度造成的……一个正确建立的共和国是永不偏离航线的。"④处在风暴之中,人们所需要的不是专业的航海技术(或者军事战略),而是将船只启动起来,因为在技术上只有变得复杂才能确保其自身在航线上运行。⑤"要是有人说一个人要不是大官就写不出政府的情况,这可真是很荒谬的。这就如同说,一个人要不是领航员就造不出罗盘来一样。

① James Harrington, *A Discourse upon this saying*, in *Political Works* pp. 737 - 738.
② Milton, *Readie and Easie Way* pp. 433 - 434.
③ Algernon Sidney, *Discourses Concerning Government*, in *Sydney on Government: the Works of Algernon Sydney*, (ed.) J. Robertson (London, 1772) pp. 61 - 62.
④ James Harrington, *Oceana*, in *Political Works* p. 321.
⑤ "但是……一旦人们达成共识认为王权制度不可行,共和国就会随之而来,王权的影子也不会掺杂其间,而且共和国这艘船是装备齐全,全速前行。它的旗帜高高飘扬。"James Harrington, *The Art of Lawgiving*, in *Political Works* p. 7。

人们都知道，克里斯托弗·哥伦布就在他的小屋子里造了一个罗盘，而这个罗盘帮他找到了西印度。"①

一个世纪之后，这一新观念受到大卫·休谟的肯定。休谟对是否"一种政府的形式在不受特定人物的行为和心情的影响的情况下，能被允许比另一种政府形式更加完美"这类问题与"欧洲的数学家……关注船只的形状是否最适合航行"的讨论进行了比较。接着他表示，"所有从人类的角度认定为伟大的改革的政府计划都是虚构的。这包括柏拉图的'理想国'和托马斯·莫尔爵士的'乌托邦'。'大洋国'是唯一有价值且至今仍为共和派所接受的共和国模式"。②

通过吉布森和哈林顿，本章探析了共和派对王政空位期看法的两极分化。这两极观念分别属于前 1653 年和后 1653 年时期；一个是实用的，一个是理论化的；一个是私下的观点，一个是公开的言论；一个是"湿的"，一个是"干的"；一个反贵族，一个亲贵族；一个倾向阿姆斯特丹（或雅典），一个倾向威尼斯。贯穿其中的主题是战争、帝国和船只：战争之舟和和平之舟。

1660 年不列颠王权复辟对哈林顿和吉布森的理论的考验来了。凭借着对统治权在民众中实现平衡状态的观念，哈林顿认为王权不可持续。"让……［国王］进来，并且将整个英格兰的最伟大的骑士召集在议会中。他们都是有产之人，而让他们在职七年，他们都会成为共和国的拥护者。"③这样的观念可不受欢迎，审讯和关押随之而来。吉布森并没有出版他的观点。但是随着王权的归来，贵族占据海军军官职位的历史也回来了。

① James Harrington，*The Prerogative of Popular Government*，in *Political Works* p. 395.
② David Hume，'Idea of a Perfect Commonwealth'，in Hume，*Political Essays*，(ed.) Knud Haakonssen (Cambridge，1994) pp. 221 - 222.
③ John Aubrey，*Aubrey's Brief Lives*，(ed.) Oliver Lawson Dick (London，1958) p. 125.

第五章

朽木不可雕

92

> 逃出着火之船，却无生路
>
> 跃入水中或可免于火灼之苦
>
> 一些人纵身一跃出甲板，如当初登船一般
>
> 游近敌人的船只，却被敌人射死；
>
> 留在船上之人也全部死去，
>
> 有人在海上被烧死；有人在火船中溺亡。
>
> ——约翰·邓恩：《一艘火船》①

　　贵族海军官员复辟了。亨利·舍勒斯爵士（Sir Henry Sheres）后来记述说，他们是来"对付"那些"听从桑威奇伯爵 ［爱德华·蒙塔古］（Edward Montagu，the Earl of Sandwich) 团伙指挥的海员的"。②也就是说，这是要把一支由坚定的共和派主导的海军改造为王室权力的工具。吉布森在成为佩皮斯的秘书后被告知，"国王和 ［约克］ 公爵把海军控制权交给了贵族，而不是海员们"③。光荣革命之后，吉布森曾提及，"已故的查理二世和詹姆士二世国王把贵族带进海军是为专制政府和教宗制度创造条件"④。查理二世执政时曾说："我识人用人不仅看其出身。不过要是有人出身不错且渴望建功立业，我认为，至少要鼓励他们

---

① John Donne，*The Complete English Poems*，（ed.）A. J. Smith（Harmondsworth，1986）p. 149.

② Sir Henry Sheres，'A Discourse touching ye Decay of our Naval Discipline by Sr H Sheers' ［1694］，NMM REC/4 Item 4 p. 3.

③ Gibson，'A Reformation' f. 76.

④ Ibid. f. 85（and see f. 127）.

与其他人同台竞争，这不为过。"①

　　查理和他的兄弟詹姆士对海军事业很上心。詹姆士曾担任海军大臣，而且他个人也有军事服役的经历，直到一场死伤不少的炮击事件差点让他丧命后他才退役。在 1668—1670 年与法国秘密谈判期间，查理在维护国家利益方面做的一项努力就与英国海军和海洋权力有关。这两兄弟对王位空置时期海军所取得的成就都充满敬意并且决心将其保持下去。

　　就在 1661 年陆军被解散时，海军却保持完好。海军船只的名称纷纷被改掉（"纳斯比"号改为了"皇家查理"号，"邓巴"号改为"亨利"号，而"马斯顿荒原"号改为"约克"号）的同时，我们看到大部分的大型战舰是在 1649—1653 年间建造的。②海军成为耗费国家资财最多的部门，占到了政府支出的 20%。③海军还重用了一批塞缪尔·佩皮斯身边的公务员，他们具有强烈的改革思维和才干。④

　　复辟的斯图亚特王朝深谙商业活动和关税收入的政治意义。正是在 1660—1688 年期间，英国东印度公司和荷兰东印度公司之间进口值的差距开始缩小。其中部分的原因就在于英国进口（并且再出口）大量印度的印花白棉布。⑤也正是依靠着关税收入，查理二世在 1681—1685 年期间能够抛开议会实行统治。由于借助查理的葡萄牙婚姻而获得了更多的领土（孟买和丹吉尔），英格

---

① Quoted in J. D. Davies, *Gentlemen and Tarpaulins：the Officers and Men of the Restoration Navy* (Oxford，1991) p. 33.
② Frank Fox, *Great Ships：the Battlefleet of King Charles II* (Greenwich，1980) pp. 55 - 57.
③ Davies, *Gentlemen* p. 15.
④ 佩皮斯就发现吉布森"具有很强的理解力并且对于海军事务非常熟悉"：*Diary*，vol. IX p. 16。
⑤ Niels Steensgaard, 'The Growth and Composition of the Long-Distance Trade of England and the Dutch Republic before 1750'，in James Tracy (ed.), *The Rise of Merchant Empires：Long Distance Trade in the Early Modern World* (1990).

兰对印度和地中海的渗透也变得更为成功。

1660 年，约克公爵参与资助了皇家非洲公司（Royal African Company）的成立，该公司迅速分到了大西洋奴隶贸易的一杯羹（在开始的六年里就抓获了 4 万名非洲奴隶）。[1]如果说，复辟的斯图亚特王朝缺乏足够的商人思维（或者叫荷兰人思维），而没能用消费税来代替关税的话，他们在管理能力上还是有点水平的。斯图亚特王朝没有尝试重建议会的补助金制度（或者王室土地）。虽然他们降低了财产评定税和消费税，但是二者还是保留了下来，并且像"烟囱税"（'chimney money'，1662 年）这样的税种又开辟出来了。像安东尼·阿什利·库珀（Anthony Ashley Cooper）这样在王位空置期大出风头的政治人物，以及蒙塔古这样的军事人才和乔治·唐宁这样的公职人员也都得以继续留任。

1660 年，唐宁对共和国的《航海法案》进行了一番修改和升级。1663 年，《贸易鼓励法案》（'Act for the Encouragement of Trade'），或者叫《大宗货物法案》（Staple Act）也补充进了《航海法案》中。后者对将殖民地货物的出口管控延伸到了整个欧洲，这跟今天对进口货品的控制情况类似。在一个对美洲殖民有着强烈进取心的政权中，克伦威尔当年征服的牙买加在 1661 年成为继弗吉尼亚之后的第二个王室殖民地，而阿什利·库珀则帮助建立了卡罗来纳新领地。尽管国王在英格兰建立良知的自由这一策略两次受挫（1662 年和 1672 年），但是大量出现的新殖民地（马里兰、卡罗来纳和宾夕法尼亚）不仅让不从国教者有了新的选择，同时还给人一种印象，那就是王室在殖民地的宗教政策上

---

[1] Philip Curtin, *The Atlantic Slave Trade, a Census* (Madison, Wisc., 1969) pp. 119, 216.

94

图四　斯凯尔特河、马斯河、莱茵河和泰晤士河构成了自成一体的海洋互动区。该图基于《北海南部与狭窄海域》，参见 N. A. M. 罗杰：《掌控海洋：不列颠海洋史，1649—1815 年》(The Command of the Ocean：a Naval History of Britain，1649 - 1815，纽约，2005 年)，第 XXX 页。

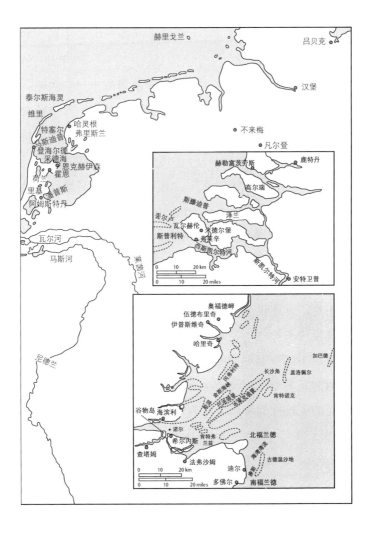

95

96 也多了一份选择。①共和派的贸易委员会也保留了下来。1673
年，《殖民法案》给关税委员会的委员们及其代理人在与殖民地政
府打交道时以更大的权力，其中可看到 1649—1651 年英吉利共和
国所实行的贸易立法的影子。②

　　所有这些看起来为复辟王朝的第一次海战——也就是 1665—
1667 年间针对荷兰的战争——打下了坚实的基础。对于骑士党议
会③中的英国国教徒来说，这场战争充满了宗教和政治激情，它
在与一个"疯狂的［宗教上持异端信仰的］共和国"作战。这场
海战受到伦敦商人共同体的支持，而对英国在战略地理上具有优
势（即对荷兰外贸线路构成威胁）的信念以及 1652—1654 年间战
胜荷兰的记忆也给英国人带来了勇气。这次行动充满了讽刺意
味。除了海盗活动外，唐宁是背后的操纵者，而英国议会大笔一
挥给了超过 200 万镑的资金。④这场海战最终成了查理二世时期
的一次灾难，而且骑士党人所塑造的复辟政权形象再也没从受伤
状态中恢复过来。⑤

　　想重现 1652—1654 年的胜利这类想法可谓天真，这不仅因为
英国此时的军事-财政-政治状况已大为不同。荷兰人对于他们早
期所遭受的灾难性战争作了深刻反思，而且他们在建造船只方面

---

① Ogilby, *America* pp. 185、212.

② Bliss, *Revolution and Empire* p. 174；Hilary Beckles, 'The "Hub of Empire"：the Caribbean
and Britain in the Seventeenth Century'，in Canny（ed.），*The Origins of Empire* p. 236；Scott,
'Good Night Amsterdam' pp. 351‑352；Games, *Web of Empire* pp. 290‑292.

③ 骑士议会（Cavalier parliament）是 1661—1679 年间的英国议会。该届议会以保王党为主
体。——译者注。

④ Scott, 'Good Night Amsterdam'.

⑤ Scott, *England's Troubles* chs. 17‑18. In 'The Impeachment of the Earl of Clarendon'，
Cambridge Historical Journal 13,1(1957). 克莱顿·罗伯茨（Clayton Roberts）认为，这场危机
带来的一个结果就是，英格兰王室的自主地位受到永久性的削弱，它暴露在下议院有效且持续
的审查之中。然而，在 1689 年，荷兰人的一次入侵证明召集一个"议会"是有必要的，而且发
动一场反对法国的战争也有意义，这从 1673 年起就为人们所呼吁。短期来看，这场战争中荷
兰对查塔姆锚地（Chatham）的打击是整个英国政府自主能力受到削弱的反映，因为这个国家
成了法国的附庸。

制定了一系列颇有野心的计划。但是也有问题——尽管在实践中它被证明并不是关键性问题——联省共和国的同伙是法国。尽管在战争开始的第一年中，伦敦爆发了历史上最严重的鼠疫疾患，但这场杀死了该城四分之一人口（10万人）的疾疫并没有阻止海战密集爆发。到第二年，军事风向发生转变，钱用光了，而且伦敦也被一场大火夷为平地（克拉伦敦伯爵爱德华·海德 [Edward Hyde, 1st earl of Clarendon] 将其称为"这个民族有史以来最严重的不幸事件"[1]）。

97

这些事态的发展严重影响到公众的信心——反复出现的对所谓教宗主义者阴谋保持警惕的声音又复活了——甚至在战争于1667年结束之前，斧头就砍下来了。在英国共和派流亡者的引导下，荷兰舰队毫无阻拦地驶入泰晤士河口，然后上溯到梅德韦（Medway），在那里放火焚烧防御能力不足的查塔姆船坞中的舰只，而且他们还把"皇家查理"号拖回了尼德兰。"在今日的王国和海军中，"佩皮斯写道，"因为此事而笼罩在我们所有人身上的沮丧之情无以言表。"[2]佩皮斯的沮丧之情具体体现在：他给了吉布森1000几尼的现金，把他派去亨廷顿，让他把"他给杰里米·史密斯爵士（Sir Jeremy Smith）的信包好后"埋在自家后院中。用杰里米·边沁（Jeremy Bentham）的话说，"几多惊愕，几多不解，我们在毫无防备的情况下被敌人偷袭……我们所有的大臣们都陷入到不顾安全问题的昏睡之中，以至于需要这样致命的一击和不可挽回的损失才能将他们唤醒。可谓怪矣"[3]。

不仅是光荣革命，查塔姆锚地也成了1588年那一丰功伟绩[4]

---

① Quoted in Pincus, *Protestantism and Patriotism* p. 346.
② Pepys, *Diary* vol. VIII, 1667 pp. 268 - 269.
③ Quoted in Pincus, *Protestantism and Patriotism* pp. 417 - 418.
④ 指英国打败了西班牙无敌舰队。——编者注。

的对照物。战争还在进行时，政府就停摆了。在海战中，英国损失的 14 艘战舰中就包括最优秀的那几艘。这场突袭不仅成了军事灾难，政治上的损失也不可估量。[1]一个政府要是不能在战时将它的舰队送往海上，或者只能在首都边缘进行一些抵抗的话，这意味着什么，恐怕很难讲清楚。

对于有些人来说值得庆幸的是，约翰·德·维特主持下的荷兰政府认为，通过缔结和平（当然，不消说的是，有利于荷兰方面的）条款可将这场胜利转化为自己的资源。[2]在佩皮斯卷档中留存有一份手稿翻译件，这里面体现了德·维特当局的正式立场：荷兰共和国的生命线是对外贸易，而为了维持生命线，它有意愿维持和平。[3]然而，查塔姆锚地的陷落证明了在海峡两岸双方内心深处的某种东西。没有了"制海权"，英国地理最重要的特征不是其所谓的岛国特性。与斯凯尔特河（Scheldt）、马斯河和莱茵河正相反的是，在泰晤士河口这里却创造出了一个单一的海洋区，区内实现了文化、经济和军事上的依存互动关系。[4]随着荷兰的政治状况发生变化，"和平爱好者"摄政王旁边站出来一位官复原职又充满军事野心的总督时，英格兰所面临的境况充满了戏剧性。

在将佩皮斯大部分的钱花光后（剩下的钱也很不幸地因为从一个破了的口袋中掉出来而没有了[5]），吉布森从亨廷顿回来了。

① Fox, *Great Ships* pp. 92 - 94.

② Pincus, *Protestantism and Patriotism* pp. 402 - 403.

③ Pepys Library, Magdalene College, Cambridge, MS 2888: 'The political grounds and maxims of the Republic of Holland and West Friesland', translation by Toby Bonnell of *Aanwysing der heilsam politike Gronden en Maximen van de Republicke van Holland en West-Vriesland* (Leiden and Rotterdam, 1669).

④ Haley, *The British and the Dutch* p. 9.

⑤ 吉布森估计丢失的数量为 1～2 枚钱币，而佩皮斯则估计达到 20 枚。Ollard, *Pepys* p. 167; Pepys, *Diary* vol. VIII: 1667 pp. 268, 272 - 273, 473 - 474, 487.

他随后写了一个关于查塔姆的分析，可谓言辞激烈。这个分析驳斥了针对海军管理内部的"庸官"的指责，因为这一指责把他也算进来了。①这些指责"有些是说，特别是查理，没能在一片惊慌失措中让船只停止前进……还有些人指责他在这样一种情形下用自己的战舰去拯救他们的货物……这些船只人员精干，本是可以避免他的战舰丧身火海的"②。吉布森发现这些指责有失公允，"在通向各个房间的路都敞开时，却要让马匹平静下来，这是很难的"，没有人"能想象得到，敌人会派出五六艘火船出来，而且火船出现在并无太多人把守的阿普诺堡（Upnor castle）③的上方"。④对于荷兰人这出举世震惊的大胆行为该作怎样的解释呢，或者从中能看到什么信息？到目前为止，最大的问题是"重要的官员们"对于准备和加固航道河道的工作疏忽怠慢了。

　　吉布森最重要的论点是"5 艘护卫舰拥有的手段非常低端，它们所面临的敌人却携带着不曾见过的强劲的东风涌来"⑤。"火船……看起来很有用，但是它们（谁出的主意我不知道）虽然堵塞了河道却依然被击沉，所以也是用处不大。"人们在一年以前曾经下令"在海角处"建立一个要塞，而就在敌军来袭前三天，要塞"临海一面的水深不超过 12 英寸"，并且要塞里虽然有着八门火炮，却没有一个发射架。在蒂伯里（Tilbury），"运货车已经腐烂，枪炮也已卸掉"，还有就是"火药数量也很不足"。所有这些表明，"迟钝、供应不足乃至谋逆行为存在于我国某些股肱之臣

---

① Ollard，*Pepys* p. 167；[Richard Gibson]，'The Dutch Action at Chatham Examined'，BL Add MS 11684 ff. 31 - 33. 吉布森的作者权还不能确定。这份档案签名为"JM"。但是，它在吉布森的卷档之中，明显出自他之手，而且语调也跟他很相似。无论是这份手稿的存在还是关于作者权的某种不确定性，都可以通过对吉布森（以及佩皮斯）的进一步调查而得到确证。
② [Gibson]，'The Dutch Action' f. 32a.
③ 阿普诺堡是伊丽莎白时期建立的一处火炮台，位于梅德韦河西岸。——译者注。
④ Ibid. f. 32b.
⑤ Ibid. f. 31a.

99　的活动中"。①

　　吉布森期待着"经过一番探究能够给我们的王国和议会带来最好的智慧、远见和气魄"（不过是用共和式的作品来表现资本的追求），于是他的语调变得尖刻锐利起来了。②

　　　　是谁在 4 月中旬吹嘘，即使有承载 40 人的敌船前来，港口也能固若金汤；是谁在 6 月初给……威廉·考文垂爵士写信说那个地方状况一切良好；又是谁让佛兰德斯的那艘……装载着 15 桶加纳利甜酒的船只通过——发出许可之人拥有 1 桶酒的份额，他溯游而上以 55 磅的价格出售，这与枢密院的规定相悖……又是谁在这里击沉了我们的 5 艘火船……而敌人却能毫无阻碍地畅行于此？是谁让我们的护卫舰停泊在堡垒处，这种或出于无知或出于有意的行为……让敌人的战船将它们困死在堡垒处而——烧光？是谁本来负责提供船只将护卫舰上数百名勇士们拯救出来……但又是谁居然跑去迎接亨丽埃塔和吉米这样一小撮出门赏景的大臣和其他无聊的随从人员去寻欢作乐，而这些船……本来是可以用来拯救几百位勇士的性命的，而如今他们却如旧世界那般在水中淹死，或者如蛾摩拉③之人那般被炙烤而死。④

　　早在几十年前，在查塔姆会发生这样一场灾难已经为威廉·

---

① Ibid. f. 31b.
② Ibid. f. 33b.
③ 蛾摩拉（Gomorra），《圣经·旧约·创世记》中提及的古城，因罪恶昭著而被神毁灭。——编者注。
④ Ibid. ff. 32b - 33a.

蒙森爵士所预言。他认为，荷兰会"成为我们的敌人"①。蒙森曾建议要建立坚固有力的海岸堡垒，要始终保持警惕性，而且还要组建装备重火力的船只。同时，吉布森去世后署名出版作品中的观点在安德鲁·马维尔的《对一位画家的最后指导》（*Last Instructions to a Painter*）中也有体现。这部作品抱怨在泰晤士河那里

> ……有我们的破败船只，卸掉索具，停泊在夏日的河里，
> 就像一头掉了羽毛的家禽，虚弱又无力，任人捕食……
> 曾经湍急的河流，如今漂浮着一片片的木板，
> 船只无路可走，无法航行，只好退回堡垒。
> 现在（在查塔姆，已经没有什么可以烧毁的了）
> 荷兰人的舰队又优哉游哉地回来了：
> 鲁珀特和阿尔比马尔的愤怒，②
> 却带来了勒伊特的胜利和"查理"号的被掳……
> 当衰老的泰晤士河被捆绑，
> 贞洁的梅德韦河却当面受尽凌虐……
> 悲伤的事件，这是这对快乐夫妇自结婚以来头一次遭罪，
> 当初可是所有的河流都向他们的婚床致意；
> 海神父亲也允诺留给他们
> 他的古老帝国，让他们得以永享不朽荣光！③

被俘的"查理"号成为一个重要的象征物。在毫不留情地触碰到

---

① Monson，*Tracts*，Book V pp. 12,5 - 15.
② 鲁珀特（Prince Rupert）、阿尔·比马尔（George Monck，1st duke of Albemarle），皆为第二次英荷战争中英军的指挥官。——编者注。
③ Marvell，*Poems and Letters* vol. I pp. 154,158 - 159.

100　大部分公众的痛点后，马维尔向人们展示了在国王的眼前浮现了法国亨利四世和英王查理一世这样被杀身亡的前辈的形象，他们让国王头疼不已：

> 亨利坐下来，在他的侧面
>
> 是灰色的伤口，这显示了他的战斗结果。
>
> 脸色苍白的查理则把项圈放低，
>
> 围绕着脖颈处那紫色痕迹说明了一切。
>
> 这时，他们向他的儿子低声说什么却听不见，
>
> 穿越一道封闭的大门，他们俩都消失了。

查塔姆事件所带来的另外一部行销一时的讽刺剧是亨利·内维尔的《松树岛……新近的发现……靠近未知之地澳大利斯》(*The Isle of Pines … A late Discovery … near Terra Australis Incognita*, London，1668 年)。乔治·派因斯 (George Pines) 是一名伊丽莎白时期的记账员，他与 4 名妇女因沉船事故而漂流到东印度地区的一处无人居住的小岛上。这四名女性是：他的商人雇主的女儿、2 名女仆和 1 名非洲奴隶。"她们都是颇有姿色的女性，都穿着衣服"，但是不久之后就不再穿了。她们都紧紧依靠着乔治，他"现在成为她们所处的这样一种无所依凭的环境中的唯一支柱"。幸好这个岛很大，"始终很温暖……总是……绿色盎然"，也没有伤人的动物，食物也很充足，不然情况就很糟糕了。对于乔治来说，幸运的是，"慵懒和饱腹感"带来的是性欲。他先是跟 2 名女性，然后跟所有女性发生了性关系。初时还是偷偷摸

摸，后来就"完全公开了"。①一百年后这个岛屿被再次发现时，岛上人口已达 2000 人。内维尔匿名出版了这部作品。就在有些读者想着去确定这个故事是否是糊弄人的虚构之作时，他们首先得到的启示是：这样一种人口增长的比率在以母乳喂养的人类社会中是不可能的；同样的，读者还能在坚实的证据基础上断定，这位作者是男性。②

这个故事在市场上广受欢迎。它很快就被翻译成了荷兰语、法语、意大利语、德语和丹麦语。就在一位德国学者从学术角度深入地探讨松树岛上这个五人家庭的道德水平时，另一位学者则直接将故事的书名改为《阴茎岛》(*Penis Island*)。③尽管内维尔从此一炮打响，但他所探讨的内容是严肃的。跟马维尔一样，他深受空位期历史的影响。他与亨利·范内和阿尔杰农·西德尼都是残缺议会的成员。正是在共和国时期，第一次英荷战争爆发，而英国赢得了胜利。

101

重新发现松树岛的船只属于荷兰人，书中所述作者一看就是船长本人，即亨利·科尼利厄斯·凡·斯洛滕 (Henry Cornelius Van Sloetten)，他和他的船员们所发现的是一个"能讲英语……却又赤身裸体的"群体。他们不少人"蜂拥……跑来，围着我们……对我们的服饰表示羡慕……他们还惊讶于我们的船只，就如同自然界最伟大的奇迹一般"。④他们的"王子"威廉·派因斯

① Onofrio Nicastro (ed.), *Henry Neville E L'isola di Pines* (Pisa, 1988) pp. 67,69,81 - 89.
② 感谢梅兰妮·古德 (Melanie Good) 向我指出这点。17 世纪的人口学家认为，在英格兰，晚婚、临时节育和母乳喂养 (母乳造成闭经) 是控制人口出生数量的主要方式。母乳喂养的平均时间是十二至十九个月。E. A. Wrigley, R. S. Davies, J. E. Oeppen and R. S. Schofield, *English Population History from Family Reconstitution 1580 - 1837* (Cambridge, 1997) pp. 446,465,478.
③ Gaby Mahlberg, 'Republicanism as Anti-patriarchalism in Henry Neville's *The Isle of Pines* (1668)', in John Morrow and Jonathan Scott (eds.), *Liberty, Authority, Formality: Political Ideas and Culture, 1600 -1900* (Exeter, 2008). 下文的讨论借鉴了马尔伯格的分析。
④ Nicastro (ed.), *L'isola di Pines* p. 73.

是乔治的孙子。这位好脾气的傻瓜生活在一座"由粗木材"制作而成的"宫殿"之中。他手中的斧头用了有一个世纪了，已经"粗钝不堪"，而这位王子吃起饭来就像一个"乡下农夫"，并且他只饮水。他对于"船只或海运业一无所知"。他的子民生活在一种没有"经过文明熏陶"的"自然"状态之中。①

当他们看到有人在吹奏风笛时，他们认为他在向"一个活物"吹气。②当荷兰人"从船上卸下一门大炮时，他吓了一跳……他注视着火药所带来的强大威力"。当威廉面临内部骚乱并劝说荷兰人帮忙干预时，他们遇到了"棍棒和石头"的袭击，然后荷兰人"发射了……三四枪"就让这些侵犯者逃之夭夭了。③

当年哥伦布将伊斯帕尼奥拉岛的居民描绘为"赤身裸体、缺乏武力又胆小如鼠的"一群人。④内维尔的描述可谓如出一辙。荷兰人可以随意出入阴茎岛。自从伊丽莎白时代以来，它已经在军事上退回到了石器时代。它不仅在技术上落后，在海洋追逐中也丧失了优势。查理二世与他的情妇寻欢作乐的行为就如同撕掉了他的王国的遮羞布。与伊丽莎白和克伦威尔时期对性行为的节制不同，王室性行为的混乱状态正是军事上孱弱的表现。马维尔作品中还有不少这类比喻，其中对约克女公爵的嘲讽尤为刻薄：

> 世上最快乐的女人，
>
> 她能让男人进入极乐世界！
>
> 人们对她众说纷纭，莫衷一是，
>
> 斯帕拉格的大嘴巴却将她出卖：

---

① Ibid. p. 105.
② Ibid. p. 119.
③ Ibid. pp. 109,111.
④ Quoted in Elliott, *Empires of the Atlantic World* p. 18.

　　　　　财政大臣有个大肚子，屁股也很肥硕。

　　　　　当他出现时，在车厢后跳出来的却是她的男随从。①　　　　102

在《对一位画家的最后指导》中，马维尔就是用这些方法颠覆了他在《第一周年》（*First Anniversary*）中对克伦威尔的胜利及其舰队的赞扬之情。②

　　正是在查塔姆事件之后的一片哀嚎声中，另一处"漂浮之岛"出现在人们眼前。理查德·海德（Richard Head）的《漂浮之岛：或者一处新发现》（*The Floating Island；Or，A New Discovery*，London，1673 年）是一部充满了更为直白的讽刺语气的旅行文学。该作品中地理信息丰富，最终汇聚成一幅泰晤士河南北岸的穿越之旅（从朗伯斯区到维拉弗兰卡［又名拉马利亚］）。海德至少明确阐释了他出版该作品的目的。文中描述了一次"在船长罗伯特·欧马奇（Robert Owe-much）指挥下"的逃避债务的旅行。

　　最终，这场并不光彩的伦敦之旅主要游览了拉姆巷（Ram Alley）和律师公会所在的地区。那些地方有着成片的小旅馆，而这却成了债务人逃避现实的绝佳去处。在第一艘船横渡水面时，船员们看起来就"开始晕船了……有时候他们看起来好像……要从甲板上翻出去了"。在"佛得角，或者绿色码头那里……青年人……毫无拘束，特别是那些具有良好声望或者打算成为生命中的强者之人能够自由生活，虽然他们智识很一般"。在"这个叫作夏日之岛（Summer Island）的漂浮岛上……居民们是一群懒惰

---

① Marvell，*Poems and Letters* p. 142.

② Ibid. pp. 111 - 112.

之人，不事耕耘；但是有时候又用别人家的**耕牛犁地**"。①

　　国王自己怎么看待查塔姆事件不仅由接下来的三年以及之后的政策转向所决定。在为 1670 年《多佛尔密约》所作的一系列秘密谈判中，英国的档案里开始出现"最重要的是，大不列颠的国王相信天主教的真理，并决定改信天主教，同罗马教廷和解"这类字句。②这次谈判成为斯图亚特王朝在宗教、政治和外交关系上发生急剧变化的转折点。斯图亚特的国王打算与法国建立一种"和平的、统一的、亲密无间的"以及"永久联盟式"的关系。他们希望这一关系能够消灭尼德兰并确保斯图亚特王权和王国未来的安全。③

103

　　17 世纪英国政治的主旋律不仅包括对罗马天主教的恐惧，对王权安全性的担忧也是其中的一个要素。④对于这位曾经被追捕的亡命之徒，曾经身无分文的流亡者，以及正统治着公开杀死自己父亲的公众的国王来说，在他的心中有着怎样的想法还需多言吗？"我们有责任尊崇我们的王公……而我们又做了什么呢？*杀死其父！ 驱逐其子！* "⑤在查塔姆事件之后，佩皮斯再次指出"人们对于在街上谈论悖逆之言毫不在意"⑥。

　　十八年之后，就在国王去世前不久，亨利·舍勒斯记录了查理二世"独自在查塔姆的一个小房间内"给他一份备忘录的事情，

---

① [Richard Head]，*The Floating Island：Or，A New Discovery Relating the Strange Adventure on a late voyage，From Lambethana to Villa Franca* (London，1673) pp. 11,13,15.

② Ministère des Affaires Etrangères，Paris，Archives Diplomatique，Correspondence Politique Angleterre vol. VC，pp. 235 - 236；also 241,247 - 248,258 - 259.

③ Ibid. p. 229. 关于盎格鲁-法兰西之间共有的针对英国共和派威胁的观念参见 Colbert to 'Sire' [the King] 19 August 1669 pp. 57 - 58. Scott，'England's Houdini：Charles II's Escape from Worcester as a Metaphor for his Reign (1660 - 1685)'，in Morrow and Scott (eds.)，*Liberty，Authority，Formality*。

④ Scott，*England's Troubles* pp. 62 - 65.

⑤ Francis Gregory，*David's Returne From His Banishment* (Oxford，1660) pp. 11,14.

⑥ Pepys，*Diary* vol. VIII；1667 pp. 268 - 269.

虽然充满着不幸的气息,但这份令人称奇的文本中却记录着敌人活动的动机,……并且还记录了我方的所作所为,还有我方有哪些失败的应对之策和判断,甚至细微但重要的特别之处也写得一清二楚……一位新人要是看到这个故事,他会觉得这是刚刚发生的事情,因为它写得如此生动,给陛下心中留下了难以磨灭的致命的印记……正如……陛下……对我所说,就在……那个事件发生时,人们大为惊恐以至于差点揭竿而起,而那一事件的结果甚至威胁到了国家的稳定。①

梅德韦灾难发生后有人预言另一场内战将会到来。威廉·考文垂爵士对佩皮斯说,要是发生一件这样的事情（“这不为上帝所应允”）的话,

虽然这件事情可能在特别之处起到拯救王权的作用,但是保证伦敦的安全本身也能起到同样的作用。国王要成为那座城市及其河流的主人……尤其要成为舰队的控制者……那些不掌控伦敦的国内势力也不能合理地掌控舰队,因为伦敦不仅是物资供应的来源地,它也是海员和他们的亲属们的家园。为了证明这点,他很清楚地指出,对于已故先王来说,失去伦敦的危害不比失去他的舰队更小。②

在查塔姆事件发生时,舍勒斯正在西班牙,但是在他回来

---

① Sir Henry Sheres，'Sir H Shere's ［sic］ proposal to King James for preserving the Naval Royal in Port from any Insult'，4 May 1688，NMM REC/6 Item 24 pp. 343 - 344,353.
② Pepys，*Samuel Pepys and the Second Dutch War* pp. 225 - 226.

后，他对"这一危害严重之事件……的原因进行了一次穷根问底
式的探查……这是一件给[荷兰人]带来无上光荣的事件，（无需
赘言）也给英国民族带来了耻辱"①。在1669—1681年间的大部分
时间里，舍勒斯都在丹吉尔（Tangiers）搞建设并保卫着防波堤
（他在1676年成为测绘总长，这部分源自佩皮斯的支持）。②同
时，如果说查理二世的《多佛尔密约》关注点在宗教问题上的
话——他计划拥有自己的罗马天主教——路易十四的视野则主要
聚焦到反对联省共和国的战争上了。③1672年，"宽容宣言"和
"战争宣言"接连发布。

对于查理二世而言，在法国支持下发动战争是为查塔姆之辱
报仇的好机会。在关于肢解联省共和国的提议中，英格兰的重心
不仅在于如何防范未来再次发生类似查塔姆的事件并保证安全，
而且还包括（在出售敦刻尔克几年之后）再次获得海峡对岸的英
国领土。1673年，沙夫茨伯里伯爵（Anthony Ashley-Cooper,
1st Earl of Shaftesbury）借用约翰·弥尔顿1660年提出的英格兰
是"西方的新罗马"这一意象，并且将加图（Cato）对毁灭迦太
基的诅咒应用到荷兰身上。与弥尔顿不同的是，沙夫茨伯里对英
格兰所处政治—地理形势的分析（这里是说英格兰，而不是不列
颠）秉持着岛国性和海洋性的传统。

> 当你想到我们是一个海岛时，财富与伟大不是我们的本
> 意渴求，成功才是我们的心结；我们的生存才是问题之所在；

① Sheres, 'Shere's proposal'p. 343.
② J. D. Davies, 'Sheres, Sir Henry 1641 – 1710, Military Engineer and Author', in *Oxford Dictionary of National Biography* vol. L pp. 289 – 290; Letter fro Pepys to Sheres, 11 December 1677, BL Add MS 19872 ff. 31 – 36.
③ Scott, 'England's Houdini' p. 73.

在这场战争中,我们要用战斗说话。要是其他岛国或我们的邻居在海上压倒我们,我们就不能再享有自由:作为一个英格兰人,单单这个词就能让世界上任何一位想制霸海洋的王公或国家产生难以抑制又合情合理的嫉妒之情。①

这是对英吉利共和国海洋政策的深情回望,也是在用地理视角对18 世纪作一次预言(在这种情况下,保皇主义者所宣称的荷兰"政府必须被打垮"的说法并不包含在内)。②尽管荷兰政府并没有被打垮,而英国也不过是险胜,但依靠的还是法国在南部和东部陆地攻防战中占据的压倒性优势才做到的。在那一年晚些时候,新教徒和议会的愤怒终于让英国退出了战争,"宽容宣言"也为《安立甘宗测试法案》(*Anglican Test Act*) 所替代。

联省共和国的近乎崩溃让威廉·坦普尔爵士的分析声名远播。坦普尔将荷兰的财富和权势的兴衰描绘成大海的潮汐一般。他批评德·维特过分关注海洋和外贸管理事宜,而忽视了对陆地防御的关注。但是他也注意到,荷兰政府的基本假设是,每一个国家都遵循其自己的利益而行事,这让荷兰无法预计到英格兰会抛弃三国同盟 (Triple Alliance,1668 年)③而去签订《多佛尔密约》,因为荷兰人无法理解英国宪政制度让王权只关注对战争和和平问题的控制权,而不去关心国家的利益。④与此同时,英国当时军事活动的重心跟过去一样转向了西部地中海。海军在的黎

105

---

① Quoted in Hont,*Jealousy of Trade* p. 1 (apparently incorrectly dated 1663). 沙夫茨伯里在 1673 年 2 月 5 日发表了一次"迦太基必须毁灭"式的演讲。在其中,他提到了 17 世纪 60 年代时议会秉持的观点。K. H. D. Haley,*The First Earl of Shaftesbury* (Oxford,1968) pp. 316‑317;Spurr,*England in the 1670s* p. 36.

② Hont,*Jealousy* p. 316.

③ 这是 1688 年英格兰、瑞典和联省共和国成立的支持西班牙反对法国的联盟。——译者注。

④ Temple,*Observations Upon the United Provinces* chs. 7‑8.

波里（1674—1676 年）、阿尔及尔（1677—1683 年）和萨利（Sally）的行动即为明证。[①]1680 年，亨利·舍勒斯匿名发表了《论丹吉尔》（*A Discourse Touching Tanger*）一文。他在文中极力宣扬丹吉尔城的重要价值，而且他认为在当时的背景下，以及欧洲海洋对立的大局势下，该城的价值更不可忽视。

早在 1674 年，在约翰·伊夫林献给国王的《航海、商业的起源及其发展》（*Navigation and Commerce，Their Original and Progress*）一书中，地中海的重要性就已经凸显出来了。伊夫林借用坦普尔的潮汐理论对古代世界（"这一波动起伏是不可避免的"）进行分析，并强调"丹吉斯城（Tingis）这一名称源自古老的商业（Commerce）一词。该城在迦太基崛起为城市之前的三百年里是富甲一方的商业中心，之后沦落为衰败的丹吉尔；如今却在我们伟大的国王的影响下，它那衰老的头颅中再次注入了新鲜血液"[②]。伊夫林还对整个地中海进行了评价：

> 要是人们邀请荷兰人（他们都擅长修建运河和水渠，并擅长引导水流）来参加讨论如何让支离破碎的大地变得易于通行，如何让商业交流容易起来，荷兰人恐怕不会太感兴趣。他们不懂得如何让海洋入口处为己所用，而这一本领却是上帝和大自然赐予我们英国人的；正是凭借着对这片海洋的了解，我们至少能够与三处有人居住的世界建立联系。[③]

伊夫林的作品还有一个目的，那就是对不列颠岛周围海域自中世

---

① Sari Hornstein，*The Restoration Navy and English Foreign Trade 1674 - 1688；a Study in the Peacetime Use of Sea Power*（Aldershot, 1991）pp. 9 - 23.

② Evelyn，*Navigation and Commerce* p. 45.

③ Ibid. p. 3.

纪以来的皇家"统治权"（'DOMINION'）予以确认。除了漫长的历史，这部作品还对荷兰的渔业在英国水域雇用"超过4000名渔夫和1.6万名海员"进行捕鱼活动的不良行径表示不满。①伊夫林估计，荷兰凭借渔业收入而欠英国国王100万英镑的"租金"和关税。跟在他之前的蒙森一样，他哀叹道：

> 说起来真惭愧，我们购买他们提供给我们的鱼时居然好不羞愧，我们居然跑去购买外人的鱼，而这些鱼是上帝和大自然赐予我们的，结果却让别人赚了钱，这让我们受损。这是一种懒惰之恶。不过，让我们备感欣慰的是，我们有木材、粮食、港口、人力以及各种产品。这让我们的人民有机会到遥远的海外去冒险，可以不计成本去实现它。②

　　伊夫林的作品还有一个更宏伟的目的。正如这些话所透露的那样，他希望展示英格兰被赋予的航海和商业优势是上天恩赐的，而英格兰用它来实现对世界的统治。正如之后的内容所显示的那样，这需要通过古代和现代航海史进行回顾。在这种情况下就是要突出航行的发明史过程，即对威尼斯人的丝绸之路进行不吝笔墨的描述，以及对阿勒颇（叙利亚）信鸽进行阐释。最有趣的是，伊夫林在古代史部分中掺入了两粒保皇主义者的"沙子"。第一个就是在对腓尼基人和希腊人的海洋成就表达适度的敬意时宣称：

> 然而无疑是所罗门打开了通往南方[也就是超越地中海

---

① Ibid. p. 107.
② Ibid. p. 109.

抵达红海和印度洋]的道路。在他的指引下，人们抛弃了原来的竹筏，改用船只以及更坚固的战舰载运他们的冒险者。如此，他们才能漂洋过海来到极为遥远的印度；也正因如此，他们才能访问尚未为人所知的南半球。①

在文中另一处他采用了波利比乌斯关于罗马和迦太基的那场史诗级的斗争。之后，伊夫林又转而摘录了苏维托尼乌斯（Suetonius）关于奥古斯都的海洋黄金时代的记述。罗马从布匿战争中学到了"只有当他们征服了海洋时，只有当他们让各个水域臣服于己时，他们才能说自己是世界征服者"。正是在奥古斯都统治时期，"海洋世界……才第一次臣服于孤一人式的大帝国。这位雄才伟略的君主的成就超越了他的先辈。他的统治远达寒冷的北方，他的兵锋直抵爱尔兰那令人恐惧的海岸边，他的威势在气候温和的不列颠也为人所知，而在那些日子中，这些地区被人看作另一个世界，其边界不为人知，如同我们的弗吉尼亚那样"（后半部分再次取材自维吉尔的诗句）。②奥古斯都拥有一艘舰队：

> 这支舰队位于拉韦纳。它是亚得里亚海永恒的守护神；另一支舰队则位于米塞努姆（Misenum），它在第勒尼安海处巡航……米塞努姆舰队管辖法兰西、西班牙、摩洛哥、非洲、埃及、撒丁岛和西西里；拉韦纳舰队则管辖伊庇鲁斯、马其顿、亚该亚、普罗彭提斯（Propontis）和本都（Pontus）；黎凡特舰队则管辖克里特岛、罗得岛和塞浦路斯等地。所以，凭借着他们舰

107

---

① Ibid, p. 26.
② Ibid. pp. 33,35.

队数量之多和武器装备之完整，他们构建起了通往各省的桥梁，并且得以统治着到目前为止最大的领地。①

因此，该统治者具有海洋、地中海和帝国三重属性。不仅如此，"他们还具有了一系列的海洋法和海关"，并且外国的船只被要求"在帝国港口收起风帆……对旗帜和海军荣誉礼仪的相关要求也很早就提出来了"。②

两年之后，毕业于"剑桥基督学院"和"内殿律师学院"的艾利特·萨麦斯（Aylett Sammes）笔下的古代史和不列颠史却又显示出一种截然不同的景象。萨麦斯也是保皇党人，还是发展对外贸易和航海业的积极倡导者，而他为不列颠帝国开出了一剂自己的药方。正如其在古代史中推崇的不再是罗马而是腓尼基，他现在焦虑的对象也不再是联省共和国而是法兰西（尽管他对腓尼基的描写在很大程度上是以法国为样本的）。③

萨麦斯的《来自腓尼基人的……古代不列颠人记》（1676年）一书献给了赫内基·芬奇勋爵（Heneage Finch，1st earl of Nottingham），而且由罗杰·兰斯特兰奇（Roger L'Estrange）批准出版。通过对卡姆登的《不列颠尼亚》批判性地借鉴以及使用相似的词源学证据，萨麦斯在两个方面挑战了他的这位前辈的发现。首先，他试图颠覆——正如我们在前文中所见的——人们普遍持有的观念以及事实，即不列颠曾经"通过一道狭窄的地峡与对面的大陆相连接"。"对面的"和"不列颠"（而不是英格兰）这

---

① Ibid. p. 34.
② Ibid. p. 36.
③ Parry, *The Trophies of Time* ch. 11. 萨麦斯承认他的法国部分来源于博恰图斯（Bochartus）；Aylett Sammes, *Britannia Antiqua Illustrata*：*Or*, *The Antiquities of Ancient Britain*, *Derived from the Phoenicians* (London, 1676), 'The Preface to the Reader' p. 3。

样的词语让人感觉萨麦斯与斯皮德在政治上有共同之处，不过萨麦斯的作品中充满了对斯皮德的批评之语。更重要的是，卡姆登宣称古代不列颠人是从高卢移居而来，而萨麦斯的作品主要是为了证明他们实际上是腓尼基人。这两个方面互有关联，因为在"不列颠是否曾经是这块大陆的组成部分？"这个问题的下面隐藏着另外一个问题："这个岛上的第一个殖民者来自海洋还是陆地？"①

　　萨麦斯列举了那些不能证明地峡说的证据（建设一个不必要的地峡），其中就包括几个卡姆登的材料。②他承认，根据权威人士（普林尼、卢坎、维吉尔）的说法，"世界上的大部分岛屿"（塞浦路斯、优卑亚和西西里）曾经都是这样与大陆相连。但是，就西西里和怀特岛来说，却有语言学上的证据显示不相连的状态（怀特"在不列颠人语言中"意为"分离"），这与卡姆登所认为的海峡之间什么也没有的观点完全不同。实际上，"多佛尔（Dover）这个词……根据兰巴德先生（Mr Lambard）的说法很有可能起源自 DURYRRHA 这个词。它在不列颠语言中意思是'一处峭壁和悬崖'，这表明那些海边绝壁的古老性"③。他也对维斯特根（Verstegan）的观察进行了批驳。维斯特根认为"英格兰和法国之间"最近处"不超过 24 英里"，它们在地质学和地形学上具有重要的相似性。尽管这些相似性在水面之下以及海岸两侧都可以观察到，但是萨麦斯却认为它们并不具有历史意义。

　　萨麦斯的海峡理论受到"笛卡尔的地球形成假说"的支

---

① Sammes，*Britannia* p. 25.
② Ibid. pp. 25,36.
③ Ibid. p. 26.

持。①他认为海洋正在消退而不是在上涨（因此尼德兰的陆地开
垦工作取得了进展），所以"在腓尼基的世界中有更多的例子显
示一种生气勃勃的创造力而非毁灭力在其中"。在作者看来，这
种观点所影响到的人们的行为结果最明显的表现在查理二世同意
帮助法兰西吞并尼德兰大部分地区这一例子中。关于狼和狐狸在
没有陆地桥的帮助下如何抵达英格兰这个问题，明显的答案是它
们由人类作为猎物运输而来。简单来讲，

> 曾经，大不列颠的荣耀和安全由海洋环绕得以确保下来，同时
> 大不列颠的荣耀和安全也将其周围的海域纳入其统治之下。
> 其他的民族却每日都受到入侵之威胁，因为它们只是由河流、
> 山地或峡谷以及想象的边界与别处隔离。就在王国之间互相
> 推挤碰撞之时，大自然却赐予不列颠以独特的边界，让它的帝
> 国保持完整；由于它物资丰盈……不需要其他地区来维持自
> 身运作，所以它赢得了声誉，并被称作新世界（*Novus Orbis*）和
> 不列颠尼库斯之地（*Orbis* BRITANNICUS），凭借的正是它的
> 伟大，特别是它与欧洲大陆的分离性……一直以来人们认为
> 它向东与法兰西的大陆相连，由于并无此传统，这种说法也就
> 不可信，所以我就按照实际发现的那样说，不列颠是由海洋环
> 抱着的。②

正如前文所说欧洲大陆属于"对立面"，现在对立面则是"法兰
西"。因为"如果地峡说被认可，那就毫无疑问了，高卢人在此定

---

① Ibid. pp. 27 - 30.
② Ibid. pp. 36 - 37.

居繁衍成这个民族，出于之前所提到的理由，这是不堪设想的。看起来让地球上的这片土地始终保持一种独特的民族特性更具荣耀意义，因为与之相比，把不列颠变成一片领地上的附属成员，而且这片领地还曾经给予过它法律的话，那就不如选择前者了"①。其实，自从 1670 年，不列颠就已经处在法国的笼罩之下，成为那个大欧洲的一个"依附性成员"了。如果把萨麦斯这部受到高级别恩主资助的作品放到丹比伯爵托马斯·奥斯本（Thomas Osborne, Earl of Danby，骑士兼安立甘宗信徒）的行动中来看，我们就会发现他们的目的就是要让人们不再关注这一事实。这并不是说，丹比（或萨麦斯）同意国王的亲法政策。丹比实际上的做法是给它们临时加盖上了一层遮羞布，而不是让它们变得更好或与它们对立起来。

根据萨麦斯的观点，高卢语和不列颠语之间的相似性主要源自腓尼基人与他们之间的贸易关系。②伊夫林就曾指出，"古代高卢人与迦太基人之间有着大量的贸易往来（正如波利比乌斯和李维所写的那样）"，但是伊夫林并未提及不列颠在这一联系中的地位。③古代不列颠的第一位居民可能是来自德意志的辛布里人（Cimbri），或者是来自推罗和西顿（Sidon）的腓尼基人。萨麦斯尤其反对卡姆登那"充满谬误的"的假设。他坚持认为最古老的语言当属腓尼基语；腓尼基人先于希腊人；所有的希腊语中的描述性词语和地名都是来自腓尼基语。卡姆登所犯错误为后来包括伊夫林在内的大部分作家所继承。他们认为这片岛屿在希腊人之前不为世人所知。这种观点来自于波利比乌斯的误读，也来自

① Ibid. p. 16.
② Ibid. pp. 61-70.
③ Evelyn, *Navigation and Commerce* p. 46.

于人们对斯特拉波（Strabo）引用的波利比乌斯遗失文本的忽视。①

所以，Bretanica 或 Bretania 源自腓尼基语的 Bretanac，意为"一处国度，或一片锡土地"。勤劳的商人们在西西里岛、康沃尔和德文郡开采这个锡矿，"以至于希腊人从那里只获得了这种东西"。②阿尔比恩（Albion）这个词则源自腓尼基语的阿尔班（Alban，"白色"）或阿尔滨（Alpin，"多山的"）。③腓尼基人还发现了爱尔兰，并在那里定居。他们在那里驻扎了"60 艘战舰……以及 3 万人"④。腓尼基词语"科恩"（Kern）意为"海角"。所以，他们把科西嘉岛叫作卡纳森（Carnatha），而把康沃尔（Cornwall）叫作科恩瑙（Kernaw）。⑤不但"不列颠这个名词本身，而且该地大部分的地名……都是源自腓尼基语，并且古代不列颠的语言的大部分内容，以及习俗、宗教、偶像、官职和荣誉都明显源自腓尼基人"⑥。在世界上只有两个地方在古代历史的记载中使用大麦作为饮品的原料（我们叫作"麦芽酒"）。这并非偶然。

> 不知为何，如今的人们却不把大麦种植看作腓尼基人传播来的。其实，恰是腓尼基人发现不列颠盛产这类谷物，而且其产物一点都不比埃及本土的差；正如埃及被赞为生产粮食的谷仓，不列颠也有此美誉；正如俄耳浦斯所说，埃及人发现

110

---

① Sammes，*Britannia* pp. 53,70.
② Ibid. pp. 41 – 43,51,53.
③ Ibid. pp. 48 – 49.
④ Ibid. p. 50.
⑤ Ibid. p. 59.
⑥ Ibid.，'The Preface to the Reader' p. 4.

的这一谷物所带来的成就让其成为谷物女神的宝座所在
地……同样的说法也可以用来指向不列颠。①

　　萨麦斯因此发展出了一种不列颠历史神话，这一神话活跃在
18 世纪及之后的历史舞台上。②但是，萨麦斯跟其他人不太一
样，他在此处的目的并不是要求一种特定的商业和制造业的民族
谱系。尽管他将不列颠与古代"掌握航海技艺，以及其他各类技
艺和知识的能工巧匠们"联系在一起，但是他没有给整个岛屿注
入航海文化。在不列颠内有腓尼基人矿采之痕迹，他们从中开展
贸易交流。其他的居民则从事农业耕种，家畜畜养，猎物追捕，
向德鲁伊特祭司询难决疑，还会聚众畅饮麦芽酒。
　　除了巩固他的民族岛国地理学，萨麦斯的目标看起来还包括
增厚母国历史的深度以及声望。也就是说，他要对卡姆登的成就
进行大刀阔斧的改造。卡姆登当年把不列颠放置到古代历史中，
而萨麦斯则要把古老性重置于不列颠之中。这一激情追求既有帝
国意蕴又有民族背景。在对最近的当代史进行颇有趣味的"改
造"时，萨麦斯认为腓尼基人引入伊比利亚人从事矿业开采。更
重要的是，"将腓尼基人塑造成早期航海家的原因不仅仅源自他们
的帝国追求，也不仅仅源自他们对航海和商业所具有的天赋，而
且还源于他们逃脱约书亚（Joshua）之手时对发明最便捷和最安
全逃离方式的需求，因为当时约书亚正率领着一支以色列人的军
队对他们大肆迫害"③。
　　在当时的欧洲帝国诞生前是罗马帝国；罗马之前是希腊人的

①　Ibid. pp. 108 - 109.
②　Parry，*Trophies of Time* p. 330，note 29.
③　Sammes，*Britannia* p. 73.

帝国；希腊人之前是腓尼基人的帝国（根据萨麦斯的说法，腓尼基人就是叙利亚人）；腓尼基人之前是埃及人和苏美尔人的帝国。由于没有这种帝国意识，卡姆登的作品完全忽视了不列颠古老历史的第一阶段。不仅腓尼基人定居的历史消失在卡姆登的作品中，甚至希腊人当年"到达的时间要比卡姆登先生承认的时间早得多"①。萨麦斯还认为，

> 叙利亚人就是腓尼基人。他们派生出了如此多的殖民地，并且他们的大部分语言也在世界多数地区可以找到痕迹；要是他现在进行细致的思考，并且没有因为误读波利比乌斯而害了自己的话——他认为不列颠是近来才发现的——那他就会给这片声名显赫的岛屿更准确的记录，也就不会在该岛被叫作 Bretanica 几百年后居然认为该岛的名字源自 Bryth，即［身体］彩绘这样一个很少见的习俗了。②

古代不列颠可不是那个位于欧洲西部边陲，等待着被发现的，并且居住着身体涂有彩绘之人的原始的新世界美洲。相反，它是叙利亚/腓尼基帝国的一部分，并且引进西班牙人来挖矿。这种对历史的理解是为了说明"一个民族自从它新生时就很伟大，就如赫拉克勒斯……甚至在它处于襁褓之中时就值得大书特书了"③。

到 1678 年末，国王与法国的秘密关系曝光了。这造成了一次重大危机。在这一背景下，正是由于下议院拒绝向丹吉尔的驻军提供资金支持而引出了亨利·舍勒斯的那部高屋建瓴的著作。这

------

① Ibid. p. 74.
② Ibid. p. 70.
③ Ibid. , 'The Preface to the Reader' p. 2.

部著作提到"我们刚刚收到的丹吉尔被出卖给法国的新闻是一次警告"。这跟早先敦刻尔克的情况一样。然而，舍勒斯认为，尽管保卫敦刻尔克的成本难以维持，但是现在"我们却有一位明智的君主。他在维护航海和商业利益的优势方面的见识超越了先君……国王陛下断不会……对丹吉尔那个地方的价值认识有偏颇，以至于会作出那种不明智的决定"①。不过，由于受危机影响，英国的资源无力支持舍勒斯的观点，连他本人也按照命令去摧毁了该地的堡垒。②他不仅被要求亲自前往监督捣毁行动，而且他还要去编写一份报告以回答"那些对堡垒的反对要求……尽管他私下里告诉我 [佩皮斯] 他对这些问题都有答案，但他能做的只是尽力证明国王对丹吉尔堡垒的摧毁是正确的"③。1679年4月，一位舍勒斯的通信者（帕尔默·费尔伯恩爵士 [Sir Palmer Fairborne] ）写道："尽管我们为了国王和王国的改革和安全而摧毁一处又一处地方，但是大部分不居庙堂的冷眼旁观者却对我们不去拯救我国于法国威胁的懒惰状态表示震惊，因为法国人已经在敦刻尔克那里集合了一支舰队。"④

1700年，舍勒斯在他的著作后面附录了一篇《海港论；主要论……多佛尔港》（*A Discourse of Seaports ; Principally the ⋯ Port of Dover*）。这篇文章被认为是沃尔特·雷利爵士的作品，其中包含有他生前关于这一主题的一些"肺腑之言"，而且属于

---

① [Sir Henry Sheres] ，*A Discourse Touching Tanger* (London，1680) p. 33. 威廉·特兰伯尔爵士 (Sir William Trumbull) 确证了该文为舍勒斯所作。特兰伯尔在1683年陪同舍勒斯和佩皮斯将该处堡垒夷为平地。"H. 舍勒斯爵士书写了一部赞誉丹吉尔的书，并且送给我们去驳斥他所极力赞誉的每一条内容。"Pepys，*Naval Minutes* p. 269.

② BL Add MS 19872 f. 63，letter 14 February 1681 关于舍勒斯无力解决议会阻止资助丹吉尔的行动（1680年6月8日，佩皮斯也被派往该处）。

③ Samuel Pepys，*The Tangier Papers of Samuel Pepys*，(ed.) Edwin Chapell (London，1935)，pp. 36 - 37.

④ BL Add MS 19872 f. 46.

首次公开面世。舍勒斯是在用

> 几篇文章力图唤醒在我看来处于昏昏欲睡状态的已故国王查
> 理，因为法国国王已经投入巨资去加强它的海岸了，去建造人
> 工港，并且在建造完整港口和为船运业提供保护方面可谓不
> 遗余力，这真如警世之钟声……但我却越来越感觉到，我的努
> 力是白费了，可谓朽木不可雕也。①

舍勒斯叙述了 1682 年其与国王查理二世的一次对话。

> 我经常提醒他，法国国王在海岸事务上行动迅速，并且这
> 位国王在改善他的海军实力上用心良苦……这从他加强敦刻
> 尔克中就很明显了……他还修建海港，修建水渠和河流，提高
> 物资供应能力，精明地使用开支……在自然条件有利的地方
> 进行海洋工程建设……正如我跟陛下所说的那样，在我看来，
> 这些行为对欧洲海洋国家是不利的，对国王陛下尤其如
> 此……[法国的]海岸建设不会给我们边境的港口带来什么好
> 处，因为他[路易十四]在此方面极为深谋远虑，把一个缺乏优
> 良港口条件、环境不佳的海岸通过精湛的技艺、勤奋的劳作和
> 不计成本的投入……给修建得焕然一新……能够做到不受自
> 然条件之制约。②

这段话也回应了雷利一个世纪之前对荷兰的看法。现在再一次，

---

① Raleigh, *A Discourse of Seaports* p. 9.
② Ibid. pp. 9 - 10.

尽管上天对我们的海岸的恩赐如此丰厚，我们却在海岸处布防很少。要知道，航海业是国王的掌上明珠，是我们富裕与安全的来源和基石；没有它，我们就会成为一个悲惨的民族，不仅会让我们没有资金改善和发展我们的海军实力，而且最后会让我们看到我们的许多重要的港口进入衰败、毁灭乃至消失的境地……这是毫无远见的行为，而且没有做出负责任的改正措施……举例来说，桑德维奇、多佛尔、雷伊、温彻尔西等港口皆如此。

根据舍勒斯的说法，国王听后感到了震惊，并且明白了没有什么能够比尝试"复建多佛尔港"更有效地缓和人民对法国的"嫉妒"。①国王立刻派遣这位欣喜不已的对话者去对港口进行调查，并且要他制定"一份关于当下港口的状况及发展规划……以及如何用最小的成本再次重建并再次使用这些港口的方法"。舍勒斯表现出色，很快就完成了任务，他的"论据充分，让国王陛下立刻表示他很满意，并且认为这个工作一刻也不能再耽误了"。②

舍勒斯的计划需要资金支持（通过恢复的关税进行），并且他还鼓吹这是一个"全新的且优点明显的发明"，它能给"各水域带来永久的"安全。③多佛尔港口比"其他港口要更加靠近一个伟大、危险又有野心的邻居……无论何时这位邻居国王要跟我们交战，就会发现无论是进攻还是防守都会面临巨大的挑战"。

---

① Ibid. pp. 10-11.
② Ibid. pp. 12-13.
③ 作为航海工程师的舍勒斯的计划参见 *Sir Henry Sheere's Discourse of the Mediterranian Sea, And The Streights of Gibraltar*, in *Miscellanies Historical and Philological: Being a Curious Collection of Private Papers* (London, 1703)。

不过令人琢磨不透的是，尽管舍勒斯几次作出提醒，一切并无进展，最后国王发话告诉他："这是一个好主意，但是目前来说，它对资金的需求量太大，我们只能暂缓一下了。"①

舍勒斯对成本问题也有所涉及，所以对这番解释也没有太当真。更确切地说，他记得当初他在陈述计划时，正好有一批听众

> 在白厅一位伟大的女士（朴茨茅斯女公爵路易丝·德·柯露依[Louise de Keroualle]）的会客室中。我就在那里刚要开始我的陈述时……法国大使巴雷热侯爵（Mons. Barillon）进来了。我注意到他在聚精会神地倾听……非常真诚地询问上面说的那位女士一些问题……我看到该女士当场向他解释得很透彻明白，而且在我讲话之后，国王也与之攀谈……并作出了反应……我不再对我的计划没有实行而耿耿于怀了；不过，我们的工作不能去维护法国国王的利益，也不能看他的脸色行事。②

无论是 1662 年查理二世告诉路易十四敦刻尔克设防情况的传闻，还是法国当时反对复建多佛尔港的故事，这些历史细节在 1700 年能够轻松自由地到处传播。这些情节非常符合查理二世那广为人知的行为习惯，也符合 1682 年英格兰的政治态势，所以它们很有可能是真实的。③

理查德·吉布森后来说："自从 1600 年后……我们的贵族派船长们就敢毫不避讳地把饮酒作乐、游戏逗乐、狎妓作乐、发誓

---

① Raleigh, *A Discourse of Seaports* pp. 14 - 15.
② Ibid. p. 15.
③ Scott, 'England's Houdini' p. 84.

114　诅咒等一切不虔诚的行为引入海军了；把一切秩序和节制都丢出船外了。"①"自从复辟以来，教宗派就密谋提高关税并损害我们的对外贸易。""从复辟时代到今天，已经有两拨人想侵占王国的渔业；他们都失败了，这是因为私人利益作祟时遇到了强大的公共利益的狙击。"②

　　　整个来看，在贵族派船长驻扎港口时，他们带来太多的随从，这些人行为不当，携枪骚扰四处，并且造成了海军航海能力的下降；他们对海员们漠不关心，且不给他们提升待遇，即使有人落水也不施救，甚至看到船只搁浅也无动于衷。在巡航护卫时，还时不时惹恼敌国。对于海军官员们的巨大浪费和腐败行为也睁一只眼闭一只眼，最后轻松放过这些人。国王要想保卫对外贸易并阻止……敌人变得更加强大，他本来只需要在一位熟悉海事的海军大臣和一众海员出身的船长（见识过荷兰的水平）的帮助下，花费10万镑就可以做到，但他偏偏要重用陆军出身的海军大臣和贵族派的船长，这些人都没经历过真正的海上生涯，而且还要花费三倍的资金。③

　　1684年12月31日，海军大臣的新任秘书佩皮斯对国王报告"英格兰皇家海军现状"。通过对管理体制的审查，佩皮斯对查理说，海军船坞和水上的船只都面临着管理疏忽、贪污腐败、工资拖欠三年和海员家庭处于饥饿状态等问题。

---

① Gibson, 'Discourse on our Naval Conduct' f. 261.

② Gibson, 'A Reformation' f. 66.

③ Gibson, 'Discourse on our Naval Conduct' f. 41.

　　通过看一下您的无论是在海上的还是在港口的整个海军的情况，我发现海军管理规则的每一条都被打破了……甚至那些良好的政府所最为依靠的人也是如此；在海上，指挥官们互有矛盾；下级军官则面临艰难处境……新人虽能力不足，但却能（未经考察）拔擢为军官，而那些服役时间很长又非常有能力担任相关职务的人选却被撂在一旁……到处能看到酗酒和浪费奢靡行为……纵情酒色、违规违纪到处蔓延，同时，穷困潦倒也是屡见不鲜……以至于不管是最有才干的还是最普通的海上人员，在他们退役时……很少带有荣耀感，而且也很难（带着节制和勤俭的心态）转而从事海上商业活动。①

　　再一次，海上纪律被抛却了。这位国王关注海洋，但（部分原因也正在于他是一位国王）却没能关注纪律问题。佩皮斯恳求查理考虑一下王位空置期那一代杰出的海员正在老去的现状："您的老一代指挥官正因死亡的追赶而逐渐消亡。用不了多久，为您的海军服役的人员就转入新一代之手了；在他们身上，只有在听从您的指挥的状态下，才能保证更好地灌输道德和良好纪律的观念。"

　　在更早的时候，当航行去丹吉尔时，佩皮斯和舍勒斯就谈起过海军纪律和海军官员腐败的问题。②面对舍勒斯，佩皮斯在谈论这个问题的根源时更加直截了当。"指挥官和下级军官因为跟国王熟识而傲慢无礼。他们借着接近国王而狐假虎威。他们利用这种与国王接近而形成的威势和优势去欺负可怜的指挥官或其他人

① Samuel Pepys，'The State of the Royall Navy of England at the Dissolution of the late Commission of the Admiralty' 31 December 1684 NMM REC/6 Item 14 ff. 232‑233.
② Pepys，*Tangier Papers* pp. 95‑96，100，112‑113，144‑146，149‑150.

（特别是可怜的油布指挥官）。"①麦考莱对于佩皮斯报告中所揭露的"腐化堕落行为"感到震惊。他表示"这样的报告要不是有独立的、其他的证据做支撑，简直让人难以置信"。几个月后，法国国王派遣他自己的特使邦雷波（Bonrepaux）来告知英国海军的现状。这份独立制作的报告"产生了同样的效果"，让麦考莱更加震惊不已。②

　　这一章的内容涉及通过公开或私下手段发表意见的知识分子（伊夫林是皇家学会的著名成员，萨麦斯则是持不同政见者）的作品，还引用了讽刺文作家、政府政策批评者、高级和普通公职人员的作品。他们的关注点多有相似之处，他们深受共和国时期经历的影响，并且关注着因斯图亚特王权复辟本身所重新涌现的问题。油布指挥官在这一时期的意见主要通过佩皮斯及其同僚的档案文献表达出来。J. D. 戴维斯（J. D. Davies）对他们意见的公正性表示质疑是有道理的。他问道，如果当时的海军一团糟，那"皇家海军是如何做到与当时公认的管理水平最高的海军力量——荷兰军舰——作战而自身未受重创呢？"③并且，当1667年海军驻地燃起熊熊大火时，它不是也坚持住了吗？ 不过，戴维斯自己也认为，英国人在1665年的表现很糟，而到1666年则表现得更糟了。下坡之路在此之后不断加速，并且愈发糟糕——糟糕得多——的事情即将到来。

---

① Pepys quoted in Ollard, *Pepys* p. 27
② NMM REC 28/1, History of the Navy, quoting Macaulay p. 5.
③ Davies, *Gentlemen and Tarpaulins* pp. 34 - 35,138,144.

第六章

不列颠帝国在欧洲

116

　　……事情正在起变化。在大不列颠帝国中事物的状态
出现这般新的面貌，甚至连大自然也是如此，这让旅行者们
每天都能有新观察。

　　　　　　　　——丹尼尔·笛福：《穿越大不列颠岛的旅行》①

　　威廉·坦普尔爵士一边抱怨着"民众的纷乱吵嚷""带来的破
坏并给这片世上最伟大的岛带来了耻辱"，一边说：

　　诗人和演说家们如此经常地将国家与船只做类比，以至
于如今很难从中找出差别来；然而看起来还有一种情况：在风
暴肆虐的海上，如果所有的男女都躲到船只的一侧，那船只就
可能因为他们的重量不均衡而有发生侧翻的危险；但相反的
是，当国家面临着风暴的威胁时，如果众人把自身以及全部家
当聚拢到一侧，那国家就会安全。其他情况下也是如此。②

跟卡姆登一样，坦普尔也认为英格兰内部的不稳定会造成"某个
新的革命的发生，并且一旦有外国势力对英国国内的纷争横加干
涉的话，就有可能给政府带来致命的危险。不过，这种民众之间
的纷乱吵嚷局面不管是在过去，还是在未来，它对于这座漂浮之

---

① Defoe, *A Tour* vol. I, The Author's Preface p. 2.
② William Temple, *Of Popular Discontents*, in *Miscellanea. The Third Part* (London, 1701) pp. 44,90 - 91.

岛来说，都是值得大书特书的历史主题，只不过在英格兰的历史中还没有被认真书写过"①。

　　舍勒斯对查理二世时期查塔姆洗劫事件的记录收录进了他在1688 年中期给詹姆士二世的一封紧急信中。这两个人跟当时整个国家一样，都在注视着一支庞大的荷兰舰队聚集的情况。"如果我们看看希腊、罗马和迦太基的历史……我们就能了解这些伟大的民族所达到的惊人的成就……他们对海军力量是多么的重视，以及是如何小心翼翼地去维护的。"②现在，面对着这样一个"具有

117 高超能力、宏达野心又强有力的敌人，而且这个敌人还是海上霸主"，舍勒斯认为，要不惜一切代价在地面安装好大炮和炮兵。港口的防御工事比船只具有的火力要小，机动性也小。通常情况下，这没有问题，"而在当下这种紧急情况中要做的是把军事计划贯彻下去"，比如，在港湾口处沉下铁链、炸药和船只，此外火船和警戒船也要布置到位。没有人能"阻止一个可怕的敌人为追求荣光而采取的行动，比如攻击陛下的港口，以及燃烧并摧毁英格兰的皇家海军（这个灾难不是我在对陛下您危言耸听）"。③舍勒斯认为即使荷兰人的目标是想再次摧毁英国的舰队，那他也有独到的破解方案。④这个方案就是把舰队分布到几个港口完成防御任务，即把港口防御工作交给舰船，而不是把海军舰队派到大海上去。舍勒斯心中始终记得查塔姆事件，他还没有搞清楚这次荷兰人真正的计划究竟有多么"宏伟"。对于共和派人士来说，他们记住的不是 1667 年，而是 1672 年。按照坦普尔对那场灾难的分析，当时联省共和国几乎要被消灭了。

① Ibid. pp. 50-51.
② Sheres, 'Shere's Proposal' f. 345.
③ Ibid. ff. 347,350,352.
④ Ibid. ff. 352-353.

现在，荷兰人的计划是带领大军登陆英格兰并且迫使人们召集"自由的"议会。从 1673 年出现了反法情绪，然后荷兰人又进一步刺激了这一情绪的高涨。从中可以看到，这不仅是对可能出现的又一次英法联盟的抢先反制，而且这也是把英格兰拉进欧洲反法战争的一种手段。①到 1689 年 2 月时，一位新的盎格鲁-荷兰君主已经坐在了王位之上了。这位新君在反对法国的军事斗争中投入很大的精力。他追求的是新教和欧洲的自由，而这又给荷兰和英国带来了最大的麻烦。在这一背景下，盎格鲁-荷兰的军事-财政国家建设却完成了，这一进程历时超过半个世纪。

这一结果不仅带来了盎格鲁-荷兰王朝，而且还有盎格鲁-苏格兰王朝，以及最终的不列颠-汉诺威王朝。同时一个帝国也随之诞生，而且这个帝国在欧洲内外延伸。在之后的一个世纪里，不列颠在欧洲和新世界的军事存在紧密关联。②1665 年，阿尔杰农·西德尼在尼德兰写下："如果那些［联合］省在如此困境下依然能够应付西班牙强大的权势……还能在如此少的外部援助的情况下达到如此繁荣的局面，那英格兰也如此统治的话，就能够达到难以匹敌的成就，解决所有的不足之处，而且从他们当下所痛苦或恐惧的所有不如意中解放出来。除了斯图亚特家族，再无什么值得担忧的东西了。"③1689 年之后，英格兰在财政上（通过金融革命）、军事上（通过荷兰领导的军事重建）、宗教上（通过新教的良心自由政策）以及政治上（除了联省共和国，不列颠成为由等级议会统治的唯一的大国）都"运行良好"。④

118

---

① K. D. H. Haley, *William of Orange and the English Opposition 1672 - 1674* (London, 1953); Israel, 'Dutch Role'; Scott, *England's Troubles* chs. 20 - 21.

② Simms, *Three Victories*.

③ Sidney, *Court Maxims* p. 162.

④ Scott, *England's Troubles*; Scott, 'What the Dutch Taught Us' pp. 4 - 6.

关键之处在于，1688—1689 年的情况跟 1648—1649 年时一样，伦敦都处于军事管制期。管制是必要的，因为它确保了政治权力的过渡，从而能够聚集大规模资源以发动应对外国敌人的战争。伦敦也具有重要地位，这不仅因为它是这些资源的关键枢纽所在，而且也是由于全国乃至整个帝国的财富都可以在这里找到。正是由于伦敦以及该城的辉格党当局的配合才让奥伦治的威廉（William of Orange）得以组建政府，也给了他最终加冕称王的机会。作为一个城市共和国的总督，威廉对于伦敦城的自我感觉良好的意识足够敏感，而且他还展示了一种能够控制住他的军队的关键性实力。[①]权力掌握在手，威廉使伦敦获得了成长，而土地贵族也愿意与其合作。正如考文垂对佩皮斯所说，同样重要的还有首都与周围水域的关系问题。

在 17 世纪后期欧洲的西北部，发展的动力不在于民族—国家，而在于城市。乔纳森·伊斯雷尔曾经提及激进的启蒙运动"不是由单个国家推动的，无论是法国、英国还是荷兰都没这本事，而是在以西北欧为重心的一个中心区域内生发的，特别是在阿姆斯特丹——另一个荷兰城市，以及巴黎、伦敦、汉堡和柏林之间形成的一个相互联系的圆圈内勃发而出的"[②]。不论像农业、金融或商业革命所带来的经济发展，或者像荷兰革命以及光荣革命这样的军事进步，还是像北方人文主义、新教改革和启蒙运动这样的文化现象，它们都可以被理解为是在这个地区内出现的事物。用大卫·休谟的话说：

---

① Robert Beddard, 'The Unexpected Whig Revolution of 1688', in Robert Beddard (ed.), *The Revolutions of 1688* (Oxford, 1991); Israel, 'Dutch Role'; Charles-Edouard Levillain, 'London Besieged? The City's Vulnerability during the Glorious Revolution', in McElligott (ed.), *Fear, Exclusion and Revolution*.

② Jonathan Israel, *Radical Enlightenment: Philosophy and the Making of Modernity 1650 - 1750* (Oxford, 2001) p. 141.

　　如果通过推罗（TYRE）、锡拉库萨（SYRACUSE）、迦太基、威尼斯、佛罗伦萨、热那亚、安特卫普、荷兰、英格兰等地追溯商业的历程，我们就会发现，它们的根基是自由政府。当今世界最伟大的贸易城市是伦敦、阿姆斯特丹和汉堡；它们都是自由城市，也是新教城市；也就是说，它们享受双重自由。①

119

在与国家的关系上，伦敦作为首都的角色达到了史无前例的地位。费尔南·布罗代尔曾经问道：

　　人们对伦敦在不列颠变成伟大国家中所起到的作用进行了怎样的描述呢？首都从头至尾都在创造并引导着英格兰的发展。伦敦的超大规模发展意味着其他城市很难作为地区首府获得立足之地……正如阿诺德·汤因比所说，在西方国家，还没有一个城市像伦敦一样将其他城市隐没在自己的阴影之下。②

　　荷兰的入侵以及随之而来的合纵连横并没有帮助英格兰解决其内部制度问题。这个国家在18世纪早期究竟是一个议会王权制国家还是一个王权共和国（crowned republic）？看看该国之宪政，究竟是谁赢得了英国内战？从某种程度上讲，如果说这个问题的争论是无休止的，那就对了。把这个国家看作混合宪政国家是有道理的。另一方面，如果说这个国家是一个王权制或共和制

① David Hume，'Of Civil Liberty'，in Hume, *Political Essays* p. 54.
② Braudel, *Civilisation and Capitalism* volume III p. 365.

国家的话，那它跟其 17 世纪的前辈相比，变化是相当大的。严格来说，尽管联合省是一个共和国，但英格兰仍是一个王权国家。然而，这个王权已不再是个人统治下的政府，而是由法律治理的。制度结构管控着经济、国家及二者的关系。英格兰成为当时欧洲唯一具有良好管理水平的国家银行的王权国家。在 1689 年和 1701 年，王朝的持续性问题服从于宗教派系和军事的安全性问题。

　　革命所带来的还有让英格兰成为一个新教的、以伦敦为中心的和帝国式的国家。这个定义的每一点都可以在 1649 年时预见到，而同时出现的还有合理的税收模式和引导这些资源投入到有效率的军事权力中的机制。正是在 17 世纪 90 年代吉布森曾对海军所提建议，现在由一位国务大臣首次直接提出。他在"1693 年 7 月 23 日大堡垒附近的科尔彻斯特街"对约翰·特伦查德的"缺陷与补救措施"（'Defects and Remedies'）一文进行首次阐述。"如果这里所写的内容在任何方面回答了陛下您的期待的话，这篇文章将补救我在写作时所犯下的过错。"①"与法国作战的责任非但没有减轻反而在增加，"吉布森解释说，"没有什么让我们觉得有比坚守我们的木质城墙（正如古老的雅典人那样）更重要的事情了。"国防工作的重点必须是

> 更换海军大臣和海军委员会的大部分成员；将前者的职位交到高等级并且与政府亲近的商人之手……后者的职位交由那些有能力且热心政府事业的人士来承担要更好些；（通过其他理由来推荐人选时需要指出他们在那个职位上服务陛下所具

---

① BL Add MS 11684 ff. 37-42.

备的能力是什么。）①

120

亨利·舍勒斯用一种机敏又决断的语气说：

> 正如通过一次令人惊奇的国家革命，我们将向一位首领
> 和统治者表示服从，这就是现在的陛下威廉国王……他管理
> 着……我们日常的事务，而这并不寻常……我们应该知道，通
> 过一系列准则，我们是属于一个集体组成的机体的……现在
> 留给我们的唯一的补救措施就是抵挡住这一波对我们各处海
> 岸的侵犯。②

这是盎格鲁-荷兰政治亲密性中的第三个超级时刻。再一次出
现了跟 16 世纪 80 年代和 17 世纪 50 年代类似的情况，

> 英格兰成为欧洲的……大本营。在那里，她那自由之匙得以保
> 管，也得以保卫……在这一［方面］……荷兰已经与我们连为
> 一体，也成为这个伟大的堡垒中必要的、不可或缺的一处外部
> 支撑力量；自然之手打造了她，而无数的人力和物力又改善了
> 她，陆地与海洋互为应援力量又捍卫了她。③

---

① 'Defects and Remedies in the present management of the royal navy', BL Add MS 11602 ff. 57
- 61（quotes here from f. 57）获得标题为 'Memorials for the King About the Fleet, Flagg-
Officers, Admiralty, Navy-Bord, Victualling, and Sick and Wounded Comissioners, Wrot at the
Command of Sr John Trenchard the Secretary of State; by Richard Gibson', London 5 October
1693 BL Add MS 11684 ff. 51 - 57。 后来该文又成为乔治时代的 'A Reformation' 一文的基础
内容。
② Sir Henry Sheres, 'Of Navall Warr', in Bodleian Library Rawlinson MS D 147, 'Navall Essays
written by Sr Hen; Shere Knt Whilst a Prisonr in ye Gate-House Anno 1691'.
③ Ibid.; see Scott, *England's Troubles* pp. 476 - 479.

盎格鲁-荷兰的第一个亲密时刻（1584—1585 年）源自荷兰的极度需求。第二个亲密时刻（1649—1654 年）则证明了，在伦敦商人的掌控下，英国政府与荷兰的合作是自愿而非被迫的行为。现在，在受到荷兰影响采取国家信用（public credit）机制而放弃了强迫征用传统后，英格兰必要的物质资源和军事资源有了保障。这样的结果同样具有革命意义。

正如在 1649—1654 年那样，革命的确立必须从陆地和海洋两方面进行保卫。这意味着爱尔兰、英格兰、苏格兰乃至更远的地方都需要得到关注。在这一时期的 1707 年，苏格兰通过和平的方式被拉进政治统合的渠道中。与英格兰的共和国相比，政权的合法性不仅得到了制度的持续性支持，而且一些革新措施也塑造了政权的积极形象，比如，有限的宗教宽容，每年度召开的议会，以及（从 1694 年开始）立法管理的议会选举。然而，正如在 17世纪 50 年代那样，盎格鲁-苏格兰的合并是英格兰国家安全需求的副产品。半个世纪之后，威廉·皮特（William Pitt）说："保持欧洲和平符合我们的利益。由于我们无法独自完成这一任务，我们必须与……荷兰和德意志帝国二者统一起来。"[1]他没有提到苏格兰，而在六年前的 1745 年，英格兰正面临着来自苏格兰的入侵。当时英格兰只有 1.6 万人的军队对苏格兰的进攻进行防守，相比在佛兰德斯驻扎于前线以防御法国的军队人数则有 2.8万名。[2]

从西班牙王位继承战争开始，大不列颠联合王国崛起了。也是在接连的军事斗争中——主要是反对法国的战争中，这个岛国

---

[1] Quoted in Simms，*ThreeVictories* p. 355(1751).

[2] Ibid，p. 340.

的居民开始把自己看作不列颠人。①这不仅是国家形成的产物，也是帝国形成的结果。②由于帝国形成过程中有着诱人的文化和经济利益，威尔士和苏格兰也成为这一进程的核心参与者。"我在这里扩大"，丹尼尔·笛福写道：

> 荣誉的范围。这是给苏格兰的荣誉，因为它成为了不列颠帝国的一部分，并且让如此有力量的一个民族纳入到如此伟大的君主国的范围中；它们形成了一个统一的名称：不列颠，并且他们享有一个最重要的特权以及在世界上自由权利最高的民族的所有权利，而且是平等享有。但是我被告知，而且可能是非常公正地被告知，这样说话就像一个英国人。③

对于统一，苏格兰在其中还加入了自己的欧洲认同感及其与欧洲的关系。除了与"法国和加尔文主义者的'老同盟'关系（'Auld Alliance'）……以及与德意志的大学和尼德兰的联系外"，从苏格兰的西南部是能够远望到爱尔兰的，而从英格兰的任何地方都看不到。④英格兰也是经过反复劝说才得到这场婚姻的。当初正是由于没有打动他的英格兰听众才让詹姆士六世兼一世早期的尝试遭受挫折。让英格兰人的心向统一聚拢的最重要的一个因素是汉诺威王朝继承权的安全性得到加强。由于对1650—1652年的盎格鲁-荷兰统一谈判记忆犹新，在1706年，英格兰的使臣直截了当地拒绝了苏格兰的联邦式统一的提议。最后达成的

① Colley, *Britons*.
② Bayly, *Imperial Meridian* pp. 77–99.
③ Defoe, *A Tour* vol. II p. 541.
④ Fania Oz-Salzberger, 'Introduction', in Adam Ferguson, *An Essay on the History of Civil Society*, (ed.) Fania Oz-Salzberger (Cambridge, 1995) p. xii.

是一种"融合性统一"（'incorporating union'）。这种统一方式
创造了一个大不列颠议会，并且两国经济也连为一体，但是苏格
兰和英格兰各自的法律和教会制度仍然保持独立。①

1706 年，在向英格兰读者发表讲话时，笛福对统一的利弊进
行了分析。一方面，因为英格兰人和苏格兰人

> 生活在一个岛上，没有因为危险的大海或不可翻越的高山而
> 被阻隔，也不存在巨大的沙漠或宽阔的大河的阻碍，所以它们
> 也没有给和平和贸易交流或者是发动战争带来困难。世界在
> 一旁观看。他们感到惊奇而非喜悦的是，直到今天，这两地居
> 然还没有合并成一体。②

这个是非常有可能的，因为两国"都是新教国家，信仰纯正，并
且都反对教宗制度"③。对于那些认为英格兰已经强大到不需要
苏格兰帮助的人，笛福回应说，当英格兰的权力"因为苏格兰的
加入而变得如此强大时……要是她不能在……欧洲取得与众不同
的成就，不能超越她曾经达到的成就的话，那就是她自己的过错
了"④。对于那些认为统一将造成两国宗教或政治现状的紊乱的
观点，他回答说："统一带来的不是改变，而是让两国当下的现状
稳固下来，变得更加牢不可破。"⑤就像光荣革命那样，两国统一
是秩序重建的方式。⑥对于那些认为统一将让苏格兰人更富裕的

---

① Levack，*Formation of the British State* pp. 48－51,67.
② ［Daniel Defoe］，*An Essay at Removing National Prejudices Against a Union with Scotland*
  （London，1706）p. 3.
③ Ibid. p. 17.
④ Ibid. p. 27.
⑤ Ibid. p. 24.
⑥ Scott，*England's Troubles* ch. 20.

说法，笛福回应道，统一能让不列颠人更富裕。

就在同时，特别是在战时，还有一条消极的路径在证实这样的观点。用一部更早些时候的作品的话来说，由于 1638 年和 1641 年的叛乱仍记在心上，"苏格兰和爱尔兰是两扇门，要么好事情迎门而进，要么是伤害扑面而来"①。笛福还说：

> 我曾经听说，我们的弗朗西斯·德雷克爵士和他的奇迹般的故事发生之后，1588 年西班牙无敌舰队到来了。上帝的天意之手、风暴和暴雨不仅让我们的敌人四散逃离，而且由于一系列的灾祸而让阴谋诡计无计可施……女王伊丽莎白经常说，要是他们进入泰晤士河口，那佛兰德斯的帕尔马公爵（Alexander Farnese，Ducke of Parma）必定欢呼雀跃——他可是带着世界上最精锐的 3.2 万人的军队气势汹汹而来——那英格兰注定要投降，而她自己也会受到伤害。

在法国人成功入侵事件发生之后，那些仍旧反对统一的人"用一种不同的眼光看待这些事情。他们能放长眼光，看到悬崖和峭壁，不过也是由于他们的无知和偏见，正把自己的民族推向这一危境"②。在舍勒斯的分析中，

123

> 这样的一场灾难面向我们，也面向我们正与之斗争的敌人。它将带来一段战争时期，也同时带来自由的终结：正如岛民们在羊河（Aegospotami）通过焚烧、摧毁雅典舰船而终结伯罗奔尼

① *An Account of Divers remarkeable proceedings* (1679) quoted in *Scott*, *England's Troubles* p. 165.
② [Defoe]，*An Essay at Removing National Prejudices* p. 26.

撒战争那样，那是他们（雅典人）海上统治权的丧失，并且他们
的陆上帝国也落入到了一个粗鄙的敌人之手，而后者心中所
想的不比奴役和灭国更好。[1]

在 17 世纪 90 年代，英国人对入侵危机的恐惧达到了顶峰，并延
续到了 18 世纪，特别是在法国大革命和美洲十三个殖民地丢失之
后更是如此。这最终帮助了统一之路拓宽为大不列颠和爱尔兰的
统一。[2]

因被怀疑为詹姆士二世党人而关押在一处警卫室的舍勒斯在
1691 年创造了一种文体："海事论述……关于其重要性——因为
我是个英国人，也关于其新奇性——因为它从未公开出版以应对
任何相关问题。"[3] 舍勒斯因此文声誉渐起。

在当时的欧洲和全球背景下，探究英格兰海洋事业上的潜力
就是在强调盎格鲁-荷兰，而不是盎格鲁-法兰西或盎格鲁-西班牙
的未来。不列颠帝国在欧洲具有"新教的、商业的、海洋的和自
由的"特征。[4] 如果说，到 1730 年时荷兰的海洋和商业霸权已经
被大不列颠的霸权所遮蔽，其中的部分原因正是移居到东南英格
兰的荷兰人和胡格诺移民金融投资的结果。[5] 正如盎格鲁-苏格兰
的统一那样，这一情况的出现也给新教和商业帝国的建立带来了
有利和不利并存的影响。

这后一种情况中的一个著名例子来自一位叫作安德鲁·弗莱

---

① Sheres，'Navall Essays'，Bodleian Library Rawl MS D 147 p. 64.

② Hilton，*A Mad，Bad and Dangerous People?* pp. 82 - 106.

③ Sheres，'Navall Essays' p. 3.

④ Armitage，*Ideological Origins* p. 173；see Reeve，'Britain or Europe?' p. 301.

⑤ Peter Spufford，'Access to Credit and Capital in the Commercial Centres of Europe'，in Karel Davids and Jan Lucassen（eds.），*A Miracle Mirrored: the Dutch Republic in European Perspective*（Cambridge，1995）p. 328；Charles Wilson，*Anglo-Dutch Commerce and Finance in the Eighteenth Century*（Cambridge，1966）；Murray，'Cultural Impact'.

彻尔（Andrew Fletcher）的苏格兰人。根据弗莱彻尔的观点，在西班牙王位继承危机发生前夕，西班牙帝国的未来就已经成为了人类所面临的最紧迫的政治问题了。[①]在腓力二世时期，在坚持要将西班牙属尼德兰保留下来的同时，伊比利亚和美洲的殖民地正面临着人口流失和发展动力不足的局面。腓力并没有

> 在西班牙人民中引入……任何的新行业，无论是农业、制造业、商业还是航海业都是如此……相反的是，英国人的小船却毫不费力地穿越它的海洋；[并且]袭击它的大帆船，而它的臣民却不知道如何驾驭它……西班牙国王和西班牙人完全依赖印第安的矿产而活；金子和银子从他们的手中流走，却只富裕了他们的敌人：英国人、法国人和荷兰人。这些人又向西班牙人输送他们的制造品以及其他生活必需品。[②]

通过两个方面可以解决当下西班牙帝国所面临的问题。首先，要求领土合理化。关键之处即放弃仍在西班牙手中的尼德兰地区，转而加强从地中海海峡到美洲之间的战略走廊的控制权。把佛兰德斯让给英格兰以交换牙买加是个好方法，这对西班牙有意义，而对英格兰来说也是个好主意。低地国家可以继续保持自身作为英格兰宗教和自由利益前沿阵地的地位。地理上的亲近性、经济和军事上的联系，以及在海峡两岸占据一处支点，要比加勒比海的糖重要得多。

　　另外一个帮助西班牙重振雄风的策略则是政府政策的改变。

---

① Andrew Fletcher, *A Discourse concerning the Affairs of Spain*: *written in the month of July*, *1698*, in Political Works, (ed.) J. Robertson (Cambridge, 1997).
② Ibid. p. 90.

"增加人口可以提高农业、技艺、商业和航海业的水平"，这是必须要做的事情。"商业和航海业水平的提高［又］能增加海员的数量"。按照弗莱彻尔的说法，这后一种策略是对"英国、荷兰以及［最近的］法国经验的模仿"①。17 世纪 70 年代，威廉·潘恩曾经抱怨说"我们海外的岛屿每年从我们这里抢走了许多重要的成员"，而潘恩也跟弗莱彻尔一样提出过一个荷兰式的解决方案：

> 所以英格兰政府要用心招徕外国人，从而可以把她自己打造成欧洲的技艺与制造业女神：没有什么事情曾让荷兰人屈服于西班牙王权，而且六十年前荷兰人也不曾被摧毁，反而茁壮成长并获得了财富与荣耀。②

潘恩心目中的外国人是指那些不从属于英格兰国教会的新教徒。在他看来，这些人主导着这个民族的"技艺和制造业"，但也是移民到美洲的主要力量。因此，对于潘恩来说，与很早以前荷兰先例所证明的一样，农业发达之后的关键之举是实现良心的自由。对于弗莱彻尔来说，这一自由也应当成为一个更具广泛性的政治和经济政策的主要构成部分。在 1683 年，威廉·坦普尔也曾宣称，荷兰繁荣的关键是政府政策支持下的人口集约化。在接下来的十年时间里，有可能正是在鹿特丹流亡期间，约翰·洛克 (John Locke) 思考后提出"在历史早期，全世界都是美洲"，然而由于"劳作……给一切带来了价值上的不同……土地要是完全撂荒，不经放牧、耕作或种植，那就会被叫作……废弃之地……

---

① Ibid, p. 115.

② [William Penn]，*England's Present Interest Discover'd With Honour to the Prince and Safety to the People*（London，1675）pp. 12 - 13.

这就表明人口众多比领土广阔要好"。①到1681年时，潘恩已经放弃了在英格兰等待良心的自由，而为自己搞到了一份殖民地特许状。

因此对弗莱彻尔而言，在光荣革命之后，英国人走上正确的（荷兰）道路算是姗姗来迟的结果，而法国人却追随西班牙而去，该"政府犯了这样一个致命的错误，因为他人的宗教信仰就去折磨人、迫害人，而且还不希望臣民在最高级别、最难的神秘事物上有自己的看法"②。用他的同组长威廉·罗伯特森（William Robertson）后来的话说：

> 到17世纪末期,在当时的情形下,宽容首先在联省共和国共和国中出现,然后又从那里传播到英格兰。长期的互相迫害所造成的灾难、自由政府的影响、科学进步驱散蒙昧而带来的人性,以及世俗长官们的审慎和权威,所有这些都是建立……[这种]制度的不可或缺的条件。③

不过，如果说这种自由具有重要意义的话，在英格兰建立一个荷兰式的社会和经济体系还有很长的路要走。首先，这需要对1660年以来的灾难性政策和腐败现状给予关注。其中的一个标志就是英国船只水平的下降，原来旧式的、"灵巧的战舰"被"体积庞大的双层甲板船只"所取代，而后者在海上行动迟缓。另外一个标

① John Locke, *Locke's Two Treatises of Government*, (ed.) Peter Laslett (2nd edn, Cambridge, 1967) pp. 314-315,319.
② Fletcher, *A Discourse* p. 114.
③ William Robertson, *History of the Reign of the Emperor Charles V* quoted in J. G. A. Pocock, *Barbarism and Religion*, *volume II*: *Narratives of Civil Government* (Cambridge, 1999) p. 296.

志则是对"航海科学"的长期忽视：

> 连锡拉库萨的小暴君都认为值得去……雇用当时或之前
> 时代的最博学、最有能力之人（即阿基米德）……从事海洋建
> 设的研究和实践工作……而我们英格兰民族由于自身的优
> 势，连海洋都尽可能满足我们的需求……但我们却没什么主
> 意将这些优势利用起来……如果我们没能完全利用自然，也
> 没有改善自己的手段——自然又对我们的安全具有根本性的
> 意义——这只能说明我们多么的无知！[1]

佩皮斯也承认"我们对海洋事务一无所知；从我们从未做过任何
关于航海的讲座就可以看出来"，而哈库利特早在 1582 年起就提
议开设航海讲座的。他记录了法国人和荷兰人对英国海岸以及英
国人情况的熟悉程度，并且认为"我们［仍旧］需要……西班牙
人和葡萄牙人为我们提供地图"。[2]

舍勒斯和吉布森的观点一样。他们都认为，到目前为止，佩
皮斯所强调的海军军纪的崩溃是全国上下一片焦虑感中最严重的
一部分。在九年战争期间，吉布森又一次运用了他对查塔姆事件
相似的说法，那就是这一问题的最终结果无异于叛国行为。"现在
的规矩是，那些常年生活在海洋上的船长……却无法参与到为国
王的服务中来，而那些陆军官员则能占据其职位。"为什么会出
现这种现象呢？ 崭新的舰只上一再出现以怯懦著称的船长（"他
们自身的怯懦同样也传递给了别人。"），然后整个夏季只敢停泊
在港口中（"这要么是由于无知，要么是由于阴谋，反正从未有

---

① Sheres，'Navall Essays' pp. 15 - 16,35,38.
② Pepys，*Samuel Pepys' Naval Minutes* pp. 229 - 230,342 - 345.

过这种状况。"）。这该怎么解释呢？ 在一支舰队的点名册中包含着"不满分子"，懦夫以及"最具影响力的詹姆士二世党徒"。舰船在委托制造的过程中充满了腐败，并且质量低劣，所以这些船只"在建造过程中问题重重，并且航行迟缓"也就不足为奇了。这样的不良现象不仅在船坞、舰队中出现，甚至海军部本身也是如此。"法国海盗……"在我们的船长接到发给其舰只的命令之前"就提前得知消息"了，这该如何解释呢？ 至于那些船长，"如果他们对礁石和浅滩的了解程度跟他们打扮自己的程度一样，并且能够鞭策他的手下的话"，那战争现在就已经结束了。①

舍勒斯也认为，问题在于"原有的依靠旧秩序和完整的纪律得以维系的职业生涯现在已经分崩离析了"，取代"我们真正有才干的海员"的是一批不合格的贵族。②在他写作的十篇狱中札记中，只有"论海军军纪"（'Of Navall Discipline'）在之后的三年里成为一篇广为传颂的手稿小册子。

> 我们的海军是我国政府之核心。没有了它们，我们就会沦落到旧日不列颠人那般悲惨的境地，也会沦落为法国人捕食的猎物，就跟当年罗马人对待我们的那样……在狼烟四起的时代，我们的民族行走在一条怎样细微的绳索上呢？……英格兰的命运存于英格兰的海军之中……我们是一个勇猛的民族，但也是世上最无所顾忌的一群人。让我们再多牵挂一点东

---

① NMM CAD/D/20，'October 1693. Reasons to prove There hath been，Negligence，Ignorance，or Treachery in ye Lds of Admiralty and Commissioners of the Navy'Items 1 - 50.
② 我这里与伯纳德·卡普的 *Cromwell's Navy* p. 393 的观点不同。卡普认为"到 1688 年时……[油布指挥官与贵族指挥官]之争中的早期的政治弦外之音已经消失"。哈利法克斯（George Savile，1st marquess of Halifax）在 17 世纪 90 年代所作的分析中将这种弦外之音作为其起点。关于这个问题双方之间在世纪之交的多次争论过程参见 British Library Harleian MS 6287 Naval Tracts。

127 西，我们可能会做得更好。①

　　没有人在生命中曾付出如此多的辛劳，没有人的头脑能比一位海员更能保持亢奋的精神状态。海洋、陆地、风向、岩石、沙滩、风暴、火灾、水域、好天气和坏天气、晴朗天气、水流和潮汐，既是朋友也会是敌人，因为它们产生的结果和变化有赖于海军军官指挥的好坏。②

品行是"良好军纪的基础"。

　　也无怪乎这么多年轻的贵族在海上无所成就……这些人被派往海上的时间太晚，而且这些离开了城市的浪荡子只懂得下流行为和纵情声色。他们不懂得学习知识……反而跑去教别人他们在酒馆、饭店和妓院中学来的东西。③

这可以让一艘舰船变成"一处充满了傲慢、懒惰、自私和愚蠢情绪的地方，也可能成为一个懦弱者的聚集地——这［是］不可宽恕的"，因为"整个民族的命运"都可能受到"一位恶劣的指挥官的草包式行为"的影响。④一位船长

　　就是一座运载着500或1000人的移动城堡的指挥官。在他的指挥下，人们的行动，无论是前进、战斗还是逃跑，无论表现的

---

① Sheres, 'A Discourse touching ye decay' pp. 1 - 2, 9 - 10. There is another copy in BL Egerton MS 3383 ff. 116 - 137.
② Sheres, 'A Discourse touching ye decay' p. 25.
③ Ibid. p. 7.
④ 这句话并非一种抽象的观点。在他们访问丹吉尔时，舍勒斯和佩皮斯对科克船长"惊人的……专横邪恶的行为"感到震惊。Pepys, *Tangier Papers* pp. 95 - 97, 100 - 101, 138 - 140.

是怯懦还是勇敢，都是拜他所赐……正如每一位海上指挥官
那样……作为小小共同体的首领，他应该是最遵守军纪的典
范之人。所以，每一条船都是一处教人道德、给人指引的……
神学院……在这里，他们柔软的身躯和灵魂应当经常接受道
德和艰苦生活的锤炼……这样他们才能成为一位强有力的海
军军官。①

　　这可不是……[当年罗马人]所争论的到底是贵族还是平
民才能行的荣耀之事。道德是为自己而做的。②

这样的德性在英格兰已经消失了，这是"一位贵族王子、一个懒
惰的宫廷，以及一个处处充满了恶意管理的政府"所造成的。它
表现出的是懒得去装作对海洋有统治权，但其实它连最基本的竞
争力都没有。

　　我们这个民族拥有海洋自然所赐予的所有优势……也从
未放弃对这些外在资源的利用。傲慢懒惰的情绪（对于一个情
感奔放又人数众多的民族来说这是偶然现象）……造成了自
甘堕落。对于我们的对手，我们也换了一种思路和行动来对待
他们。这在我们身上表现得愈加明显。这种情形威胁到了我们的
根基，因为我们假装自己签署了一份长期的海洋统治权契约。③

因此，尽管英国人为在陆地上（在爱尔兰和欧洲大陆）的军事活
动付出了巨大的努力，但是 1689—1697 年间反对法国的战争面临

128

---

① Sheres，'A Discourse touching ye decay' pp. 15,22 - 23,24.
② Ibid. pp. 12 - 13.
③ Sheres，'Of Navall Discipline' p. 5.

的却是 1625—1629 年间的那种海洋政治争论。想想近来荷兰人那
势如破竹般的入侵，以及随后其海军势力大增，这没有什么可惊
讶的。战争也带来了关于陆地和海洋战事孰优孰劣的一次带有比
较意味的争论。

> 陆军很适合用来征服，也适合用来抵御入侵者，还可以给
> 一个骄傲感膨胀的邻居以痛击；但是，征服却不是英格兰民族
> 幸福的源泉。领土和统治区域的扩大会让我们变得跟西班牙
> 一样。小的才是美的。①

这是托利党蓝海政策早期萌发时的观念，而我们所见的更多
的是像舍勒斯谈及英格兰直接安全问题时所说的，陆地和海洋的
防卫需合作才行。在这种背景下，跟吉布森一样，舍勒斯关注的
也是英格兰在海洋发展上的特别的不足之处以及其所掌握的海洋
资源。"我们的商业养育了我们的海员，并且让他们在时机成熟时
为公众服务。"吉布森甚至提出带有共和派风格的海洋军官选举
制度："所有的那些想担任第一位次、第二位次和第三位次指挥官
的人都要接受威尼斯式的投票箱选举的考验"，而"在每一个港
口的海关处放置一个选举箱，选出的人员名单再经过国王陛下进
一步的选择，这样海军控制权就交到这批海员手中了"。②
哈利法克斯侯爵乔治·萨维尔认同舍勒斯的观点，即"海军
是……政府的生命和灵魂所在"，并且"英格兰在海中有它的根
源，而且这是一个很深的根源，因为从那里它的根支脉蔓延到了

---

① Ibid, pp. 26 - 29.
② BL Add MS 11602 [Gibson] , 'Notes for better manageing war against the French' f. 103;
Gibson, 'A Reformation' f. 166.

东西两印度地区"。①然而，哈利法克斯也像在此之前的沙夫茨伯
里一样，不太会公正地看待陆战的价值所在，反而宣称英格兰
"对海洋的忠诚源自［这样的事实］……即……只有通过海洋我
们才获得保护；但是近来，我们却让其他的手段僭越上位，这与
我们获得保护的方法背道而驰，而现在正是重建海洋应有地位的
时刻了"。哈利法克斯也认为，海军建设的"基石"是"海军军官
的选拔……这一选拔直接将我们带入了如今在贵族和油布指挥官
之间的争论中来"。②然而，与舍勒斯和吉布森不同的是，哈利法
克斯并没有关注海军的欲求。本来海军认为有什么样的海军就有
什么样的国家，而哈利法克斯却把这一公式给颠倒过来了。

　　首先，"英格兰可以是……［一个］绝对的王权国家，一个共
同联合体（Commonwealth），或者跟今日一样成为一个混合制王
权"。自由是"支撑我们的关键力量"，而绝对王权则不是。共和
国对"美德、品行、正直和宗教有要求……一个共同联合体则不
适合我们，因为我们并不适合一个共同联合体"。③它遵循的原则
是，这个民族必须保持混合制王权状态，"这样在海军中也能实现
贵族和油布指挥官的混合共存"。然而，这并不意味着海军可以
由不合格的军官指挥。"要是认为只考虑身份就能让人获得地位
和职位，那是不合理的。一艘船不能仅因为其经过雕梁画栋和涂
漆抹金就认为它能下海航行，因为它还需要积累试航和航向引导
的经验。"或者说，

129

---

① Savile, *A Rough Draught of a New Modell at Sea*, in George Savile, *The Works of George Savile Marquis of Halifax*, (ed.) Mark N. Brown (3 vols., Oxford, 1989) vol. I p. 297.
② Ibid. pp. 297 - 298.
③ Ibid. pp. 301 - 303. 哈利法克斯将此记录在一个笔记本中："桑德兰勋爵（Robert Spencer, 2nd Earl of Sunderland）曾对我说，要是国家成为一个共同联合体的话，这恐怕不是很好的事情。" BL Add MS 51511 p. 46.

贵族并不具备担任海上指挥官的能力，除非他们具备油布指挥官的经验……只有经过训练适应了长期的海上生活才有资格被接纳成为一名帆船（Wapping）世界的自由居民……实际上这儿存在着一个困境，因为贵族大多是在纪律松散的骄纵下长大成人的……他们在这样一个新模式的生活中受到的束缚会让他们难以忍受……[不过]要是一位贵族学会了如何服从，他会变得更加适合指挥海军……当通用的舰船纪律驯化了一位年轻的指挥官时……他会在合适的岗位上获得尊重……通常在英国，各个等级的有身份之人要么会让自己变得更加具有德性、更加勤奋，要么就会让自己淹没于众人而籍籍无名。①

因此，在哈利法克斯的模式中，船只的纪律远没有让英国贵族消亡，反而有助于他们地位的维持。

舍勒斯和吉布森所期望的不仅是一场政治、军事和金融革命，他们还把注意力放到了"自然的无限自由上，这一自由跟外国人无关，但却能增强我们的海军力量"②。这些自然本性包括不列颠的位置、气候、"人群的天赋"和原料供应。对于后者，舍勒斯强调了"英国橡树的优质性。它所具有的品行……比如独一无二的完美性和易生长性可谓是举世无双"③。在1600年，一份英国人关于荷兰造船业的调查报告说："他们认为，我们在英格兰使用的用于造船的林木要比我们在那儿使用的任何其他木材的品质都要好，也更易风干。"④吉布森认为，尽管到这时，"各种的

① Savile, *Rough Draught* pp. 305 - 306.
② Sheres, 'Of Navall Architecture', Bodleian Library Rawl MS D 147 p. 33.
③ Ibid. ; Sheres, 'Of Timber, Woods and Forests', in 'Navall Essays' p. 39.
④ NMM REC/3, 'Answers to the demands concerning the Navie of the United Provinces' f. 123.

木柱和木板"都是从新英格兰进口来的，但"我们的橡树和榆树是世界上最适宜造船的，因为一刀劈下去，裂缝很少"。①

1664 年，约翰·伊夫林出版的《森林志》(Sylva, or A Discourse of Forest-Trees) 一书分析了民族的木料资源，批评了内战和王政空位期时破坏森林的行为，并且强调了这类资源对民族军事安全的中心意义。他说，要是西班牙无敌舰队靠岸登陆的话，"他们的征服不会带来什么好处的"，因为他们下令"让迪恩 (Dean) 森林一棵大树也不留"。②跟笛福的《鲁滨逊漂流记》一样（见下一章内容），伊夫林的作品在法国的影响力要比在英格兰的大。③沿着这一思路，伊夫林在《航海和商业》(Navigation and Commerce) 这部历史书中不仅关注了航行问题，还研究了造船业所需的其他物质材料，结果就是"在全世界面前展示了……这一最美丽、最实用、最惊人的造物：如果风向允许，且其他条件许可……这个巨大的机器……就会准备运行起来，让所有遇到它的人以及所有看到它的冒险家都惊叹不已，并让他们对世界本身有了更深刻的理解"④。

根据吉布森的说法，这些材料包括"（只要我们的国家愿意种植大麻纤维植物）帆布和麻绳；用于制造炮弹的铅和用于制造大炮的钢铁；炮弹、螺栓、锚以及最精致的锁具；给船只带来动力的海煤；放在船舱中的大量物资"。舍勒斯曾在丹吉尔对佩皮斯谈及英国钢铁品质与欧洲其他地区钢铁的不同。⑤威廉·蒙森

① Gibson, 'Observations Upon Islands in Generall', NMM REC/6 Item 17 f. 280.
② John Evelyn, Sylva, Or A Discourse of Forest-Trees, and the Propagation of Timber (London, 1664), The Epistle Dedicatory, To The Reader and p. 108.
③ Richard Grove, Green Imperialism: Colonial Expansion, Tropical Island Edens and the Origins of Environmentalism, 1600 - 1860 (Cambridge, 1995) pp. 58,160.
④ Evelyn, Navigation and Commerce p. 4.
⑤ Pepys, Tangier Papers p. 307.

也对同样的问题进行过一番讨论：

> 我要跟你说的是，在英格兰，从未有一个领主、骑士、贵族
> 或者自耕农能够提供……木材、钢铁、麦子、皮毛、牛肉、猪肉、
> 面包、豌豆、黄油、奶酪或者羊毛家纺布料……在那些拥有或
> 租佃土地的人中，也没有人像种植其他谷物那样……去种植
> 大麻纤维植物，去制造线绳、去织网或编织纤维绳索。①

　　丹尼尔·笛福在他后来出版的《发现史》（*History of
Discoveries*，1725－1726）中，为国家的未来又开了更多的"药
方"。跟萨麦斯的方法一样，他的关注点也在古代迦太基人身
上。不过，他没有把迦太基人看作不列颠历史的基础，而是把他
们看作现代人学习的样板：商业的发明家和美洲最初的定居者。
在迦太基帝国权力处于顶峰时期，他们统治着非洲西部和北部、
西西里、撒丁、西班牙和美洲各地，而且"迦太基人和美洲人之
间在生活方式、礼仪习俗方面具有的相似性"是确定无疑的。②
"我把［汉诺］③看作迦太基人的沃尔特·雷利爵士，就如后人把
沃尔特·雷利爵士称为英格兰人的汉诺一样。"然而，在被"他
们那残忍的敌人罗马人"征服之后，"海外贸易的知识就所剩无几
了，而且在他们之中，商人也不多了"，所以整个迦太基大厦也
就土崩瓦解了。④
　　笛福在这部作品中所展现的对地理学的热情与岛屿或大陆无

---

① Monson，'Relating to ye Fishery' ff. 15－16.
② ［Defoe］，*A General History of Discoveries* pp. 102－107.
③ 航海家汉诺（Hanno）是公元前5世纪时迦太基探险家。他以率领海军在非洲西海岸进行探险
　 而知名。——译者注。
④ Ibid. pp. 105，106，107.

关（推罗和迦太基都不是岛国）。他关心的是这个维系着航海业和商业持续运行的海洋世界。在古代世界，这个世界的重心在地中海地区，而不是大西洋。重要的不是一个民族在与海洋建立关系时的地理广阔性，而在于这一关系的质量如何。在笛福对不列颠的描写中可见大量的"一个热衷海外贸易、日益进步的民族"这类字眼，这样的话是在向制造业和商业致意，这与一年之前他所出版的《大不列颠全岛环游记》（*Tour Thro'the Whole Island of Great Britain*，1724－1725）一样，其中也到处可见这类表述。①

笛福的《环游记》将地方史中地区的细节和旅行游记中编年史的结构融合起来。笛福与卡姆登（笛福经常提到他的观点）和萨麦斯不同的是，他在内容上缺乏对古典时代的兴趣。他所访问之处能让他提起兴趣的不是该地的过去，而是其未来。跟在《发现史》中一样，《环游记》中展示的这个岛屿的地理形态不具有主要意义。笛福的作品和其内容的关键之处还是不列颠社会与（包括海水和淡水在内的）水域的关系如何。这是因为水关系到不列颠的繁荣（进步）。

因此，笛福的文本以一封封书信的形式展示出来。每一封书信描述的都是一次旅行或者"环游之旅，即使不构成一个完整的圆形路线"②。这些书信主要是沿海岸路线进行。在第四封书信中，笛福解释了他的主要目的是

> 沿着整个不列颠海岸环形行进。正如罗马将军阿格里科拉（*Gnaeus Julius Agricola*）所做的那样；并且，在这次行程中，我要走遍每一处海角，抵达每一处海湾的尽头。我要给自己搞

---

① Defoe, *A Tour* p. 252; Esther Moir, *The Discovery of Britain* ch. 4.

② Defoe, *A Tour* vol. I p. 4.

132

到一艘轻舟，然后驾驶它泛波海上；但是，我也发现，如果只是出于好奇的目的而去做这件事情的话，那在我看来，这对于任何人来说都太过危险……所以，我只好放弃了。①

笛福只好"尽可能沿着陆路完成环游任务。这虽然让我免除了不少危险，但却需要更多的精力和成本支出"。在这次意义重大的陆路环游过程中，笛福对海洋的关注却也处处可见。

第一封信的主要内容是关于萨福克和诺福克的沿海城镇的情况。该地区位于伦敦和纽卡斯尔煤矿区之间。另外，波罗的海和联省共和国的外贸城镇也得到了很多的关注。他还回忆了当年的盎格鲁-荷兰战争。笛福还认为，人们过去对像贝里圣埃德蒙兹（Bury St. Edmunds）这样靠海的城镇所给予的评价太高了（"其他作家已经对这个城镇进行过浓墨重彩的描述了，并且可能对它的描写太多了。"）。②在诺福克，"诺里奇是其首要之城……是一个古老的、富裕的且人口众多的城市"，而海岸边的"雅茅斯则……更加古老……并且尽管现在面积不大，但是建筑样式更好，城市构造也更加完整……并且它因其财富、外贸和位置的优越性而享受到了无数的好处"。③

格林威治城是"大不列颠最好看的地方"。他在接下来的二十页描述了海军基地以及泰晤士河南岸的历史，并且后者是从朴茨茅斯港城的历史讲起的。④"利物浦是不列颠的一个奇迹。"⑤"纽卡斯尔是一处空间开阔、面积很大且人口难以计数的地

---

① Ibid. vol. II p. 254.
② Ibid. vol. I p. 49.
③ Ibid. pp. 63,65.
④ Ibid. pp. 94,95 - 115,136 - 139.
⑤ Ibid. vol. II p. 664.

方。"①信件三的附录中把锡利群岛描写成"一处多余之岛……有着让人不得不破口大骂的岩石",因为在这里,"多少船只先后被撞成碎片,多少勇士为此丧命。即使这些海员技能娴熟,还有灯塔和其他海上标识的指示,但也难免遭遇厄运"。②

在雅茅斯和金斯林(King's Lynn)之间,笛福"决心做我的第一次努力,(即)在此处的海岸观赏海景,而这里却是所有英格兰海员心中最危险、最致命的地方"③。接着,他从气象学、地理学和航海学的细节上解释了这一现象。他详细描述了1692年的那场灾难性的风暴(后来他还描述了1703年在唐斯的荒野大路上以及1704年在普利茅斯城所遭遇的风暴)。④笛福发现"谷仓、棚屋或者马厩几乎荡然无存;庭院外的栅栏以及花园也不见踪影了……老旧的长形木板、横梁、腰梁和各类木料做成的物品……以及船只的残骸则散落一地"⑤。难怪鲁滨逊·克鲁索⑥遭遇的第一次风暴和沉船事故就发生在雅茅斯锚地处。

笛福在书中谈到了渔业。在邓尼奇(Dunwich)附近,"他们开始谈论鲱鱼,并且……他们对鲱鱼进行加工,其加工方式跟雅茅斯的制作方法一样"。⑦雅茅斯每季能熏制4万桶的鲱鱼("此外,所有的鲱鱼都是在市镇上消耗掉的。")。除了"以鳕鱼……的名号将白鲑鱼(white fish)出售到北方海域"外,它们还将出口到意大利、西班牙和葡萄牙。苏格兰的邓巴(Dunbar)处理鲱鱼的方式一样("虹鳟鱼"),但是由于那里的鲱鱼更加肥硕,所

133

---

① Ibid. p. 659.
② Ibid. vol. I p. 244.
③ Ibid. p. 69.
④ Ibid. pp. 71 - 72,121 - 122,229 - 230.
⑤ Ibid. p. 71.
⑥ 鲁滨逊·克鲁索(Robinson Crusoe),笛福小说《鲁滨逊漂流记》中的主人公。——编者注。
⑦ Ibid. p. 55.

以不好保存。[①]在周围地区，人们将白鲑鱼加工后出口到西班牙毕尔巴鄂（*Bilboa*），而"大量的牡蛎"被打捞出来后供应给爱丁堡和纽卡斯尔。[②]在比德福德（Biddiford，位于德文郡北部），鲱鱼使用卤水（"一层一层的盐"）腌制，而不使用熏制法。然而，只有"格拉斯哥的鲱鱼被认为跟荷兰的鲱鱼品质一样好，而英格兰的鲱鱼是无法与之匹敌的"。[③]克罗默（Cromer）也只以"上乘的龙虾"而闻名于世。[④]肯特的弥尔顿和费沃沙姆（Feversham）"向伦敦鱼市……供应多种鱼类；特别是……能供应最好最大的龙虾"[⑤]。在多塞特郡的布里德波特（Bridport），"我见过的最漂亮的、最大的马鲛鱼在海边出售，100 条马鲛鱼能换 1 便士"[⑥]。在温德米尔湖（Windermere），"*红点鲑鱼*（char fish）……作为一种美味被人密封到罐子中"[⑦]。在法伊夫（Fife）地区的柯卡尔迪（Kirkaldy）城附近，当地人喜欢"射猎海豚——这些海豚数量很多，随时可见……有时候，人们还能看到逆戟鲸、长须鲸以及其他几种小鲸鱼。一旦捕捉到它们，人们就会进行一番精心加工"[⑧]。

在阿伦德尔，阿伦河（Arun）可不像卡姆登曾经说的那样极速奔流，不过该河却有着最好的鲻鱼，并且是英格兰所产的个头最大的鲻鱼。[⑨]在极端无聊的苏格兰西部港口柯库布莱特（Kirkubright），"鲑鱼浮出水面，却又倏忽隐去"，难以捕捉。[⑩]

---

① Ibid. vol. II p. 696.

② Ibid. pp. 704 - 705. 在此处以及书中其他地方保留了笛福对地名的拼写方式。

③ Ibid. p. 746.

④ Ibid. vol. I pp. 67,72,261 - 262.

⑤ Ibid. p. 113.

⑥ Ibid. p. 215.

⑦ Ibid. vol. II p. 679.

⑧ Ibid. p. 780.

⑨ Ibid. vol. I p. 132；卡姆登搞错了河流，pp. 148 - 149。

⑩ Ibid. vol. II p. 733. "这里也盛产白鲑鱼，但人们不对其进行加工；这里也有鲱鱼，但没有腌制鲱鱼的传统。"

在托特内斯（Totness）的达特河（Dart）上，小鲑鱼被训练有素的狗驱赶进渔网，而笛福则"买了6条小鲑鱼作为晚餐，这种鲑鱼……一条2便士"①。威尔士的蒂威河（*Tivy*）以盛产"不列颠内品质最好、个头最大的鲑鱼而闻名遐迩"②。就鱼产品制作来说，"用工具和桶……腌制或加工的……*纽卡斯尔鲑鱼*"来自特威德（Tweed），并且实际上是"*贝里克鲑鱼*"。③还有一条鲑鱼快线：从坎伯兰的德文特（Derwent）出发，"鲑鱼（保持刚捕捞时的那种新鲜度）"被放到"马匹上，然后日夜兼程不停歇地进行运输……这样鲑鱼抵达伦敦时能够保持色泽鲜亮，但是在伦敦，价格却……从2先令每磅……飙升到4先令，主要用于支付运费"。④

苏格兰北方边缘地区的约翰格罗茨（John Groats）则与之相反。"这里的鲑鱼数量如此之多，以至于人们太习以为常，价格也就很便宜，这造成那些有点积蓄的人都懒得费力亲自去捕捉它们了。"⑤在达特茅斯，"一大*群鱼*，或者说*沙丁鱼群*（Scool of Pilchards）会随着潮水直接涌入"，然后被"一群人特意"驱赶进入河流。

> 我们派仆人去鱼市购买了一些。我们付了半便士就买了17条鱼，然后……用这些鱼做晚餐；在旅馆中，厨师将它们烤熟，这是他们的制作方法，在烤制过程中加入了胡椒和盐。整个调味和烤制过程花了我们3/4便士，并且这是我讲这件事的原因。⑥

----

① Ibid. vol. I p. 225.
② Ibid. vol. II p. 457.
③ Ibid. p. 660.
④ Ibid. p. 684.
⑤ Ibid. p. 825.
⑥ Ibid. vol. I pp. 226–227.

4 先令每磅和一顿饭 3/4 便士：笛福的伦敦读者要盘算一下了。
笛福作品的中心内容实际上是在讨论这个大都市在全国性经济体
中的地位。所有的帝国都需要一个首都，而伦敦就是笛福的巴比
伦、雅典和君士坦丁堡。

　　笛福最想说明的是，即使在边缘地带，并且特别是从边缘地
带出发，伦敦有着难以置信的市场和贸易能力。船上装载的谷
物，运输而来的鱼和奶酪，驱赶中的小牛，运送中的煤炭，滚滚
向前的钢铁，漂浮而来的木材和呱呱行走的鹅都纷纷涌进这处能
容纳一切的"胃"。在郊区周围，"（正如该地居民所说）超过
1000 幢新建筑矗立在旧房屋边上。这都是革命以来的变化"①。
"伦敦人口和建筑的增加"要求向外寻求资源，"但这类话语有太
多的政治气息而无法进入这部作品"。②在讨论泰晤士河时（"整
条河流……从伦敦桥到布莱克沃尔都是一处重要的军火库，世界
上没有一个地方与之相似。"），笛福在结尾处谈到了"在阿姆斯
特丹……却能看到更多的船只"。③伦敦影响力上升的一个结果就
是整个岛屿的焕然一新。至于其他方面：

　　　　一言以蔽之，没有一处地方不更漂亮了；这儿是一处平静
　　又令人愉快的乡村，一处土壤肥沃之地；最适合农夫们耕种和
　　圈占，所以村落星罗棋布；那些村落中到处是房屋，而房屋周
　　围又有花园、步道、村景和小巷……其与不列颠的乡村与贵族
　　和乡绅的别墅比邻而居……向北看，一览无余的是整个伦敦

---

① Ibid. p. 6.
② Ibid. vol. II p. 324.
③ Ibid. pp. 349 - 350.

135

伦敦作为一个海洋型城市-国家而存在。此图反映的是市长长日时的泰晤士河和圣保罗大教堂,约 1747—1748 年(油布画)。卡纳莱托(乔凡尼·安东尼·卡纳尔,1697—1768 年)绘制。现藏于捷克布拉格的洛布科维茨宫(Lobkowicz Palace)/布里奇曼艺术图书馆。

城美丽的景色；这是最耀眼的景色，能在全世界面前亮相，甚
至可以说是自罗马遭受洗劫以来欧洲最重要的一次亮相，也
是亚洲的耶路撒冷圣殿被焚毁以来最重要的一次亮相。[1]

这个世界成为伦敦的果实，并且它现在不仅将欧洲和大西洋的世
界容纳进来，亚洲也受到其影响。

吉布森和舍勒斯在手稿中记下了他们的观点——这些观点只
是在政治精英圈中传播。伊夫林、坦普尔、弗莱彻尔、哈利法克
斯和笛福则发挥了印刷品的长处，其中笛福甚至变成了一个现象
级的人物，出现在不止一种文类之中。以上这些人都在说明百年
以来这些主题所具有的持久生命力。这些主题包括把社会"看作
一艘船"，以及国家政权所具有的相似性。这些主题在盎格鲁-荷
兰的转型过程中一再被涉及到。其核心部分是中央集权（与世界
主义）的问题，而这一问题的背景又与欧洲和全球变迁有关。

在接下来的几章中，我们将会探讨一下民族与帝国（既指英
格兰，也指不列颠）所经历的重要的地理上的再描述过程。岛屿
权力和大陆权力之间的区别再次成为关注的焦点。正如我们所
说，这个问题可以远溯至希腊，而希腊面临的大陆权力不是斯巴
达，而是波斯。继承波斯的奢华与专制的不是不列颠，而是法国
（或中国和西班牙）。

---

[1] Ibid. vol. I p. 168.

第七章

岛上的世界

> 我们到达艾欧里亚岛,那里居住着
> 希波塔斯之子、天神们宠爱的艾欧罗斯,
> 在一座漂浮的岛上,其周围矗立着
> 永不毁朽的铜墙和无比光滑的绝壁。
>
> ——荷马:《奥德赛》第十卷,第 1—4 行①

> 他们带着特别任务来到一座岛上,
> 这儿比不列颠要热,也比它大十倍:
> 没有税收所收税,也无需缴纳运费,
> 当在植物湾驻扎时,他们的生活中免于赋税之扰。
>
> ——歌谣,《白厅夜报》,1786 年 12 月 19 日②

    在经历了伊丽莎白时期那种雅典式的焦虑之后,岛屿与大陆的对立在斯图亚特王朝早期经历了一次短暂的复兴,然后在这个世纪中期随着王权的崩溃而结束。由于 1689 年的革命及其军事后果对民族权力进行了一次改造,并且一个不列颠国家也得以建立,所以用不列颠的视角进行自我界定的方式也再次产生。不过如今,这一框架不再局限在王朝之内,而是包含着政治、军事和文化的含义。所有这些发展都具有民族的、地区的、欧洲的乃至全球的背景。

    对于乔治·萨维尔来说,岛国性等于界限:

---

① Homer, *The Odyssey of Homer*, trans. Edward McCrorie (Baltimore, 2004) p. 135.
② Quoted in Hughes, *The Fatal Shore* p. 76.

> 我们在一座岛屿上，全能的上帝划定了界限……这是令
> 人愉悦的界限！那让我们自由、富裕和宁静……这种情况让
> 海外之人进行领土征服这种宏图大业变得不再适用于我们。
> 我们却能走向远方并取得荣耀……而他们却无法持续做到这
> 点……只好承认英格兰人在勇气方面堪称巨人，所以他们不
> 能指望在与（我们）这个天赐之国的作战中获胜，虽然他们热
> 衷于此事；他们也不能指望让我们心甘情愿地走进他们的
> 圈子。①

亨利·舍勒斯则更具扩张思维。通过将其与法国进行比较，

> 我要……向世人展示……要重视岛屿的价值并且培育海洋事
> 业。这是一件有必要做的事情，优先于其他任何事情；作为最
> 具有确定性意义、根本性的事情，他们的幸福之构建也有赖于
> 此。秉持着这个立场，我要尽力向世人展示，生活在岛屿环境
> 中的民族在改善航海水平时可以从内部挖掘出更多的优势，
> 这是大陆国家不具备的；在世界上所有的岛屿中，大不列颠岛
> 又在此方面更具优越性。②

当时的另外一位作家也有类似言论："自然赐予我们一座岛屿，而
神意则赐予我们各类材料让我们建造船只，并且还让我们的人拥
有了驾驭船只所需的强健身躯和坚定内心；神圣的天意并不想给
我们便于通航的河流和安全的海港。"③更早些时候，威廉·坦普

---

① Savile, *A Rough Draught* p. 296.
② Sir Henry Sheres, 'Of Navigation + ye Benefit of Nav [igationa] ll Science', Bodleian Library Rawlinson MS D 147 ff. 3 - 4.
③ *An Inquiry into the Causes of our Naval Miscarriages* (2nd edn, London, 1707).

尔曾经揶揄说，尽管联省共和国在对外贸易上拥有难以计数的优势，因为他们"拥有莱茵河和莫斯河这两条大河，上下通达且易于通行，以至于可以抵达富裕且人口茂盛的上下德意志地区"，但是这样的优势却渐渐转入了英格兰的手中。[①]他与吉布森的观点一致，认为流行的西风是"海峡中英格兰这一边发现如此众多的水深且宽阔的海港的基本原因，而在法国和荷兰那一边这一优势却不多见；这看起来是自然给予我们的一个优势，而这是我们的邻居使用任何手段或任何花费都未能达到的成就"。[②]

二十年后，哈利法克斯笔下具有循环往复特性的海洋在舍勒斯看来需要从全球的角度进行重新阐释。这包括

> 一个与海洋王权有关的体制和模式。我将从中展示，我所见到的这个民族经自然之手所具有的所有物质材料，而这些物质为海洋权力的构建打下了基石，所以我们才不仅获得了这片狭窄海域的统治权，还掌控了广阔的大洋……而在我们拥有了至高无上的、无可争议的海洋上的权力（海洋如同一个圆形圈，它看起来是自然所赋予的，用来容纳、限制我们的追求）后，我们在国内的安全和自由也得以保障。[③]

哈利法克斯从未提及取得——在王政空位期时曾短暂取得的——"至高无上的海洋权力"的可能性。舍勒斯也完全无法想象，在两代人的时间里，这一目标就变成了现实。实际上，这两位海洋诠释者所塑造的形象却被用作体现陆地权力的统治领域，

---

① Temple, *Observations Upon the United Provinces* p. 129.

② Ibid. p. 125.

③ Sir Henry Sheres, 'A Scheme + Model of a Marit [i] me Monarchy', in 'Navall Essays', Bodleian Library Rawlinson MS D147 p. 67.

而海洋也经历了从引来入侵者到通往世界的大门的这样一次转变。① "拥有了自然对我们的这般恩宠后，" 舍勒斯继续说，"也只有才智的枯竭、技艺的丧失和勤奋的松弛才能让这一伟大的设计遭受挫折。" 这种对英格兰的海洋主义或海军主义的阐释，不管其是指可能性还是必然性，都是 18 世纪政治话语中始终存在的一个构成要素，只不过会随着军事的发展变化而有所起伏罢了。

有个人在 1735 年使用同样的术语对英格兰和荷兰进行了一番对比。"他们在欧洲大陆的位置并不好，可能会随时遭受强大敌人的入侵；他们有着漫长的边界需要保卫……但是，我们却因为海洋的环绕而享受快乐；我们却因拥有一支舰队而享受幸福，而且这支舰队要比任何一个想对付我们的敌军都要优秀；我们无需焦虑。" "由于大不列颠的位置，" 两年后博林布鲁克（Henry Saint John，1st Viscount Bolingbroke）写道，"她的人民的性格……适合从事商业和贸易活动……海洋是我们的篱笆，船只是我们的堡垒，而只从事商业和贸易的海员们则保卫着我们的要塞。" ②

正如我们所见，这个观点的起源可以追溯到在 17 世纪乃至更早的时期。但是至少在 1763 年之前，这种对海军在军事上的自足能力的洋洋得意之情还是较为少见的。即使不列颠的海军具有优势——怎样的优势尚不清楚——若是欧洲内部没有权力的平衡，这种优势也无法维持。自 16 世纪以来，英格兰的宗教和自由需要在欧洲范围内加以捍卫。"尽管我们具有岛屿性，" 布特勋爵（John Stuart，3rd earl of Bute）在 1762 年观察道，"但是通过我

---

① 这可以与奥格尔比的描述作一番对比，他描写的 "海洋是持续存在的，绕着整个地球延伸"，这一描述是作者身处麦哲伦海峡时的想象。Ogilby, *America* p. 1.

② Quoted in Simms, *Three Victories* pp. 235, 253.

们的政治或商业利益，我们与欧洲各国连为一体。"①但要是没有
吊索的话，英格兰是无法把吊桥拉起来的。阿盖尔公爵
(Archibald Campbell，3rd Duke of Argyll) 在回应笛福时问道，
无敌舰队要是当初登陆成功了该怎么办？　要是法国支持的各种
入侵成功了该怎么办？"甚至令人兴奋的 [1688 年] 革命……也
能说明只依靠一支舰队是多么的不可靠啊……通过这一历史事
件，我们发现了我们所具有的自由是什么，但是如果我们只是信
赖我们的舰队，同样的事情可能在以后会成为我们失去这些自由
的源头。"②换句话说，岛屿在某些情况下要比大陆霸权更加强
壮，而有些时候则不然。无论何种情况发生，面临着狭窄的海
峡，面临着欧洲地缘政治体系，地理位置并非命中注定的要素。
正如过去那样，重要的是：社会、文化和权力才是塑造那种自然
环境的原因所在。

　　因此，在对英格兰的岛国环境的本质和潜力进行持续分析的
过程中所发现的有利条件和不利条件变得可以理解了。首先，理
查德·吉布森也"不再只是从单一条件思考一个岛屿"，而是对
其（只从防御性角度考虑）"有利条件"和"不利条件"进行考
察。从这样一个大视角出发，他在阅读坦普尔的作品后转而关注

140

　　各种有利和不利条件……对于岛屿尤其如此。要根据具体情
　　况,考虑到其相邻大陆的情形……考虑其港口的数量和状况,
　　考虑周边海洋的情况——以及……风向……居民的数量和品
　　性——本国建设船只所需物质材料的储存情况——以及粮食

---

① Ibid. p. 448.
② Ibid. p. 223（see also pp. 302,307,354 - 356,366,369）.

供应情况。

由于他这一代人特殊的生活经历和心理倾向，吉布森的观点比较冷静并充满劝告的意味。一般来说，岛屿的有利和不利条件是相对于军事情况而言的，特别是相对于它的邻国的海军力量而言的。当另外一个大国制霸海洋时，岛国就会变得脆弱。这不仅从古代历史中可以看到，而且

> 反观国内，丹麦人在征服这个岛屿时，通过他们的海军洗劫林肯和以及直抵亨伯河的约克郡；征服了直抵泰晤士河的肯特和埃塞克斯地区；征服了直抵塞汶河的萨默塞特和格罗斯特郡，以及直抵德河的柴郡-兰加斯特郡地区……我们的海角和港湾能够容纳大型舰队安全停泊，并且在这个王国有许多适合登陆的地方；正如尤利乌斯·恺撒在迪尔和罗马门处登陆，而征服者威廉在佩文西（Pevensy）登陆，以及当今陛下在托贝湾（Torbay）登陆一样，而且法国人在廷茅斯（Tinmouth）登陆时也没有遭遇抵抗。尽管亨利八世和伊丽莎白女王努力建设堡垒……想着阻止这类事情发生，但是除了赫尔（Hull），这些城堡都无力阻止强有力的敌军靠岸登陆。[1]

为了解决这种脆弱性问题，吉布森建议对英格兰的文化、政府和人口完全按照荷兰的模样进行一番改造。这包括对每一处可通航的河口和河港进行巩固（他共列举了 28 个河口和港口），并提出对

---

[1] Ibid. ff. 275-276.

一个个相距不远的陆上堂区加以利用,让那些虚弱又懒惰的村民转而为渔业贸易服务,让他们纺纱、梳毛、织布,让他们……为船只编制麻绳;［他们］将会在半个世纪里……看到外贸和海洋航行大发展后的甜蜜果实;这种情况以及他们以鱼为食的行为将让他们的人数倍增,就跟内陆城镇所发生的数量增长一样。正如荷兰,在一个国家里就成长出了 26 个城市。要是不能像其他港口那样从事贸易业,我们就会看到荷兰那种情况发生,即想尽一切办法入侵他人,甚至动用皇家海军;通过海员的培训学校可以为霸业制造持续性的基础,而缺乏这种培训机会,用不了多久,我们就会感受到无所依凭的不安感,而等到我们明白时就晚了。[1]

141

这与吉布森之前对荷兰海洋政府的赞誉言论一致。他也注意到了雅典和其他先例的重要意义。当"他们比邻居的海洋力量更为强大时……海岛的优势……就会尽显"。

　　正如历史告诉我们的那些雅典人、罗得岛人、迦太基人、罗马人、威尼斯人—热那亚人、丹麦人、葡萄牙人、西班牙人、荷兰人、英国人……以及更为邻近之人的故事,荷兰人运用他们的海上经历和勇气从西班牙人手中(正如雅典人……之前对波斯人做的那样)夺回了布里尔城(Briel)并获得了自由。奥伦治的威廉借用平底船和海员的帮助解除了莱顿之围,而他们和我们也因在 1588 年摧毁了西班牙无敌舰队而变得安全了。由于拉罗歇尔城善于利用海洋,连法国国王的臣服术对他

―――――――――――
[1]　Ibid. f. 276.

们也不管用了……再给一个现成的例子……瓦尔赫伦小岛
（即泽兰）由于积累了大量财富且海军实力强大，与西班牙、葡
萄牙……莫斯科等王国相比时，它一点也不比它们弱。[1]

这些岛屿在港口数量方面"比其他国家更多。这里的部分地区面
向海洋"，所以"在培育海员方面更有优势"。"航海业发达的地
方可以从海洋中获取食物，并且能给穷人提供工作，沿海居民的
人数也随之增加"，而我们从西班牙和荷兰的对比中就可明了这
一情况。就英格兰的情况而言，同样的海洋基础设施可以将对外
贸易

向我们的所有殖民地开放，将我们的产品对外销售；换回来的
是皮毛、桅杆、烟草、糖、棉花、印花棉布以及姜等物品，而这些
物品来自哈得孙湾、纽芬兰、新泽西、纽约、马里兰、弗吉尼亚、
卡罗来纳、百慕大、巴巴多斯、加勒比海岛、牙买加……所以，
无论何时我们对酒、丝绸、香料和小饰品产生巨大需求，我们
本国的外贸活动和殖民地（包括爱尔兰和苏格兰）就会保证我
们的需求，并且我们无需依赖世界任何其他地区的人的贸易
供给，而那些殖民地吸引走的我们的人民也不会对我们产生
伤害。在这个时代，对独身禁欲的追求大为减弱，这是教宗制
度建立以来所未有的。[2]

我们在宾夕法尼亚就遇到了这类殖民地"夺走我们的人民"
的观念。大约从 1640 年开始，在哈库利特时代曾经引起广泛注意

---

[1] Ibid. ff. 271,277.
[2] Ibid. f. 272.

的英国人口大增长的现象停止了，并反而出现了一定的下降。然而，在 1741 年，人口增长重现。当时有人对于殖民造成宗主国人口减少感到焦虑，而约翰·俄德米克松（John Oldmixon）对此表示无须担心，因为一国繁荣之关键不在于人口多寡，而在于生产效率（即勤奋度）。二者的对立面是懒惰成性。按照这一标准，世界上物产最丰富的地方是巴巴多斯。这里的奴隶劳动虽然成本高昂且效率不佳，但通过改造却有可能让其大为改观。① 在考虑到这样的事实后，俄德米克松进一步提出，不列颠的殖民活动有其特别的价值。正是"由于我们英格兰人是岛屿居民，我们除了通过航海业外无法将我们的产品和制造品运输出去"。为了保持这一技能，"商人、海员和殖民者"的活动都应受到同样鼓励。②

尽管对于航海业的重要性保持了足够清醒的认识，但吉布森对殖民地的兴趣却表现为商业上实现自给自足。毕竟，他来自英吉利共和国，而这个共和国的体系建立在《航海法案》（1651 年和 1660 年）和《大宗货物法案》（1663 年）的基础上。跟舍勒斯类似，他最为关心的是国内工业和好政府的缺失问题。因此"我们的海外贸易和海港城镇自 1660 年以来的衰退是由于我们打了这么多次的战争，而又没有给予海军足够的资助造成的……也是由于我们忽视了对……哈里奇、多佛尔、雷伊（Rye）等港口的建设所造成的"，并且我们还面临着"把我们强大的海军交给我们的贵族进行管理这类大奸大恶的行为"。③ 自然所赐予的任何优势在没有合适的教化时是没有什么用的，因此，需要"激发出一股

① 亚当·斯密对这一观点作过进一步阐述，参见 An Inquiry into the Nature and Causes of the Wealth of Nations（2 vols.，Homewood，III.，1963）vol. I pp. 299 - 320。 实际上，使用奴隶劳动的种植园农业利润率并不低。参见 Bayly，Birth of the Modern World pp. 40 - 41,51 - 55。
② [Oldmixon]，The British Empire in America 'Introduction' pp. xvi - xvii.
③ Gibson，'Observations Upon Islands in Generall' ff. 277 - 278.

巨大的激情让人们投入更多的经历和时间，而且要比我们之前在提升和确保海军实力时所投入的热情还要大”。

在同一个十年中，约翰·弗拉姆斯蒂德（John Flamsteed）是格林威治新观测台的第一位皇家天文学家。他曾抱怨“我们如今的海员们”“眼睛只是盯着命运，把它作为获得财富和晋升的唯一动力”，并且还用“命中不幸”（Fatality）来解释和掩盖自己犯下的错误。对于海员，尤其是对于海军长官来说，掌握几何学、三角法、地理学和天文学的相关知识是不可或缺的。弗拉姆斯蒂德对罗得岛的喜帕恰斯（Hipparchus）大为赞誉，因为他“在海上的船只上发现了确定纬度的方法”，于是他鼓励“罗得岛人要比那些没有掌握这一技术的人更加勇敢地参与到海上冒险中来”。他注意到亚美利哥·韦斯普奇是第一位观测南半球天象的欧洲人，并且“值得强调的是，正是由于第一个观测了星象……而不是第一个观察陆地才让他的名字被用来命名巨大的西半球大陆”。①

根据吉布森的观点，即使在英格兰，自然优势被忽视了，它所蕴含的航海技艺、经验与教育方面所具有的优越性也让它比“世界上的任何其他地方”更为伟大。

　　　　水流从海角处绕过爱尔兰向西流去，之后穿越圣乔治海峡并且绕着苏格兰一路行进，另一支水流也穿越了这个海峡，二者在长途跋涉后汇聚于泰晤士。此外，风向在一年中四分之三的时间里都是向西吹，这让我们的海角和海湾，即正对着法国和荷兰的那一侧，即使在冬季风暴时节也很容易安全出航，

---

① PL MS 2184, 'April 21 1697 Mr Flamsteed's Acct of ye Beginning, Progress + present State … in ye Doctrine + Practice of Navigation' ff. 8,18 - 21.

这比法国、佛兰德斯或荷兰的任何港口都要好。[1]

此外，吉布森从经验角度出发宣称，英格兰的海岸要比法国的更适于抛锚停泊，这是因为英国的海岸"到处都是硬黏土或硬碎石，而它们的（法国）海岸则多是硬石头或松散的沙土"。佛兰德斯和荷兰的海岸则太浅而不适于"大型航船"并且"塞满了流沙……此外他们的港口在一年中有两个月或以上时间通常处于封冻状态"。此外，所有的"法国人、佛兰德斯人、荷兰人、汉堡人、丹麦人、瑞典人都要……经过我们的海岛才能去法兰西、西班牙、葡萄牙、几内亚海峡、东西印度，否则他们就要走绕行苏格兰和爱尔兰的环形航线了"。

最后，"在所有历史学家看来……英格兰居民的品性中具有尚武精神，无论是他们吃肉的数量……还是在与邻国不间断的战争中都可以看出来；之所以如此，可能源自这些居民所享受的自由制度，也可能源自他们呼吸的空气"[2]。1678 年，佩皮斯记录了一份送给他的笔记，"由吉布森先生写就……来源是威廉·坦普尔先生的一本书……关于英国人的勇气的论述，还说了很多他们的饮食习惯"[3]然后，吉布森又凭借他的记忆写了一些英国人在海洋上展现勇敢精神的事迹。[4]不过他的结论却充满了忧郁气息。"我们的勇气却如此多地用于干些不良行为，这难道不让人感到极为遗憾吗？"[5]

---

[1] Gibson, 'Observations Upon Islands in Generall' f. 273.

[2] Ibid. ff. 273 - 274, 283.

[3] Pepys, *Samuel Pepys' Naval Minutes* p. 27 (and see pp. 23, 25). Temple, *Observations Upon the United Provinces* pp. 157 - 158："英格兰的自耕农和普通人比其他国家之人普遍更为勇敢……他们始终有食物吃，而且吃的是肉。"坦普尔把它归因于英国的低税收制度。

[4] Gibson, 'A few Instances of English Courage and Conduct at Sea'.

[5] Gibson, 'Observations Upon Islands in Generall' f. 283.

　　笛福在匿名发表的《来自约克的海员鲁滨逊·克鲁索的生活与奇妙漂流之旅》(*Life and Strange Surprising Adventures of Robinson Crusoe, of York, Mariner*) 中，对岛屿问题也多有谈及。《鲁滨逊漂流记》一开始就模仿哈库利特祈祷上帝将其从咆哮肆虐的海洋中拯救出来的故事。鲁滨逊·克鲁索于 1651 年 9 月 1 日（一个有趣的日子）在一片欢呼声中离开赫尔港，开启了他的首次海上航行。克鲁索经历了恐怖的风暴。于是，他"发誓说……要是这次航行中上帝保佑我的性命……我将……此生永不……再踏上船只"①。不过，当风暴结束时，这一诺言也被弃之不顾了，第二场更严重的风暴让他的船只在雅茅斯的外海沉没。克鲁索仍然执迷不悟。只是在沉船遇难并在岛上度过了多年的孤独生活之后，他才受到《圣经》之言的启发："求告我，我必搭救你。"也正是在那一刻，克鲁索意识到"我被囚禁之地"可不仅仅是"一处岛屿…… [并且] 我所面临的孤独生涯……正是一处加于我身的监狱"。在"忏悔"过程中，给克鲁索内心的风暴带来宁静感的是"从罪中获得拯救"的这个允诺。②

　　仔细看一下克鲁索所说的"成为海洋永恒的门柱与拴锁之囚徒"这个预言，同样还可以在巴巴里海盗抓人当奴隶的故事中找到先例。琳达·科利通过笛福的作品看到的是一部关于早期英帝国脆弱性的寓言。③不过应该注意的是，克鲁索的第一个岛屿监狱并不是"无人居住的蛮荒之地"，因为它恰恰是不列颠本身。在不列颠内，正是他不曾熄灭的逃离那些海岸的信念（"我对一

① Daniel Defoe, *Robinson Crusoe: an Authoritative Text Contexts Criticism*, (ed.) Michael Shinagel (2nd edn, London, 1994) p. 8.
② Ibid. p. 71. 1788 年，在新南威尔士亚瑟港的新罪犯流放地，一名罪犯抱怨说到他的"像克鲁索一样的漂流经历"。Quoted by Hughes, *The Fatal Shore* p. 103.
③ Colley, *Captives* p. 1.

切都没兴趣，除了到大海上去"）将他与他的家庭分离开来，也将他抛入到此后一系列的不幸事件中去。在这个意义上说，并非是岛屿将克鲁索孤立起来，而是他不顾一切想离开的信念。也正是在一个崛起中的帝国的背景下，克鲁索"才能实现看世界的……想法"。[①]家庭和共同体让位给了独自生活的状态。克鲁索最后发现的这个"世界"完全是他本人倾心打造的。

　　因此，在旅行文学中，《鲁滨逊漂流记》的创新之处在于其对内心旅行的描写。渴望出走，克鲁索最终成功了。这也是这本书得以成功的一个原因。通过其中的戏剧情节和异国他乡的描写，这本书透露出的反而是让读者感到熟悉的一面，而且其中还有对家庭的热爱和日常惯例的描写。结果就是一种亲密的、非正式的主人公—读者之间关系的建立。这种亲密性的一个后果就是普适性。因此，尽管有人认为《鲁滨逊漂流记》对于岛国民族具有特别的吸引力，而弗吉尼亚·伍尔夫也宣称这本书是"这个种族的"文化产物，但实际上"《鲁滨逊漂流记》……在法国比在英国受到更为热烈的欢迎"，[②]而且正是让-雅克·卢梭在 1762 年的《爱弥儿》一书中提出，《鲁滨逊漂流记》是一本"所有儿童都应当阅读的"书籍：

　　　　这是爱弥儿将阅读的第一本书；并且在很长一段时间里，这本书将构成他的整个图书馆……他手中的鲁滨逊·克鲁索没有了同伴的帮助，没有办法施展各种技能，不过依然找到了食物，维持生命的延续，并且还享受到了一定的舒适生活；这

145

---

① Defoe, *Crusoe* p. 6.
② Grove, *Green Imperialism* pp. 233 - 234；Virginia Woolf, *The Common Reader*（1925）p. 125；《鲁滨逊漂流记》如此"符合这个民族本身的整体特征"，以至于"丹尼尔·笛福的名字也无权出现在封面上"。丹尼尔·笛福的名字的确没有出现在封面处。

点让所有年龄段的人都大感有趣⋯⋯⋯要是想让一个人避免被偏见所蒙蔽，并且让这人能对事物有正确的判断力，最有保障的做法是让他在独居孤立的生活中待一待。①

要是认为读者的想象力只是他自身生活环境的产物，那就消解了民族和时代所构成的共同体的意义了。在法国，"克鲁索崇拜变得如此发达，并且其中的主题也经常被模仿，这极有可能对热带岛屿在 18 世纪中期的法国变成乌托邦所在地和社会改革乃至革命观念聚焦之处具有根本性的作用"②。在整个欧洲，《鲁滨逊漂流记》"这部作品⋯⋯传播程度如此之广，以至于让人感觉难以置信⋯⋯这本书承担了教育的意义，具有无可比拟的受欢迎的程度，也产生了毋庸置疑的文学影响力⋯⋯可以说，其他任何单本作品都难以与之匹敌"③。

19 世纪的一些经典作品都有明确提及笛福，比如儒勒·凡尔纳的《神秘岛》(*The Mysterious Island*)、怀斯 (Johann Wyss) 的《瑞士家庭鲁滨逊》(*Swiss Family Robinson*)、《玛斯特曼·雷迪》(*Masterman Ready*) 以及罗伯特·路易斯·史蒂文森的《金银岛》(*Treasure Island*) 分别出自法国、瑞士、英格兰和苏格兰。④这进一步证明了这样一个观点，即从莫尔到莎士比亚再到史蒂文森的欧洲人，对岛屿的想象力与民族地理学没有太多关系。可以认为，至少在 19 世纪，它是作为一种现代个人主义的暗喻而存在的。但是，由于这些岛屿是由水域连接起来的，这些作品中没有一部曾描绘过或提议过与基督教教义相抵触的自给自足

① Rousseau, *Emile* quoted by Loxley, *Problematic Shores* p. 7.
② Grove, *Green Imperialism* p. 229.
③ Loxley, *Problematic Shores* pp. 7, 73.
④ Ibid., chs. 1 - 3.

式的生活。迷失在"这个世界"中反而成为发现真实世界的过程。所以，这些作家描绘的岛屿转而成为一个个世界，或者说一个个微型宇宙，而岛上的经历跟个人经历一样，也变得带有普适特征了。

除了后者的作者权可以确定以外，《鲁滨逊·克鲁索的经历》和乔治·谢尔沃克船长的《通过南海环绕地球记》这两部作品之 146 间没有什么明显的区别。①两部作品都是在"祈祷巷的'船只'上"进行售卖的。②两部作品有着类似的形式（印刷格式）和内容（比较精确的描述），不过只有一次航程真实发生过。也就是说，二者对于文本上的"旅行"过程是有贡献的，因为它们让英国读者能够探索并描绘自己与世界的关系，这既包括时间上的关系，也包括空间上的关系，而这也是哈库利特以及更早的作家们所创立的传统。

尽管笛福的作品发生在大西洋，但是启发他的却是 1709 年亚历山大·塞尔扣克（Alexander Selkirk）在胡安·费尔南德斯岛（靠近智利）上的孤岛生存事件。③塞尔扣克的经历也出版面世了。有人在读后认为，跟后来的克鲁索相似的是，漂流者虽然（与世界）隔离了，但是他却获得了拯救。根据理查德·斯蒂尔（Richard Steele）的观点，塞尔扣克后来"在返回这个世界后经常痛哭流涕。他说，他无法感到开心，也无法让自己重回独居生

---

① 两部作品的全名分别为：*The Life…of Robinson Crusoe…Who lived Eight and Twenty Years, all alone in an un-inhabited Island on the Coast of America* (London, 1719); *A Voyage Round the World By Way of the Great South Sea, Perform'd in the Years 1719, 20, 21, 22, in the Speedwell of London … till she was cast away on the Island of Juan Fernandes, in May 1720* (London, 1726)。

② 祈祷街是伦敦市内的一条街道，以售卖"匿名出版书籍"而闻名。——译者注。

③ Guillaume Raynal, *A Philosophical and Political History of the Settlements and Trade of the Europeans in the East and West Indies*, trans. J. Justamond (4 vols., Dublin, 1776) vol. IV p. 182.

活时的宁静心态"①。纪尧姆·雷纳尔（Guillaume Raynal）借用塞尔扣克的经历对当时文明的意义提出了质疑。塞尔扣克"在得到了他所需要的物品后很开心，但同时他很快就忘了自己的国家、自己的语言、自己的姓名，乃至词语的表达方式"②。

乔治·谢尔沃克在十一年后抵达胡安·费尔南德斯岛时跟克鲁索的情况相似，都是遇到了船只损坏的情况。但是，跟克鲁索不一样的是，谢尔沃克并非独自登岛；还有，跟克鲁索不同但又有关的是，他一直在思考的是如何逃走。在没有自我反省，但又有同伴的情况下，谢尔沃克在一段著名的文字中表达的却是一种孤独的状态：

> 简单来说，人们在这里看到或听到的一切都充满了十足的浪漫气息；这个岛上到处可见一种野蛮的、不规则的美感，而且美得让人无以言表；这里有着挺拔的、难以攀登的山，还有着幽暗、狭窄不易发现的峡谷。这些地方常年不见多少太阳。这里还有许多瀑布，而人们在这里侧耳倾听四周的一切。对于那些沉浸在自己世界中的人，这一情形定让他满意，因为这里给他提供了一种陷入到忧郁心情之中的机会。在寂静的夜晚，海浪击打着海岸，打破了这里的宁静，而海狮的吼声和海豹不停的嘶鸣则在幽深的山谷间回荡（根据它们的年龄，越是成年，其声音越是嘶哑、越是瘆人）。可以说，没有什么比这些声音更能给人一种阴郁的神圣感了，但是这些声音汇聚到

---

① Steele in *The Englishman* no. 26, 3 December 1713, pp. 121 – 124, quoted in Grove, *Green Imperialism* p. 227.

② Guillaume Raynal, *A Philosophical and Political History of the Settlements and Trade of the Europeans in the East and West Indies*, trans. J. Justamond (4 vols., Dublin, 1776) vol. IV p. 182.

一起,有人可能会认为,他听到的是世界上所有动物物种混合到一起所发出的不同声调。①

如果说谢尔沃克不是孤独的,他的岛屿却是如此;如果说谢尔沃克居于岛屿之中,这个岛屿却依然保持着无法接近的状态。虽然。谢尔沃克与克鲁索有相似之处,但他是以一种全然不同的方式在岛上发现世界的。

胡安·费尔南德斯的海豹和海狮的吼叫声被忽视了,因为谢尔沃克及其同僚对这些无辜的动物实施了暴力,它们的数量在减少。当漂流者们抵达"这片海滩时……到处都是〔海豹〕,密密麻麻,我们不得不清理出一条通道才得以前行"②。人们建起了"宿营地……屋顶覆盖着……海豹和海狮的皮"。他们消遣"时光的方式是在营地前燃起篝火……火烤龙虾"。③这是"我见过的体型最大的龙虾〔太平洋龙虾〕,去除体内杂物,将它们串起来,在需要的时候随时可以取用"④。更多的时候则是,

> 起初,天气让我们在一段时间里无法进行海上捕捞作业……出于生存所需我们不得不去抓捕海豹;但是不好抓捕,我们要花费好一阵力气才能抓住。之后,我们就会处理它们的内脏,

---

① George Shelvocke, *A Voyage Round the World By Way of the Great South Sea* (London, 1726) pp. 257 - 258. 比较一下布干维尔 (Louis Antoine de Bougainville) 对马尔维纳斯群岛 (福克兰群岛) 的描述:"视线被光秃秃的山阻拦, 陆地被大海割断……十足的寂静感, 有时候被海洋怪物的叫声打破。" *A Voyage Round the World … By Lewis de Bougainville*, trans. John Reinhold Forster (London, 1772) pp. 44 - 45. 关于胡安·费尔南德斯群岛更加乐观的描述参见 George Anson, *Voyage Round the World*, 1740 - 1744, comp. Richard Walter, extract in Jonathan Lamb, Vanessa Smith and Nicholas Thomas (eds.), *Exploration and Exchange: a South Seas Anthology 1680 -1900* (Chicago, 2000), pp. 39 - 45。

② Shelvocke, A Voyage p. 208.

③ Ibid. pp. 211 - 212.

④ Ibid. p. 253.

这都是些美味的东西。这种水陆两栖动物被大量屠杀。就在它们被持续屠杀时，这些动物散发的恶臭让人难以忍受，而我们也被眼前大批腐臭的动物尸体给惊到了。一开始，它们在海滩处大量存在，但是后来数量大量下降，于是这些动物纷纷逃到岛上的其他地方避难……在我们居住的海湾处，这些动物很少出现了；我们对它们的肉的想念却不曾减退。①

四十年前，1683 年时，威廉·丹皮尔（William Dampier）造访了此岛。他描述了"数以千计，也可以说数以百万计的［海豹］，要么坐于湾口，要么在岛周围的海域游来游去"，而海狮则"发出了可怖的嘶吼"。②在谢尔沃克作品出版三年后，另一部关于岛屿游记的作品出版了：《马达加斯加，或罗伯特·特鲁里被囚禁该岛五十年之游记》（*Madagascar；Or，Robert Drury's Journal，During Fifteen Years' Captivity On That Island*，伦敦，1729年）。一个（东印度商船的）沉船事故以及之后受奴役的历程俨然与鲁滨逊的故事多有相似之处，并且这个故事的前言部分还有一位匿名编辑作出如下评论：

> 在我第一次看到这部作品时，我毫不怀疑这是另一部"鲁滨逊·克鲁索"传奇；但是要是有人想着在这儿读到一位著作等身的作家的优秀作品的话，那他会感到被欺骗了；因为每一位读者都会感受到，这部作品只是一些事实的平铺直叙，只不

---

① Ibid. pp. 243 - 244.
② William Dampier, *A New Voyage Round the World*, *Describing particularly*, *The Isthmus of America* (London, 1697) pp. 89,91.

过是忠实的描述罢了。①

一般来说，这部作品的真实性普遍受到认可，但是也有人认为它是笛福编订甚至撰写的。根据 1890 年的一版作品来看，对特鲁里作品真实性的第一波有力攻击来自法国。在近代早期关于马达加斯加的最可靠的记录是德·弗拉古（Étienne De Flacourt）的《马达加斯加史》（*Histoire de Madagascar*，1661 年），而特鲁里的《马达加斯加》与之有着惊人的一致性。②尽管这位编辑对于特鲁里或者他的沉船事故没有表示怀疑，不过他还是认为，特鲁里关于受奴役的经历虽能吸引读者，但却是不太可能发生的传奇故事，而特鲁里被处死或变成海盗却是更有可能的结局。在 1943 年，这部作品被"证实"出自笛福之手；1991 年，一位海洋考古学家则宣称这部作品"在很大程度上是一部具有准确性的历史档案"③。

跟虚构的克鲁索一样，特鲁里也使用非常相似的语言表达他对"海洋"的渴望：

> 我记得很清楚，从 11 岁起，我的头脑中就萦绕着这一令人不愉快的渴求，并且随着我的年岁日长而愈发明显，最终则变成了一种根深蒂固的信念；尽管我的母亲曾经把我放在膝上爱抚，但我亲爱的又宠溺我的母亲却对我没有什么影响，而我温和的父亲以及其他朋友也不曾影响到我的这一观念的成长。④

---

① Robert Drury, *Madagascar*；*Or*，*Robert Drury's Journal*，*During Fifteen Years' Captivity On That Island*，（ed.）Capt. Pasfield Oliver（New York，1969）Preface p. 31.

② Ibid. , Oliver's 'Introduction' p. 15.

③ Colley, *Captives* pp. 14 – 15.

④ Drury, *Madagascar* p. 40.

因此，跟在《鲁滨逊漂流记》中一样，特鲁里最先选择的孤立独居生活——如果不算上被放逐到无人岛上的生涯的话——也是因为他自己选择离家出走的。在跟《鲁滨逊漂流记》差不多水平的另一部虚构作品中，莱缪尔·格列佛（Lemuel Gulliver）也坦承他"对游览外国有着难以满足的渴求感……尽管我过去有着不幸的生活，但我观赏世界的渴望却始终一如当初"①。《格列佛游记》也是以沉船开头（"在去范迪门斯之地西北部时遇到了一场狂风暴雨"）。格列佛宣称自己是向英国读者介绍澳大利亚西北部情况的畅销书《环绕世界的新旅程》（*New Voyage Around the World*）的作者威廉·丹皮尔的堂兄弟。②随之而来的不是奴役，而是被捕和监禁。在逃离了小人国回到英格兰以及之后逃离巨人国后，格列佛始终想要回到海上去。

　　人们从这种虚构的和非虚构的对航海的渴求之情中能看到什么？很明显，这是不列颠面临的全新的全球联通和中心地位的外在反映。它也反映了如今有多少人在从事海洋贸易业，有多少人在殖民地间来来往往——尽管期间不乏各种危险。这些旅行活动可不仅属于男性。③最后，水给国家带来了动力。笛福和斯威夫特的寓言故事包含着丰富的道德内涵。在《大不列颠游记》（*Tour Thro'Great Britain*）中，笛福列举了四件"珍贵之事"以帮助苏格兰变成繁荣之地，其中之一是"2. 改变普通人的喜好，即让他们从喜欢外出旅行和离家游荡转向在家中从事挥洒汗水、发挥聪明才智的活动"④。克鲁索在岛上的经历也可以在某种程度上看作对外出游荡的一种警告。当然，它同样也是对"从事辛

---

① Swift, *Gulliver's Travels* pp. 5, 147; Part 3 p. 3.

② Thomas Keneally, *Australians: Origins to Eureka, volume I* (Sydney, 2009) pp. 13-14.

③ Linda Colley, *The Ordeal of Elizabeth Marsh: a Woman in World History* (New York, 2007).

④ Defoe, *A Tour* vol. II p. 690.

劳工作"而获得回报的一种肯定。

在 1737 年，出现了一份宣传手册，其中的内容是对不列颠海员工作的褒扬，而这份手册也激励了吉布森。该手册认为，国家拥有"数量最多的战舰……［并且］拥有最优秀的、数量最庞大的、能干的海员"的原因是"让他们去战斗、让他们去各地航行，……让世界各地的君主或国家完全臣服于一个岛。这也是随之带来的海外贸易的功劳"①。该文引用了在威廉统治时期的《增加和鼓励海员发展法案》(*An Act for the Encrease and Encouragement of Seaman*) 以及安妮女王六年统治期间的两份关于"促进……贸易发展"的法案，并且认为尽管不列颠的议会非常关照海员，但是还需要做更多的努力。②该文尤其指出，在 1660—1710 年间，对海员的关照几乎没有，并且作者又从自己的共和派视角阐释了不列颠海洋权力崛起的编年史。③

这部编年史起于伊丽莎白对"德雷克、弗洛比舍、霍金斯和其他人"的鼓动以及美洲定居活动的发轫。④之后，该文又引用了一份法案。该法案"由英格兰议会通过……在 1649 年，通过给予奖励以鼓舞海员的士气……让他们自觉自愿地为共和国服务。当然，这是在民族的帮助下才能获得这般的优越性"⑤。该文还对"克伦威尔时代对牙买加岛的占领……以及击败如此多的西班牙战舰"表示赞赏。⑥它还引用了"很久之前的……德·维特先生"的观察，即关于英格兰殖民地权力和海军权力所取得的令人

150

---

① *Reasons for Giving Encouragement To The Sea-Faring People of Great Britain*, *In Times of Peace or War* (London, 1739) p. A2.

② Ibid. pp. 10 - 19.

③ Ibid. p. 10.

④ Ibid. p. 14.

⑤ Ibid. p. 10.

⑥ Ibid. p. 15.

艳羡的进步。它引用最多的则是卡姆登的《编年史》(*Annals*) ①
中关于卡文迪什 (Thomas Cavendish) 和德雷克探险的经历，以
及从伯内特 (Gilbert Burnet) 和克拉伦敦各自撰写的《历史》中
摘录的布莱克的探险史。后者的作品中就有如下摘录：

> 他(布莱克)是第一位避开地狱钟声敲响之人⋯⋯并且他
> 对那些长期以来被遵守的原则嗤之以鼻⋯⋯这让他的船和手
> 下避免了危险⋯⋯船长所应掌握的主要技艺⋯⋯就是⋯⋯再
> 次平安地带领大家回家⋯⋯他是向海员们灌输勇气具有伟力
> 信念的第一人。他让他们通过经验的提升来完成他们的任务，
> 当然他们要有决心才行⋯⋯他第一个把海军的信念、自信以
> 及坚决完成任务的勇气作为学习的榜样带给人们。②

到 18 世纪中期时，不列颠对岛国性的反思中加入了亚洲因
素。斯威夫特把拉普他岛 (Laputa) 这个飞行岛置于日本的东
部。③我们还应该记得，托勒密把塔普罗巴奈（即斯里兰卡）、阿
尔比恩和黄金半岛（马来西亚半岛）列为三个最重要的岛屿或半
岛。④1760 年，托利党讽刺作家约翰·谢比尔 (John Shebbeare) 出
版的《苏门答腊人的⋯⋯历史》(*History⋯of the Sumatrans*) 对英
国政府提出了措辞严厉的批评。攻击力度最持久、火力最大的讽
刺作品则在几年之后出自托比亚斯·斯莫利特 (Tobias

---

① 此处应为威廉·卡姆登在 1607 年出版的关于伊丽莎白女王统治史的著作。该书全名为 *Annales rerum Anglicarum et Hibernicarum regnante Elizabetha*，*ad annum salutis M. D. LXXXIX*。——译者注
② Ibid. pp. 19 - 32, quote on p. 32.
③ Swift, *Gulliver's Travels* Part 3 (and page 1 Plate III).
④ Ptolemy's *Geography* p. 110.

Smollett）之手。

斯莫利特的《一个原子的历史与冒险之旅》（*History and Adventures of an Atom*）首版于 1769 年。该书聚焦到一位君主（达伊罗·哥特汉玛巴巴［Dairo Got-hamababa］）及其与内阁之间的关系上。这个内阁"充满了政治世界中最为奇怪的现象。一个没有能力的政治家，或者说不具备丝毫人类知识的政治家；一个不会写作的秘书；一个不懂乘法表的金融家；一个从未能跟他的随从一起搞清楚收支状况的财政大臣"①。

斯莫利特特别分析了这位国王与他的首席大臣"费卡卡卡"库波伊（Cuboy，Fika-kaka）之间的不同寻常的关系。首先，这跟这位大臣的以下行为有关，他愿意

> 在他那有着乖戾性格的［陛下］面前表现得谦恭顺服。他每天都很规律地撅起屁股让陛下来踢；撅起屁股不仅仅是为了表示顺服，还包括了一种喜悦性的渴望；的确，这种日复一日的行为伴随着的是这般享受，以至于他在其他方面从未有过如此感受。②

151

费卡卡卡愿意"接受达伊罗的……足上一端"不仅出于政治目的，还有医学含义。这是"两只原子争夺谁能占据库波伊荣誉之座"而发起的战斗所造成的。在这种情况下，每日的国王一端——这位大臣可能就是在纽卡斯尔的小皮特或布特勋爵——带来的是惬意舒适。直到有一天，当"哥特汉玛巴巴使出了一阵不常见的力道后，造成了费卡卡卡的会阴部被踢破，国王的鞋子以

---

① Tobias Smollett, *The History and Adventures of an Atom* (London, 1786) p. 10.
② Ibid. p. 11.

及他的脚趾甲都陆续甩出去了”，而这位大臣被迫向一位“名医”寻求治疗之方。这位名医拿出一撮

> 灰白的胡须……然后把他带到自己的房间中。名医提出，他要用嘴在伤口处敷药。不曾犹豫，这个提议就被采纳了，而其效果也大出库波伊之期望。这种接触本身是柔和的、温暖的、润滑的且舒适的；但是，当敏感的乳状突起被长长的、有弹性的、蠕动的、有洁净作用的须根轻轻扫过时，一阵令人愉悦的瘙痒感随之而来，很快费卡卡卡就兴奋起来了。
>
> 最初，他只是想找药膏，后来却找到了一件奢侈品。所有跟随他的波纳斯（副大臣），无论老幼、黑白、粗俗还是温和，每天在进献胡须这种特别的［医治］屁股仪式中开心不已。库波伊也很开心，以至于他每天早晨都迫不及待地等待着达伊罗的一脚……踢完之后，他就飞奔去享受随后的愉悦时光了。①

很快，所有的副大臣都被排列了等级，并且是“根据胡须的颜色进行排序的……灰色胡须的接触带来的是柔和、精妙的感觉，是一种惬意的舒缓感……红色、黄色和黑白相间的胡须则在激发紧张兴奋或刺痛感时才被需要：不过，黑色胡须最受费卡卡卡的喜爱，这不仅因为其具有羊毛绒般的感觉，还具有提神醒脑和镇静剂的作用”，而且其具有磷火的效果，能“在摩擦时……产生火花”。②

这部令人惊奇的作品中的这个踢屁股和舔屁股国度的地理背景受到了斯莫利特编纂的一部 60 卷的《世界史》（*Universal*

---

① Ibid. p. 12.
② Ibid. p. 13.

History）的影响。在对第九卷的评论中包含对日本的描述。让斯莫利特印象最深的是三件事情，其中就包括地理上的类比：

> 日本……面积上不大。它由三个……岛屿组成，并且日本位于亚洲的最东部边缘处……如果英格兰和苏格兰由一湾海水隔绝开来的话，日本就可以很好地与不列颠和爱尔兰做一番对比了……日本的海岸非常危险且多礁石，大不列颠也是如此；日本的气候潮湿、多风暴且变幻无常，大不列颠也是如此。

152

第二，

> 两国人民在天赋和脾性方面存在着相似性：日本人跟英国人相似的是，他们都很勇猛且好战，反应很快，而他们在处理问题时又具有意志坚定、脾性温和、有耐心、彬彬有礼、有教养、勤奋好干、热心肠等特点……他们做事真诚……但是又有一股傲气，有目中无人、易怒、幽默感且易于自杀等特点；他们在宗教信仰上四分五裂，并且政治派系如此之多，以至于这个民族被分裂成两个不同的政府。

然而，比这两种相似性"更为特别的是"日本与邻国大陆的关系。因为"中国……在多个方面都可以与法国做对比……中国有着更多的人口，更强大的实力且面积也更大……它的宫殿更宏伟……它的军队人数更多……但是中国人所发明的东西，日本人进行了改善……中国人更为放浪形骸，而日本人则更为*内涵丰实*……中国人更好面子，更注重礼节，更娇气，日本人则更*团结统*

一、更为*坦率*，也更具有*男子气概*"①。

斯莫利特带有情色色彩的讽刺性文章针对的是七年战争期间的英国政府，但其中并不含有对不列颠民族的那套陈腔滥调的质疑。然而，它却包含着一种海外远观的视角（这部作品是在意大利写成的）。

> 日本人的价值观与他们的制度有着更多的关系,也更强调自由和财产这类词语;然而……他们享有的唯一的自由却是可以任性醉酒,可以任意批评政府,以及与他人争吵的权利;尽管经历了一系列不公正的负担,而且这些负担是世界上其他民族不曾忍受过的,日本人也并未退缩……不仅如此……日本还变成了一个富裕的、强大的民族,这部分原因在于其岛国位置,部分原因在于对商业冒险精神的进取心……这种进取心蕴含着良好判断力的火花,而这些火花又在他们荒谬生活的混乱状态中不断地闪烁着。②

---

① Smollett, review published in September 1759 quoted in Robert Adams Day 'Introduction', in Tobias Smollett, *The History and Adventures of an Atom* (Athens, Ga. , 1989) pp. xliii - xliv.

② Smollett, *History and Adventures* pp. 7 - 8.

第八章

反大陆主义

153

> 一个城市成长起来,并崛起为一个帝国,真是一段独一
> 无二的洪业。它值得哲人对其进行一番思索。但是,罗马的
> 衰亡是不加节制的追求伟大地位所带来的自然的、无法回
> 避的后果。繁荣是导致衰败的根源;毁灭的机率随着扩张的
> 程度不断加深而日益增高……这样一个幅员广大的统治结
> 构却给自身带来了重负。罗马的毁灭可谓简单明了;但是,
> 与其执着于罗马帝国为何会灭亡这一问题,我们真正应该
> 感到惊奇的是它为何能坚持如此之久。
>
> ——爱德华·吉本:《罗马帝国的衰亡》

吉本对殖民问题的讨论所映射的不是一个小小的爱琴海,而是直指大西洋上的那个群岛帝国。在七年战争（1756—1763 年）之后,不列颠帝国的框架越来越能凸显出其全球性、军事性和海洋性了。[1]之后所丢失的美洲十三个殖民地不过是一个小创伤罢了。然而,特别是在与大革命中的法国争斗时,英国人对领土的攫取越来越多地转向了太平洋、地中海和亚洲地区。[2]

只是在 1756—1763 年期间以及之后的时间里,不列颠的作家们才经常讨论"岛屿和大陆……的区别",而且他们往往是从优先防卫前者这个角度来讨论问题的。1759 年,一位威尼斯的观察

---

[1] Alan Frost, The Global Reach of Empire: Britain's Maritime Expansion in the Indian and Pacific Oceans 1764 - 1817 (Melbourne, 2003) pp. 31 - 42; Richard Harding, 'The Royal Navy', in H. T. Dickinson (ed.), A Companion to Eighteenth-Century Britain (Oxford, 2002) p. 483.

[2] Bayly, Birth of the Modern World p. 45.

家评论道："这个岛……看起来与大陆完全不一样……所有的居民都有着独特的品性，并且觉得他们能比其他任何民族都强。"①威廉·福尔克纳（William Falconer，一个苏格兰人）引用孟德斯鸠（他熟知修昔底德）的话说："岛国上的居民……要比大陆上的居民享受更多的自由。"实际上，孟德斯鸠的话是说，就"岛上居民"而言，"海洋将他们与大帝国分离开来，而且暴君也无法触及到他们"。②这句话所要表达的貌似是岛屿与帝国，以及与自由之间的关系。不过，福尔克纳持有与吉本不同的观点。他继续讨论了在地中海的撒丁人、科西嘉人、西西里人和爱琴海的岛民们曾经成功抵御雅典人、迦太基人和罗马人的进攻，"东印度的印第安岛屿"也是如此，因为这里"仍然由原始的居民占领着，而大陆上从过去直至现在都有成为每一位入侵者捕猎的对象"。③

福尔克纳列举了这一现象出现的多个原因：岛屿不事征服，但也不被征服（"征服者被大海所阻挡"）；四周的大海让岛屿的气候变得温和，而人民却变得"更加大胆、勤奋，也少了奴性"；在一个岛上，常备军（"这对于支持专制主义总是必要的"）不实用，而岛上的人却"受雇于舰队和海上力量"。这是有利于自由的情况，正如在荷兰、威尼斯和雅典所发生的那样。此外，"关于岛屿的种种已经谈及的情况，在很大程度上，也可以应用到靠近岛屿的国家"。借助亚里士多德的观点（"亚里士多德建议在为城市建设选址时，如有可能要靠近海洋。"），福尔克纳继而构建了一种颠倒了的海洋与野蛮的关系。

---

① Giacomo Casanova quoted by Simms, *Three Victories* p. 501.
② Montesquieu, Charles-Louis de Secondat, Baron, *The Spirit of the Laws*, (eds.) Anne Cohler, Basia Carolyn Miller and Harold Samuel Stone (Cambridge, 1989) p. 288.
③ William Falconer, *Remarks on the influence of climate, situation, nature of country ... on the disposition and temper* (London, 1781) pp. 170 - 171.

　　　　繁荣和独立的诸民族分布在太平洋和大西洋的海岸边；
　　它们围在红海、地中海和波罗的海边上；而（有一些部落是例
　　外。他们退居到靠近印度和波斯边境的山中，或者在里海和攸
　　克辛海边的小溪旁过着原始的生活）在广袤的亚洲大陆里，几
　　乎没有一个民族值得称道。①

在一场波及大片地区的浪潮中，古老的海洋东方主义再次复兴
了。这次复兴的目的是催迫以种植谷物和羊群为生的慵懒的村民
们走上甲板。曾经雅典人自我标榜的口号现在适用于西欧社会
了：文化上的优越性是建立在与海洋的关系基础之上的。福尔克
纳又进一步指出，现在不列颠作为一个岛屿所取得的实际成就足
以代替当年的雅典。他引用色诺芬的话说，要是雅典真的是一个
岛屿，而不是仅仅让伯里克利用劝说的方式让其把自己想象为岛
屿，雅典可能会永远保持其自由和权势地位。福尔克纳进而补充
道："孟德斯鸠先生说，人们都认为色诺芬说的也可以指英
格兰。"②

　　这个观点的潜台词可不仅仅是把世界上各种文明按照地理位
置排个序列——欧洲文化处于所有文化的顶峰，而且在欧洲内部
的文明也按照地理位置排序——不列颠则处于顶峰。这样就可以
宣称，在所有的欧洲民族中，不列颠是最自由的，它的经济最富
裕，它的帝国最庞大，而这源自它是一个岛屿。

　　实际上，如果说不列颠是自由国度，那不是因为它是个岛
屿，而是因为自罗马征服以来，它首次获得了捍卫自己的能力。

155

① Ibid. p.172.
② Ibid. pp.172-173.

那种能力还是全球层面的。因此，如果说伊丽莎白时期和早期斯
图亚特时期的不列颠作品中包含着焦虑感，而吉本却已经认定不
列颠的优势超越了自身的劣势。一个新的岛屿神话正在形成。这
个新神话诞生于海洋东方主义这个大舞台中。海洋东方主义除了
把雅典奉为正溯外，它还兼具反亚洲（欧洲脱离了欧亚大陆）和
反大陆（福尔克纳书中的一章的标题名为"岛屿或大陆状态的影
响"）这两大特征。

　　正如爱德华·萨义德所说，东方主义是一种文化上构建的
"他者"。它是由欧洲人发明出来的用以宣称所谓的"西方"概
念。尽管我们已经讨论了这一概念在伊丽莎白时期的早期发展历
程，但是它的繁盛期是在欧洲全球帝国鼎盛时代（18、19 和 20
世纪）。在此期间，萨义德所确认的所有的道德修辞都具备了。
不过，要再次强调的是，这种发明所包含的地理意向并非"在两
个大陆之间……直接画一条线"①。在这条线的两边分别是一个
叫作亚洲的大陆（遵循托勒密的说法），另一边则是某种用来替
代它的东西。就雅典来说，这一替代物往大里讲是水，往小里讲
是岛屿。在西欧启蒙运动时期的一些作品中，它变成了欧洲，或
者说是不列颠与其他所有大陆之间的一条分隔线。

　　除了突出世界中的欧洲，突出欧洲中的不列颠外，这一想象
的地理学获得了新的用处。它在帝国鼎盛时代可以为反对帝国的
观点提供依据。这在北美殖民地危机中尤其突出。②在这种情况
下，东方主义不仅为帝国权力在内的各种权力话语提供了压迫非

---

① Said，*Orientalism* p. 57.
② David Armitage，*The Declaration of Independence：a Global History*（Cambridge，Mass.，
　2007）p. 101.

欧洲人民的工具，^①它还为文化优越性提供了话语工具，用以批
评帝国为野蛮的、大陆的且非欧洲的。在这一时期出现的许多亲
雅典-迦太基的古代史作品中包含着反对罗马的因素也就不足为
奇了。当然，只能说有许多，而并非所有作品都如此，因为在东
方主义理论中，罗马军队和法律被看作欧洲文明的基石，而这在
海洋东方主义中更为明显。

　　一篇最近出版的论文中就谈及，

> 在文化神话中，海洋超越了历史，处在历史之外。海洋是无止
> 尽的、循环往复的，它可以消灭记忆与世俗时间，并且一个完
> 全历史化了的陆地在某种程度上是与非时间的、"非历史的"
> 海洋截然相对的。这样一种海洋神话观——海洋象征着癫狂
> 性，非理性的柔弱性，以及任性的活浪漫的反文明特征——可
> 以说只是在强化着西方现代性（在福柯很久以前出版的《疯癫
> 与文明》中就论述说，西方现代性把知识与理性看作一种伟大
> 的陆地品格）中的这对二元结构。^②

这种观念与这儿所讨论的内容正好相反。前文第一章中认为，欧
洲人拥有一个"大陆"的领土或物质性的想象，并且当时之人还
把海洋描绘为危险的、易激动的且行为张狂的。接下来的一章
（第九章）将会从一个不同的角度反思以下观点，即近代早期的
欧洲作家考虑的帝国都是大陆式帝国。因此，重新描绘一番会带

---

① Anna Suranyi, *The Genius of the English Nation*: *Travel Writing and National Identity in Early Modern England* (Cranbury, N. J., 2008) pp. 20 - 22.
② Bernhard Klein and Gesa Mackenthun, 'Introduction', in Klein and Mackenthun (eds.), *Sea Changes*: *Historicizing the Ocean* (New York, 2004) p. 2.

来新的成果。就不列颠而言，它将从一个诸大陆（美洲、亚洲和非洲）组成的帝国转变为（太平洋式的）岛屿组成的海洋。但是，这种说法还是没有把文化对空间进行想象的整体性给揭示出来。近代早期对荒野的描写可以指涉海洋，也可以指涉"陆地"。欧洲自己的地理，无论是平原、半岛、海洋还是岛屿皆能超越海洋和陆地的边界。欧洲的岛屿与太平洋岛屿之间所具有的不同的距离也有着文化意蕴。但是正如我们所见，这种文化意蕴也与变化中的技术有着特定的关系。

　　我们这里所讨论的许多作家并不太把海洋与"反文明"联系在一起。他们做的反而是从海岸的视角去讨论欧亚大陆和美洲的历史、地理与文化。根据这一观点，文明变成了海洋的文明，而大陆则变成了野蛮的大陆。上文所引用的福尔克纳的那段内涵丰富的段落也隐含在亚当·弗格森（Adam Ferguson）的《论文明社会史》（*An Essay on the History of Civil Society*）中。该文初版于 1767 年，它能让我们对这一联系的构建过程有所透悟。[1]弗格森在"环境与位置的影响"（'Of the Influences of Climate and Situation'）一文中也向孟德斯鸠及其希腊文献致意，但却没能特别关注到岛屿问题。不过，正如福尔克纳在前引文所说明的那样，它是亲近海洋且反对大陆的。它也是全球性的：对于弗格森来说，跟在亚洲一样，自由和道德的前景在非洲和美洲同样是黯淡的。不过，其中的原因却不是源自海洋与陆地的关系。弗格森的解释要比福尔克纳和笛福的更为精妙，也更为复杂。

　　在弗格森看来，道德生活的前景不仅有赖于其位置，也与环境有关，还与位置和环境之间的互动有关。他从有着悠久传统的

---

[1] Ferguson，*An Essay* p. 117.

三分法入手，即寒冷区、温和区以及炎热区。博丹（Jean Bodin）
是这种分类法现代模式的创建者（三分法也有其古代源头）。在
博丹眼中，这些气候种类主要是受到纬度的影响，但通过气候对
人类脾性的影响又让人产生了不同的行为习惯。^①弗格森还认
为，"在极冷或极热下，人的灵魂的活跃度就会受到限制……在一
种极端情况下，他们会变得慵懒和缓慢，他们的欲望也会变得低
一些，他们的生活方式会变得循规蹈矩且安享宁静；在另一种极
端状况下，他们又会热情似火，判断力变得薄弱，且易受到气候
的影响而陷入兽欲之中"^②。因此，"中等气候"看起来最符合人
类的本性需求。

> 不管我们用何种方式对这个事实进行解释，无可置疑的
> 是，物种总能在温和区保留其最主要的品性。在这里，他们反
> 复发明各种技艺的能力，他们的理性的水平、他们的想象力的
> 活跃度，以及他们在文学、商业、政策和战争方面的力量都能
> 充分说明位置具有的独特意义，也能说明人的大脑在自然界
> 中所具有的天赋优势。^③

至此，或多或少对于博丹来说，世界上气候最温和的地方是欧
洲，而欧洲最温和的地方是法兰西。进而推定，法兰西最温和的
地方是图卢兹（他出生的地方）和巴黎（他受教育且工作的地

---

① Jean Bodin, *Six Bookes of a Commonweale*, a facsimile reprint of the English transla-tion of 1606,（ed.）K. D. McRae（Cambridge, Mass. , 1962），Book Five, Chapter One. William Robertson, *The History of America*（2 vols. , Dublin, 1777）vol. I p. 23 解释说，根据"这一理论"在古代的说法，"地球上很大一部分有人居住的地区都被宣称为不适合人类居住"，因为寒冷区和炎热区都被认为是不适合人居住的。
② Ferguson, *An Essay* p. 110.
③ Ibid. p. 106.

158

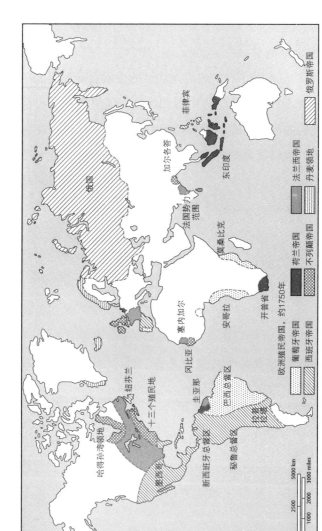

图五　大部分的欧洲帝国既包括大陆去领地，也包括海洋领地。该图基于《欧洲殖民帝国，约 1750 年》，参见保罗·肯尼迪（Paul Kennedy）：《大国的兴衰，1500—2000 年》（The Rise and Fall of the Great Powers, 1500—2000，纽约，1987年），第 112 页。

方）之间的某处。跟博丹一样，弗格森很开心地看到，人类与性、演说术和酒精的关系也随着人们跨越地中海、阿尔卑斯山或（拐来拐去的）密西西比河而发生变化。在路易斯安纳地区充满了不幸，这里的"女性河东狮吼"。①

不过，博丹也知道，文明化的欧洲也包括自己的炎热和寒冷极端区。不管他们对慵懒生活和残忍行径有多么大的喜好，没有人可以否认地中海各民族在纯科学领域（包括数学、哲学和神学）的成就。尽管他们习惯于不受约束的生活，但是北方民族为世界培养了工匠以及武艺高超的战士。对于弗格森来说，与世界其他地方相比，整个欧洲的性情都很温和。最重要的是，这种脾性以及总体上的气候并不仅仅是纬度作用的结果。

> 这种脾性并不与根据从赤道至极点所测量的纬度一一对应；空气的温度也不依赖于纬度。土壤的变化及其位置，距离大海的远近，都是影响气候的因素，甚至可能是物种构成的关键因素。②

如果说温度比纬度更有决定性意义，那么"空气"又比温度更重要了。这里的"空气"包括"重水汽和有害水汽"存在与否的问题。因此，考虑气候问题就是在一定的纬度内思考空气、陆地和大海的关系问题。

在这里，弗格森观察到，与欧洲同一纬度的地区相比，"美洲北部的气候在冬季时"要有"两倍的恶劣程度，并且在一年中的许多个月份里，由于雾、雪和霜频繁且持续的出现，让严寒区的

① Ibid. p. 112 - 113.
② Ibid. p. 113.

可怕天气深入到了温和区中去"。在其他地区，"墨西哥人跟亚洲
印度人一样，沉浸在享乐之中，人也变得温顺；并且……由此面
对着……迷信的肆意生长，以及……专制政府"。①

> 鞑靼人统治的很大一部分地区跟希腊、意大利和西班牙
> 所处的位置差不多；但是这些地方的气候不一样：地中海乃至
> 大西洋的沿岸地区气候和季节的变化不大，而欧洲的东部地
> 区以及亚洲大陆的北部则遭受着极端天气的折磨。我们知道，
> 在一个季节中，灼热的夏季肆虐冻海；并且居民们还要保护自
> 己免受在烟雾遮掩下袭来的毒虫的侵扰；而到了这年的另一
> 个时节时，他们又要找到庇护以免受严寒之苦。②

最后一点，在非洲南部或南北美洲气候温和的纬度区中没有发现
（欧洲型的）文明。这里的大陆没有文明化不仅与在大陆上策马
奔腾之人有关，也与人们策马奔腾的大陆有关，还与穿行其间的
气温有关。弗格森海洋东方主义的基石并不是（跟笛福所说的那
样）把商业信念看作文明进步的动力（尽管弗格森也不反对这一
点）。他认为，水对气候具有缓和功能。③

从这一点出发，人们能够看到，欧洲的文化成就不仅源自其
纬度（纬度当然也有重要作用），海洋地理也是其原因。正如已
经指出的那样，这是一种与岛屿、半岛、河流和内陆海有关的地

---

① Ibid. p. 113 - 114.
② Ibid. p. 114.
③ 约翰·波考克指出，弗格森的"野蛮和蛮族史"具有一种大陆背景（*Barbarism and Religion*,
volume II pp. 333 - 335）。不过，弗格森并没有说这个阶段展示了"人类社会的'多样性'"
（ibid. p. 334）。他说，这样一个"广袤的大地上包含着如此多的地理情况、气候和土壤，的确
应该"这样做，但是在他讨论的这个阶段，"每一个关于这个主题的问题都言之过早"（引自
ibid.）。我们将要被发现的是，在大陆上，真正的多样性受到了这里所讨论的因素的制约。

理。"就在波罗的海沿岸因哥白尼、第谷和开普勒的研究而闻名于世时，地中海岸也在欢呼各种职业天才的诞生，并因大量的诗人、历史学家和各种科学家而闻名。"①政治地理学有着同样重要的意义，并且其与海洋地理学有着密切的关系。欧洲在艺术与科学（包括"政治学"）方面取得了高度的成就，这是因为它的内部分成了"一个个独特又独立的共同体"。

> 人们集结而居，组成社会，对形成个人的意义未必比民族间的竞争更有必要，而民族间的竞争为一国建立诸政治原则提供了动力。他们之间的战争，他们之间的协定，他们互相的嫉妒，以及他们之间设计的用以互相比较的立国之本构成了大部分人的工作内容，也为发挥他们最重要的、最先进的能力提供了原材料。正是由于这些原因，岛屿聚集成群，一个大陆被自然障碍分隔成块，大江大河，高高的山脊，海洋的环抱，都是诞生独立且受人尊敬的民族的温床……最受尊敬的民族几乎都是位于至少有一部分面临大海的地方。大海这种障碍有可能是所有野蛮时代最难克服的天险，不过它却没能让人们抛弃对防御能力的关注；并且在技艺不断进步的状态下，大海又给商业发展带来了最大的希望和帮助。②

在约翰·波考克的解释模式中，对于弗格森来说，"地理决定了人类能做什么，但是文化决定了他们真正做了什么，当然这是在他们的陆地条件的制约下完成的"③。如果我们认为，在这种

---

① Ferguson，*An Essay* p. 112.
② Ibid. p. 117.
③ Pocock，*Barbarism and Religion*，volume II p. 342.

情况下，包括气候因素的地理帮助决定了它的发展，并且以这样或那样的方式帮助决定了文化的发展，那么这种观点是正确的。换句话说，地理位置并不仅仅是陆地问题。就在其他人把欧洲描绘为"一个大陆的海角"时，波考克却利用弗格森的观点把欧洲看成一个具有"岛屿和半岛的形象"。①

因此，弗格森跟笛福一样，如果说岛屿地理学不是必须的，那海岸还是具备根本性意义的。正如笛福所论，能给这种想法带来可能性的是商业。不过，在弗格森看来，所有的这些考量都要服从于一个独立的、强大的政治文化所具有的目标。正如其他人所说，与七年战争后的这类作品一样，弗格森能够把海洋看作跟江河和山脉一样的防御线。

这种视角可以与法国人纪尧姆·雷纳尔的想法进行一番比较。雷纳尔的作品在 1776 年被翻译成英文，并且他跟孟德斯鸠一样在不列颠有着广泛的读者。②跟笛福一样，雷纳尔的《定居与贸易交往史》（*History of Settlements and Trade*）由包括德尼·狄德罗在内的一干人等帮忙编辑而成。该书把论述的主题追溯到推罗以及之后的迦太基。③不过，虽然他的作品中把文明的起源放到了海洋上，但是这部作品并不是反大陆的，也不是亲欧洲的，而是把这些城市看作全球人群之间交往的十字路口。

---

① Ibid. 并且参见下文第九章的内容。

② 在 1773—1784 年间，布里斯托图书馆最受欢迎的图书排名第六的就是雷纳尔的作品（借阅 137 次）。约翰·霍克斯沃斯（John Hawkesworth）关于库克远航的作品排第一（201 次）；威廉·罗伯特森第七版的《查理五世统治史》（*History of the Reign of Charles V*）（131 次）则排第七。Paul Kaufman, *Borrowings from the Bristol Library*，*1773 - 1784* discussed in Brian Richardson, *Longitude and Empire：How Captain Cook'sVoyages Changed the World* (Vancouver，2005) pp. 13 - 14.

③ Pocock, *Barbarism and Religion*，*volume IV：Barbarians，Savages and Empires* (Cambridge，2005) ch. 13.

　　商业国家能够将各方面文明化。腓尼基人的国家大小与
影响力都很有限,但是他们凭借着自己在开拓海洋上的天赋
而获得了地位,让他们成为古代历史中的佼佼者……他们看
起来命中注定要成为海上霸主,渔业教会了他们航海的技
艺……正如他们通过在非洲、亚洲和欧洲定居栖息,如果他们
无法将全球居民统合进共同的利益中,他们至少也能让其为
己所用,并进而通过商业的交往与世界各种气候区的民族往
来交流。[①]

雷纳尔还用同样的方法看待

　　希腊在各个方面都是通过大海实现互动,也必然通过商业实
现繁荣。它处于群岛之中,并且它离任何大陆都有一定的距
离,这让它看起来不太可能去征服别人或被征服。希腊位于亚
洲和欧洲之间,它促进了二者的文明化,并且享受着应有的繁
荣程度,这是对它付出的回报。[②]

162

雷纳尔把雅典人领导下的希腊看作亚洲的一处殖民地。该殖民地
的建立者是埃及人和腓尼基人。他们"将人类的理性提升到一个
完美的程度,但随后的帝国变更又让其变得如此之低端,以至于
很有可能再也无法回到同样的地位了。他们那令人羡慕的制度要
比今日我们所有的最好的制度还要优越"[③]。
　　尽管把这一成就与"专制统治下的波斯人"所面临的困境相

[①] Raynal, *A Philosophical and Political History* vol. I pp. 2-3.
[②] Ibid. p. 4.
[③] Ibid. p. 5.

提并论，但是雷纳尔关于环境影响的论述并不是反大陆的。当谈到欧洲时，他就抱怨法国的天气虽然优于不列颠，但是法国政府却没能利用好这一比较优势（他意指自由）而将自身优点显现出来。①讨论到人类移民问题时，他说，"可以合理地得出结论，一种环境若能最好地适应人类，那人类就会最早在此定居；第一代人类定居在一处气候良好之处，那里空气清新，土壤肥沃，适宜耕种"，所以他指的就是"恒河的岸边……"：

> 空气中充溢着最甜美的水果的味道，并且这种空气能给人带来健康且清新的感觉；树的绿阴能遮挡阳光；动物们……在印度的大地上徜徉，与他们的主人一起享受着富足与安全带来的甜蜜生活。甚至在今日……印度斯坦……仍旧是世界上最富足的国家。②

正如在笛福的《历史》中所展示的那样，雷纳尔用更强烈的语气赞美迦太基和雅典，同时又带有对罗马的敌意。那股力量"把人们带入奴役的境地并摧毁了已知世界"。

> 罗马人……尽管因其宏伟的外观而让世界惊奇，却缺乏希腊人那种在哲学和艺术上的成就。他们推动了不同民族间的交流，不是通过商业把他们统一起来，而是通过给他们带上奴役的枷锁实现的……他们的绝对主义和军事统治压迫着各族人民，消灭了天才们的能量，并给人类带来了羞辱。③

---

① Ibid. vol. IV pp. 529 - 530.
② Ibid. vol. I pp. 31 - 32.
③ Ibid. pp. 6 - 7.

可以把雷纳尔的反罗马主义放到法国传统中看待，而这个传统（至少）可以追溯到弗朗索瓦·霍特曼（François Hotman）的《法兰克高卢》（*Francogallia*，1573 年）一书。我们可以看到他的文明性定义通过海洋视角从而与商业画上了等号，这是欧洲启蒙运动时期大西洋主义的一大特征。但是他对大陆地理持有的开放态度，他对文明的界定，以及他把希腊推举到超越当下的地位等立场都在表明，他和他的合作者们是这里所讨论的这种占据主导地位的欧洲自我赞誉形式的激进批评者。

苏格兰人威廉·罗伯特森在出版《美洲史》一年后，雷纳尔翻译了此书。罗伯特森在书中实现了与雷纳尔殊途同归的目标。古代人的航海以及商业成就是有限的；他们的地理知识（在托勒密那里达于完美）更是如此。在航海业和商业方面，无人堪比腓尼基人和迦太基人。他们跨越地中海，与印度和东非、西非、加纳利群岛、西班牙、高卢以及不列颠做贸易。[①]希腊人"有着这般优越的地理位置……几乎为海所环抱，这样形成了许多宽阔的海湾和适宜商业的港口……在它的四周有一大批物产丰富的岛屿"。即使如此，希腊人仍然对地中海的地理有着令人惊异的无知，并且他们拥有的海军舰队"实力弱小"。

罗伯特森将雅典人在希波战争中海军的胜利归功于"因享受自由带来的勇气"，而不是海军本身的战术水平。希波战争和伯罗奔尼撒战争中分别取得的胜利和悲剧结果不过是"希腊历史学家们信口雌黄"的产物罢了。[②]在古代世界，在地理发现上取得巨大成就的不是迦太基人或希腊人，而是罗马人。其大部分的成就都是跨洲际的，并且将西部欧洲、北部欧洲和东部欧洲以及黑

163

① William Robertson, *The History of America* (2 vols., Dublin, 1777) vol. I pp. 3 - 11.
② Ibid. p. 13.

海沿岸的西部亚洲地区向世人打开了。在帝国内部，"希腊、埃及和其他被征服国度的贸易往来持续进行……罗马统治的理念先进且催人奋进，这给商业往来提供了外在的保护，也提供了强大的动力"①。

164

　　苏格兰人詹姆斯·邓巴是弗格森传统的更知名的继承人。跟福尔克纳、孟德斯鸠和雷纳尔相似的是，邓巴对地理和环境如何影响政治和道德有着浓厚的兴趣。跟弗格森一样，他对环境视域下的地理——特别是海拔和地形——的功用价值的关注主要继承自博丹的观点，而且他还论及空间的广度，边界和邻国的种类特征，及其在文化或政治上的意义。"一个国家被大山、湖泊、河流分割开来的情况，其距离大海的远近距离，它是岛国还是大陆国家，以及该国周边国家的相对情况，这些都能明显地影响到该国人民活动的方式以及他们所能取得的成就。"②

　　邓巴并不是一个地理决定论者。他承认时间与空间的相关性。尽管"这个星球由陆地和水域组成，但是在这个星球上凭借国家和帝国疆域广阔所构建的价值最终指向的都是其地理条件"（邓巴倾向于称作"地方条件"），而由这些条件所产生的价值又根据他们与人类历史和人类文化的多重关系所组成。③社会发展中的不同时代跟人在不同的年龄时一样，需要不同的规矩和文化。能够适用于世界某一地区的政策并不总是能适应另一地区；任何地方的经济所具有的所有优势极有可能又属于一种整体的经济体系。④意思就是说，（例如）岛屿位置的影响与其所处的文化

---

① Ibid. p. 18.
② James Dunbar, *Essays on the History of Mankind in Rude and Cultivated Ages*, reprint of 1781 edition, (ed.) James Dunbar (Bristol, 1995) 'Essay VII. Of the Farther Tendency of Local Circumstances to Affect the Proceedings of Nations' pp. 257 - 258; also 318.
③ Ibid. p. 266.
④ Ibid. p. 267.

和历史背景有关。

> 在航海业到来之前，在一处岛屿上定居，或者掌控了一大片适用于商业贸易的海岸，对于这片地区的所有者来说可能并不会带来什么优势；或者说，这样的地理条件在商业时代具有难以估量的价值，但是在先前的时代，它却能隔断与其他物种的联系，成为掌握文明技艺的难以克服的障碍。[①]

在舰船匮乏的时代，水不是桥梁。邓巴不关心在这种情况下一座岛屿最初是如何实现有人居住的。站在 1781 年这样一个优势位置上，他也没有关注岛屿的孤立性或者把海洋看作安全性缺乏的来源。更确切地说，在前航海时代，"我们的岛屿位置……使我们在很长一段时间里处于缺乏文明并且与外界隔绝的状态……世界民族曾经忽视了不列颠的存在，只是在他们的后代中这一状况才发生了改变。"在邓巴的《历史》出版的同一年，爱德华·吉本出版了《罗马帝国衰亡史》。在这本书中，吉本通过比较的方法，对罗马统治之后不列颠所处的孤立状态进行了一番描述：

> 通过不列颠革命，科学和帝国方面的不足得到了弱化。通过腓尼基人以及恺撒军队最终的努力，笼罩在不列颠上空的乌云曾经被驱散一空，但是后来又重新笼罩在大西洋之上了。一个罗马行省再次淹没在这片大洋上的那片传说中的岛屿之中了……借助于航海技艺，[盎格鲁-撒克逊人]建立了不列颠帝国，建立了一个海洋帝国，却又被好逸恶劳的蛮族很快给遗

[①] Ibid.，Essay VIII pp. 297-298.

忘了。这群蛮族眼光落后，他们放弃了他们所处岛屿位置所具有的所有商业优势。[1]

正如邓巴所说，一座岛屿的商业优势是相对于其航海业的发展状况来说的。这种解释使用了比较的方法，而在历史性上则有所不足。不过，连吉本的好友罗伯特森也予以认可，高度发达的航海文化看起来并不必然建成一个海岛帝国，而这种帝国又是大陆居民常能充分享受到的。[2]

根据邓巴的说法，不列颠现在之所以能处于世界事务的中心位置有两个原因。他跟笛福和雷纳尔一样，把第一个原因归于腓尼基人的历史谱系。

腓尼基人所统治的地区面积不大，土地也不肥沃，但是它们处于商业繁荣的海岸，我们从中可以看到富裕与兴旺的源头……正是由于腓尼基人勇于突破古代航海活动的藩篱，勇于参与到商业冒险中来，他们才能把技艺与文化带给西方社会……每一个国家的商品都能在腓尼基人的底仓中找到身影；作为销售商、代理人或航海家，他们让世界离不开自己，并且几乎独自霸占了世界交易的机会。

相对于地中海沿海民族，腓尼基人达到了古代世界的顶峰；相对于欧洲其他国家，汉萨城镇和荷兰人后来达到了一个顶峰；相对于世界其余地方，整个欧洲的商业城镇又是一个个高峰。希腊人在海洋上的努力削弱了腓尼基人的重要性。英国

---

[1] Gibbon, *Decline and Fall* vol. IV p. 158.
[2] 盎格鲁-撒克逊人通过狗刨式游泳抵达不列颠。这可不是一种猜测。它在提醒着人们，英吉利海峡并不宽阔。

人以及其他大国的海洋进取活动又影响了荷兰共和国的重
要性。①

不过，并非只有商业才是不列颠当下权力的决定因素。只有通过
掌握海洋军事力量才能将桥梁变成城墙，而且不列颠的岛国位置
也才能因此变成"一个民族安全、繁荣与伟大的充实的源头"。

> 尽管在欧洲大陆上的民族拼尽全力才能维持他们的防御
> 能力，同时还要耗费大量的资金，而且如果他们想解决安全问
> 题，通常要求诸宫廷联盟，并且还要怀着疑忌的心思注视着均
> 势关系中哪怕些微的变化，而大不列颠则免除了这种焦虑。通
> 过在内部聚集力量，通过避免掺和进大陆的战争——这是一
> 件熬人的事情，不会有什么好结果，但却能耗尽她的钱财和人
> 力，以及将改善她的海洋实力作为固定的、明确的政策目标，
> 她能在不参加大国联盟的情况下，维持自身的荣耀与独特性，
> 而这引发了多个国家的嫉妒，这些国家正想着利用她内部的
> 问题来折损她的命运。②

一方面，这就是熟悉的蓝海战略中所隐含的海洋东方主义的
要点。正如塞缪尔·约翰逊（Samuel Johnson）在另一个场合所
说："大自然已经把我们安置到了一个通过海洋无法轻易入侵的岛
屿上，并且我们现在与之作战的敌人的海军实力比我们弱，而这
些让我们免受入侵之威胁。"③但实际上，不列颠并没有免于均势

---

166

① Dunbar，*Essays on the History* pp. 298 - 301.
② Ibid. p. 299.
③ Quoted in Simms，*ThreeVictories* p. 405.

问题所带来的"焦虑感"，也没有免除"巨大的资金消耗"问题（正如弗格森推论所说，海军优势并不廉价）。然而，在这种优势关系中，邓巴同意吉本的观点，即一个商业全球体系外加岛屿地理位置就极有可能带来独一无二的独立性。只有不列颠尼亚统治了海波，不列颠人才能享有自由。

不过，吉本的写作是对海洋霸权的预言，而邓巴则亲身经历了这一过程。此外，吉本把英格兰的美洲殖民地看作实现这一全球目标的关键所在，而邓巴在写作时则身处十三个殖民地的分离危机之中。这就是上一段引文中所提到的"内部的灾难"。因此，当邓巴带头反对卷入"大陆战争"时，他说的不是，甚至可以说主要不是欧亚大陆。这跟约翰逊不一样。不列颠在美洲的政策引发了的"诸国的嫉妒"不亚于其在欧洲的政策所造成的影响。帝国带来的不仅是机遇，还有潜在的致命因素。

大卫·阿米蒂奇分析认为十三个殖民地的《独立宣言》是一种新的政治文献，并且也是世界历史中的一种新观念。它是"从帝国内臣属国向诸国独立并列局面过渡"的一个环节。[1]所谓新时代就是它"提出了世界正义裁决"的理念，并且特别提出，它所依赖的世界是一个诸独立的现代国家并存的世界。[2]它不仅在声称个人或集体的权利，还在反对先前的殖民宗主国，更不用说它所宣称的叛乱合法性。这是一种新国家创制的宣言，针对的是现存的国家共同体。它是一种独立性宣言，也是一种互相依赖性宣言。

所有的说法都是正确的。不过，阿米蒂奇也承认，可能联省共和国的创建才是其先声。联省共和国的成立也是在几个省从帝

---

① Armitage，*Declaration* p. 104.
② Ibid. pp. 17，19 - 21，106.

国中分离出去这一背景下发生的。这也给近代早期的历史带来了
一个稀有之物：一个新国家的创建（包括一连串的军事防御）。
尼德兰跟后来的美洲一样，"一个伟大的革命……发生了——这场
革命的实现，不是通过将现在的国家权力予以斩断或改变实现
的，而是通过一个新国家，一个新物种的崛起实现的"①。在建立
联省共和国的文献中，众人一致同意接纳其他省寻求加入的行
为，这跟美国最后接纳了其他州（比如佛蒙特州）一样。②与合众
国一样，联省共和国不仅是一个联邦，还是一个共和国。因此，
它在宗教和政治上是自由的。按照阿米蒂奇的说法，它有时在英
语世界被称作"低地国家合众国"③。

　　可能有人认为，美洲独立宣言所包含的创新因素在许多方面
来说对当时之人并不明显。正如阿米蒂奇解释的那样："没有一份
文献的意义完全受其起草者意图的限制。特别是像《独立宣言》
这样一份被看作开辟新种类的文献更是如此。"④不过，除了研究
事件普遍意义上的发展历程外，历史学家还要关注到事件究竟是
什么样，以及这一事件在当时是如何被看待的。阿米蒂奇对两大
革命事件所进行的不同区分建立在文本基础上，即显示美洲的
《独立宣言》和1581年荷兰的《誓绝法案》的不同——后者宣布
放弃忠诚于腓力二世，转而向安茹公爵（François，Duke of
Anjou）宣誓效忠（正如我们所知，两者的出现一个发生在伊丽莎
白一世生前，一个在其去世后）。考虑到荷兰革命是为了用一位
君主代替另一位（已经变成了暴君的）君主，我们可以说，联省
共和国还没有成为一个共和国。在这样的基础上，可以说它还没

167

---

① Edmund Burke，quoted in ibid. p. 87.
② Armitage，*Declaration* pp. 91 - 92.
③ Ibid. p. 47.
④ Ibid. p. 140.

有独立，并且/或者说没有宣布它独立。因此，《誓绝法案》并没有提供一种关于"独立宣言"的"明确的、普遍意义上的先例"。①但是，存在的两个相关的问题要细究一下。

一个问题是新荷兰国家的建国基础并不是《誓绝法案》，而是《乌特勒支协定》(*Treaty of Utrecht*，1579 年)。威廉·坦普尔确信，这次"统一……建立了那个共同体最初的结构和框架，此后世人都知道它的名字叫联省共和国"②。跟《独立宣言》类似，《乌特勒支协定》批准了跟联邦制、共同防御以及七个省内部治理有关的方方面面，这些就构成了联省共和国这个新国家。关于《誓绝法案》，恩斯特·科斯曼 (Ernst Kossmann) 和 A. F. 梅妹克 (A. F. Mellink) 评论说，

> 对于之前已经说过多次的内容，它无所增色……决议中故意使用了缓和的说法……当然，腓力二世并没有在 1581 年 7 月 26 日丧失他的统治权；他是在这个日期之前就已经明确丢失了权力。在 7 月 26 日，国务会议只是把这一内容作为事实予以确认；他们并没有宣布独立，他们也没有作出任何革命性的更新，他们只是通过了这份决议……用一种走形式的方式通过一下而已。③

这是因为独立的基础"在乌特勒支签字建立联盟时"就已经阐释清楚了，"这是一个诸省建立的正式联合体，但诸省依然按照独立国家活动，并且诸省决定将他们的外交政策和军事行动交给一个

---

① Ibid. pp. 42 - 44.

② Temple, *Observations Upon the United Provinces* p. 50.

③ E. H. Kossmann and A. F. Mellink (eds.), *Texts Concerning the Revolt of the Netherlands* (Cambridge, 1974), 'Introduction', p. 37.

相当松散的联邦完成，而联邦的任务是捍卫他们各自的独立和共同的习惯"[1]。联合的协定并没有宣布建立独立的尼德兰"大一统"[2]。不过，这是因为通过军事斗争接纳其余诸省的努力尚未被放弃，也不是因为独立的尼德兰联合省的观念尚未产生。同样正确的是，这场独立运动不被西班牙所承认，或者说在 1648 年之前，独立也没有因此被国际社会所认可。不过可以简单地说，荷兰为独立而展开的军事斗争不仅比美洲更持久，而且如果说这场军事斗争是近代社会一系列斗争的第一场的话，那把这场斗争看作未来历史的原点的话也就不足为奇了。在七个省艰苦卓绝的斗争过程中，实现了从联合协定（1579 年）到《誓绝法案》（1581年），再到荷兰领导的独立共和国的建立（16 世纪 90 年代），再到国际条约承认其独立（1648 年）的一次次历史性跨越。没有这些历史进步的话，这样的一个成就也不会受到世人的关注，更不用说后人为其所作的反复赞颂了。

这里要说的就是，这样一个崭新的、独立的国家的建立既是一系列行为的结果，也是一系列话语的结果。可以认定，正是在这个基础上，约翰·亚当斯宣称"两个共和国的起源如此相似，其中一个的历史看起来就如同从另一个的历史书上扒下来的"，而且阿比盖尔·亚当斯（Abigail Adams）也说道，"在美利坚合众国和联省共和国之间存在着一股牢不可破的联系。二者都面临着相似的条件，但是都完成了独立，并且都对腓力和乔治的奴役和压迫表达了鄙夷之情"。[3]

因此，联省共和国对联合王国（1688—1707 年）以及合众国

---

① Ibid. p. 32.

② *Treaty of the Union*, in ibid. p. 166.

③ Quoted by Armitage, *Declaration* pp. 47,50 (and see 66).

（1776—1783 年）的创建可能起到了关键性的作用。同时，在 18
世纪 70 年代和 80 年代期间，美洲并不缺少对不列颠政策的批评
声。邓巴认为："通过我们的军事力量想把美洲的忠诚重新召唤回
来，这即使不算是虚妄的想法，那也是最没意义的尝试。"[①]尽管
表示反对美洲独立，雷纳尔还是认为这是不可避免的。"我们的
这个步履蹒跚的帝国的基础正日益受到侵蚀；破坏它的力量每个
小时都在聚集发力，以摧毁我们的律法……颠覆我们的权利的力
量……给我们宫廷带来奢靡享乐并给我们的国家带来悲惨
命运。"[②]

吉本在 1781 年出版的著作中对罗马失去其西部帝国的历史
进行了分析。博伊德·希尔顿对此评论道："吉本的读者都不会忽
视这段内容。自从 1763 年，不列颠就是世界上最强大的国家。它
的统治区域从印度的西海岸一直延伸到北美的大湖区。但是现
在，它的西部帝国的很大一片区域都处在反叛之中，帝国为此痛
苦不堪。在 1783 年，《巴黎协定》正式承认十三个反叛的殖民地
独立成为美利坚合众国。"[③]

不过——部分的原因可能是为了回避这样的一种解释——吉
本提出了对罗马历史的"总观察"，同时不去涉及这些观察结果
在当时的适用性。欧洲现在受到一种内部专政的保护，这种专政
是一种以法律治理为基础却又多国并存的竞争型体系。甚至某些
"蛮族征服者"也能打败现代军事力量，"数以万计的舰船横跨重
洋将文明社会的遗留物转运出去；欧洲在美洲世界中得以复兴并
繁荣发展，因为在那里到处是他们的殖民地和各类机构"。[④]在更

---

① Ibid. p. 284.
② Raynal, *Philosophical and Political History* vol. IV p. 390.
③ Hilton, *A Mad, Bad, and Dangerous People?* p. 1(讨论了同样文本中不同的段落)。
④ Gibbon, *Decline and Fall* 'General Observations' pp. 165 - 166.

早些时候的 1778 年，受到政府委托，吉本公开抨击"美洲殖民地的黑暗代表们伪称独立，但其独立的基础除了反叛的勇气外一无所有"①。

　　邓巴的评价却截然不同。他所评价的目标不是这个帝国或那个帝国，而是帝国本身。成为帝国就意味着是大陆型的；而成为大陆型国家又意味着变成不文明的、不自由的。邓巴跟更早期的弗格森一样，他们都认为在古代的近东、阿拉伯和奥斯曼的中东，以及鞑靼、亚洲的广阔区域处建立的都是绝对主义的国度。

　　　　自由的声音不再能被听到。她不再用仁慈之心怀抱着她的子民。一个伟大帝国的帝王安坐其上，并且对人民的吁叹声弃如敝屣……这样的结果可以追溯到地理形态中去……淹没平原的奔流裹挟着越来越多的暴力袭来，即便架上最好的篱笆的土地也不能抵御它。那些边界地区很少面临着这般外部袭扰的……民族却具有了优势让其脱离强敌环伺的境地而演变成一个愈加庞大的帝国。②

　　邓巴把帝国和文明（"文化和礼仪"）看作一对"矛盾"。③文明化的国家会把自身所取得的文化成就归于其有限的领土面积。"在这个方面，古代希腊政府备感愉悦。在更大层级上，现代欧洲政府也有同感。"④因此，邓巴同意弗格森和吉本的观点，即"欧洲

170

---

① Quoted by Armitage, *Declaration* p. 83.
② Dunbar, *Essays on the History* pp. 261 - 262.
③ Ibid. p. 271.
④ Ibid. p. 287.

分裂成一系列独立国家……是对人类自由最富有成效的产物"①。不过，邓巴跟更早的雷纳尔一致的是，他们需要询问的问题并非是：什么摧毁了罗马帝国？而是：那个帝国摧毁了什么？答案是罗马的自由、它的政治文化，最后是它的权力。

这是一种具有深厚古典传统的分析，并且这种分析在克伦威尔的护国公政体整体瓦解后继续启发着英国共和派的思想。②然而，正如我们所见，在伯里克利的雅典和伊丽莎白的英格兰，不安全感和帝国，相互完美相融。雅典帝国是城市自由及荣耀的象征。在这些启蒙作家中，弗格森和邓巴是反大陆的，雷纳尔和罗伯特森则不是；雷纳尔和邓巴是反帝国的，而弗格森和罗伯特森则不是。对于邓巴来说，欧洲的美洲帝国带来了一个严重的危险。"美洲的发现为欧洲诸国的野心打开了大门。他们不再致力于扩张国内的领土，而是从那里出发通过征服或殖民去建立远方的基地，并且在另一个半球建立一种新的帝国。"③

这些帝国厉行专制独裁，并削弱了自由和文明的力量。殖民地被"认作臣服型的省份，被看作政府的附庸"，而实际上，"要正确理解的话，殖民地与古代国家的关系就是一种完全平等的关系……这个国家不是母亲，反而可以说是女儿。它们都是同一个政治父母的孩子，并且这个父母是他们平等地表示效忠的政府"。④

现在的殖民地被否认具有合理的政治地位。"忌恨引发反叛。

① Quoted by Hugh Trevor-Roper, 'Introduction', in Edward Gibbon, *The Decline and Fall of the Roman Empire* (3 vols., New York, 1993) vol. I p. lxxxix.
② David Armitage, 'John Milton: Poet against Empire', in David Armitage, Armand Himy and Quentin Skinner (eds.), *Milton and Republicanism* (Cambridge, 1995); Scott, *Commonwealth Principles* ch. 10.
③ Dunbar, *Essays on the History* p. 280.
④ Ibid. p. 281.

政治独立在想象中形成，然后就是追求等级地位的上升。"在这
一点上，欧洲的帝国统治者面临着三个严肃的问题。第一个问题
是在大西洋的另一侧，"远离政府给谋划反叛的州省带来了独特的
优势"。第二，由于美洲大陆已经成为欧洲竞争的舞台，外部的
敌人给修正内部关系的努力制造了障碍。最后，由于分成如此多
的独立殖民地，美洲对自由的期待跟当初欧洲人对自由的期待一
样。"美洲大陆在地理上的分裂的确对实现公民自由有利；并且正
如已经证明的那样，在古代，反对这样一种具有广泛影响力的政
府统治形式是带来具有最恶劣的破坏性、压迫性的奴役后果之
根源。"①

因此，在讨论海洋而非大陆军事政策时，邓巴并没有提出一
种海洋帝国的说法。他是反对帝国的。在用一种如此乐观的笔触
书写美洲的联邦制宪法时，他抛弃了弗格森的问题："大不列颠就
这样被美洲牺牲了？ ……并且一个掌握了如此高度幸福状态的
国家——别的国家尚处于可望而不可及的状态——尝试实现建立
大陆共和国这样一个伟大的计划，难道不是很有可能播下的是无
政府、内战以及至少是军事政府的种子吗？"②

跟邓巴类似，雷纳尔强调了欧洲帝国给自由带来的危害。"新
世界被发现了，并且征服的热情抓住了每一个民族的心。那股精
神与民众会议的迟缓状态不相吻合；统治者在不加干扰的状态下
就轻易攫取了比他们曾经享有的更多的权利。"不过，这个问题
与哪个大陆无关，涉及的是帝国。由于这个原因，美洲独立的前
景是光明的。美洲将处于一个"统一的"政府，而不是"分裂

---

① Ibid. p. 284.
② Adam Ferguson, *Remarks on a Pamphlet lately published by Dr. Price*, quoted by Fania Oz-Salzberger, 'Introduction', in Ferguson, An Essay p. xxiii.

的"政府的统治下。"一旦支撑新、旧不列颠的纽带断裂，北方殖
民地在单一政府的统治下比在与母国联合时具有更多的权力。这
个伟大的大陆从与欧洲的联系中一一解脱出来，将所有的主动权
都掌握在自己手里。"①蓝海策略下的反大陆主义并没有从美洲殖
民地的话语中消失。正如其在英格兰时的模样，这一反大陆主义
所反对的是卷入到"［欧洲］大陆大国之间的……纷争之中"②。

172

> 如果美洲要想保持国内的安全并在国外享有尊重，它必
> 须依靠海军力量。自然和经验指导我们，具有海洋实力是一个
> 岛国最好的防御措施……［并且］从欧洲权力的视角来看，合
> 众国难道不是一个岛国吗？难道不正是这样一个地区让我们
> 忧心忡忡吗？难道不是海洋国家对全球事务有着最大的影响
> 力吗？③

岛国性一直是一种地缘政治学说，而不是地理学说。地理是
表象，而文化才是根本。正是在这种启蒙时代的争论中，活跃的
不列颠人，尤其是苏格兰人参与其中，这样欧洲人才得以提升了
他们对看起来具有鲜明特性的海洋地理学和环境问题的理解力。
它也帮助人们认识到理解帝国的本质及其所面临的危险具有同样
的背景，而那些民族现在通过构建帝国才得以深深地扎根在整个
世界之中。

---

① Raynal, *Philosophical and Political History* vol. IV pp. 390,513.
② James Burgh (1775) quoted by Simms, *Three Victories* p. 588.
③ William Henry Drayton quoted in Simms, *Three Victories* p. 605.

第九章

这是怎样的大陆？

173

　　蜘蛛,聪明又脆弱。库克展示了怎样

　　在岛上诱捕它们,然后带着环绕地球

　　他在测量地理的过程中展示了毛瑟枪能做什么。

　　让野生塘鹅变成圣诞烧鹅。

　　当运煤船在海上航行时,

　　没有大陆出现在眼前;

　　那是一些不同的东西,一些

　　没人在意的东西。

　　　　　——艾伦·柯诺(Allen Curnow):《非历史的故事》①

　　最近,约翰·波考克将不列颠帝国的历史解释为"一部群岛史。它位于大洋之中,并且扩张到了地球的另一端"②。这种说法与新西兰人有一定的关系。这是在提醒新西兰人,无论是波利尼西亚人还是欧洲人,他们的历史都是某种比民族国家更广阔、更复杂的历史的一部分。然而从不列颠历史的视角来看,帝国的这一形象看起来是地理重构过程的结果,而不是过程本身。

　　我们已经看到,不列颠定义自己是一个海岛民族,而且是与"大陆国家"法兰西(或中国)截然不同的海岛民族。我们还看到西欧及其之内的不列颠构建自身为"大陆"亚洲(以及美洲)的海洋代替物。我们还看到讲英语的美洲人宣告一种岛国式独

---

① In Curnow, *Early Days Yet* p. 235.
② Pocock, *Discovery of Islands*, back cover copy.

立，由以从欧洲事务中摆脱出来。在这一章中，我们将看到对不
列颠帝国海洋的再阐释（而不是批评）。这个帝国不是由水联通
而成，它在某种意义上就是水组合而成的。安德鲁·弗莱彻尔
说，"这片大海是在根本上能归属我们的唯一的帝国"。他说这句
话是在响应哈利法克斯和舍勒斯所宣称的海洋所具有的民族空间
属性。他也是在回应着英国共和派把自由与海军权力，以及独裁
与陆军相挂钩的理念。弗莱彻尔对常备军作为暴政支柱的批判既
能应用于克伦威尔的统治，也适用于威廉三世和法国的情况。①
把海洋描述为"属于"不列颠是一种英国共和派的历史逻辑。这
种历史逻辑超越了最初的荷兰海洋模式，转而支持塞尔登对格劳
秀斯的批评，即认为海洋是可以被独自占有的。②

　　不列颠的海洋帝国与雅典腓尼基人和荷兰（自由邦）的帝国
有着诸多异曲同工之处，但又与波斯、罗马和法国的帝国不一
样。彼得·马歇尔（Peter Marshall）和大卫·阿米蒂奇将 18 世
纪前半期的这种历史叙述总结为一个"海洋上的帝国与帝制时期
的罗马和西班牙通过征服得来的领土帝国截然不同，而法兰西如
今正立志追求这种领土帝国"③。一位英国人引用一位荷兰作家
的观察说："正如亚里士多德所说，对帝国与自由的渴望让他们有
勇气去掌握建造船只的技艺。"④

　　这种对帝国的"蓝海"描述忽视了或剔除了欧洲地缘政治战
略。⑤甚至在七年战争之后，仍旧存在着一种"领土型"不列颠帝

---

① Andrew Fletcher, *A Discourse of Government With relation to Militias* (Edinburgh, 1698), in
　Fletcher, *Political Works*. 弗莱彻尔并不反对自由的陆军（即民兵组织）。
② Ibid. ch. 4.
③ P. J. Marshall, 'Britain and the World in the Eighteenth Century: I, Reshaping the Empire',
　in Marshall, *'A Free though Conquering People'* p. 5.
④ Nicolaes Witsen, quoted by Sir William Petty, quoted by David Armitage, *Ideological Origins* p.
　124.
⑤ Simms, *Three Victories*.

国，即横跨从美洲到印度的"一大片广阔的陆地"。①笼统来说，首先，所有西欧的全球帝国都是海洋航行的产物。不过，"实际上几乎在大西洋岸边的每一个国家——葡萄牙、西班牙、法兰西、尼德兰、比利时、丹麦——都成为了具有海洋帝国特性的帝国民族……所以除了出现得相当晚以外，不列颠的……经历也没有什么独特之处"②。第二，所有的这些帝国主要还是大陆型的。这种说法是把欧洲帝国构建的重心放置于欧亚大陆的西部、美洲的南北部，亚洲的南部和东部，以及最后的非洲大陆。③

　　约翰·奥格尔比的美洲地图（1671 年）与海林更早些时候的分析以及罗伯特森后来的分析有着内在的一致性。他们在作品中描绘了一个比东边的非洲和欧洲更大，又可能与亚洲在西北部相连接的大陆。俄德米克松的《不列颠帝国》（1741 年）描绘了美洲的大陆及其附属岛屿的情况。在 1725—1726 年，笛福宣称："新英格兰、新约克、新泽西……纽约……弗吉尼亚……这个殖民地本身很伟大，有活力又有权势，但是……与北美广阔的大陆相比又如何呢？ 我对于其北部地区描述很少，并且其西部海岸尚未被发现。我们也不知道……它是否被海包围着。"④在孟德斯鸠及其继承者的努力下，帝国被理论化为大陆型的。这样的事实帮助托马斯·潘恩在大西洋的另一侧发出了革命的嘘声："要是有人认为一个大陆将被一个海岛永久统治，没有什么比这更荒谬的了。大自然从未让卫星比主星还要大…… ［因此］很明显，它们属于

175

① *Annual Register for the Year 1763* quoted in Marshall，'Britain and the World' p. 9.
② David Cannadine，'Introduction'，in Cannadine（ed.），*Empire* pp. 2 - 3.
③ 关于"大陆"或领土制图的研究参见 Matthew H. Edney，*Mapping an Empire：the Geographical Construction of British India*，1765 -1843（Chicago，1997）；Burnett，*Masters of All They Surveyed*。On India see also Sudipta Sen，*Distant Sovereignty：National Imperialism and the Origins of British India*（NewYork，2002）ch. 3.
④ ［Defoe］，*A General History of Discoveries* pp. 285 - 286.

不同的体系。英格兰属于欧洲；美洲属于它自己。"①

布里安·理查森（Brian Richardson）在更普遍的意义上对欧洲地理学思想提出了类似的观点。在精确计时器出现让准确的经度位置得以确定以前，所有的长距离航海活动都是沿着海岸行进的。在这样的体系中，海岛被放置到"边缘……位置。在人们的叙述中，只是把它看作最靠近主航线上的一个点……它们……只是作为靠近大陆线上的一个个点才有意义"。在这种模式下，"海洋上的岛屿没有任何的地位可言"。②这种观点在库克的航行，尤其是第二次航行期间发生了变化。

> 沿着海岸航行并不是库克在第一次航行时的主要任务，并且在第二次和第三次航行时变得更不重要了。或者说，他在海上的大部分时间，都是在南海和太平洋进行探险。在那里，他遇见了星罗棋布的岛屿，而这些岛屿又被广袤的水域给分隔开来。在南海地区，岛屿不再靠近海岸。它们成为经度和纬度交汇成的坐标网格上的点，而这些网格虽然决定了叙述的方式……[但]却没有限制住库克的叙述；这让他的那种特别叙述成为可能。③

可以说，帝国并不是大陆型的，而是群岛型的。这种说法是一种比例尺视角。因为大陆和海岛是一对关系范畴，而从一个整体的观点来看，世界也不过是由一个个群岛组成的。正如克雷

---

① Thomas Paine, *Common Sense*, in Thomas Paine, *Political Writings*：*Revised Student Edition*，（ed.）Bruce Kuklick (Cambridge, 2004) p. 23.
② Richardson, *Longitude and Empire* p. 27.
③ Ibid. p. 31.

格·德宁(Greg Dening)所说:"16世纪的欧洲人发现,世界是一片海洋,而所有的大陆不过是一个个的岛屿。"[1]从对印第安人的发明到西北航道的寻找,帝国的岛屿属性并非新事物。[2]然而,这一新变化也是与理查森所描绘的以及库克在实践中所推动的视角的变化有着密切的关系。这不仅让——正如一直以来的那样——对帝国的再阐释成为可能,而且让民族的再阐释也成为可能。岛屿从大陆的附属物成为它自己的中心,成为辽阔大海中自己的中心。也正是借助于经度和纬度这样具有精确性的线条所构筑的新型坐标网格,不列颠才能超越大陆型模式,并自外于欧洲的发展。

这不是岛屿的发现,因为发现岛屿对欧洲地理来说一直是应有之要义。这是一种以岛屿为中心的全球政治空间观念的发现之旅。这些岛屿也没有用海洋认同代替原来的地方或欧洲认同。或者说,这些认同凝结在了一起。不列颠不再仅仅是卡姆登笔下的那个一小块地区,不列颠现在是通向世界的大门。[3]

因此,丘吉尔在1940年宣誓"不惜一切代价捍卫我们的岛屿"包含着一种全球背景。因为

> 即使——我不止一次这样想——这片岛屿或者该岛的很大一部分正处于受压迫或忍饥挨饿的境地,那我们的海外帝国,由于受到不列颠舰队的武装和保护,也会继续战斗,直到那个充满了活力和生气的新世界在上帝的帮助下,冲进来将旧世界

[1] Dening,*Islands and Beaches* p. 23.
[2] Gillis,*Islands* p. 59.
[3] Games,*Web of Empire*;Richard J. Evans,*Cosmopolitan Islanders*:*British Historians and the European Continent*(Cambridge,2009).

予以拯救并解放了它。①

跟不列颠帝国的其他特点一样，这种观念的产生也兴起于盎格鲁-法国的敌对关系中。到 18 世纪 60 年代，二者敌对关系的一处聚焦点位于南太平洋地区。欧洲大陆中心主义也适用于，并且有可能特别适用于这片地区。②太平洋中部和北部地区由西班牙人首先建立起联系，而太平洋南部则面临着荷兰、英格兰和法兰西纷至沓来的局面，它们前来是为了寻找未知的南方大陆（*Terra Australis Incognita*）。

1669 年，查理二世委托约翰·纳伯勒率领一支舰队开启了秘密远航。这支舰队穿越了麦哲伦海峡后沿着智利的太平洋沿岸地区航行，而纳伯勒随身携带的是德雷克在 1577—1580 年环球航行时的见闻录。③他提出要"去发现……世界的各大洋和各个海岸，并且如有可能，要在那里建立贸易往来的基础"。这让人想起了伊丽莎白时期贵族和商业阶层通力合作进行远航的历史，但是在 1769 年之前并未取得太大成绩，只有纳伯勒"为了我们的国王和民族"的那次远航，以及库克的"为了这个作为海洋霸主的民族"而进行的远航才算是载入史册的成就。④

纳伯勒接到命令要避开西班牙人并且不能靠近拉普拉塔河以

① Churchill, *The Second World War* quoted in Sobecki, *The Sea* p. 1.
② Frost, *The Global Reach of Empire* pp. 43 - 85.
③ 因为德雷克最初的意图就是从南半球的高纬度地区穿越太平洋，参见 Taylor, *Tudor Geography* pp. 117 - 118.
④ John Narborough, 'A Journal kept by Captain John Narborough', in *An Account of Several Late Voyages & Discoveries to the South and North … by Sir John Narborough, Captain Jasmen Tasman, Captain John Wood, and Frederick Marten* (London, 1694) pp. 10 - 11; James Cook, *The Journals of Captain James Cook on His Voyages of Discovery: the Voyage of the Endeavour 1768 - 1771*, (ed.) J. C. Beaglehole (Cambridge, 1955) pp. cclxxxii - cclxxxiii, 11. 关于库克的秘密指示参见下文及 p. cclxxx。

北的南美洲大西洋海岸，但是又要让"印第安居民……感受到你从属的国王及其民族所具有的权力和财富"。实际上，巴塔哥尼亚人对于跟纳伯勒的舰队互动丝毫没有兴趣，而纳伯勒的舰队也没能赶在南半球的冬季到来前（尽管他们在 5 月启程）绕过麦哲伦海峡，所以他们只好在大西洋岸边的圣于连（St Julien）越冬，而这里也是麦哲伦和德雷克曾经抛锚停泊的地方。纳伯勒记录了他从那里向内陆远征的过程，而这又引发了他提议在巴塔哥尼亚殖民的兴趣。根据丹尼尔·笛福的记载，纳伯勒确认了这里的气候温和（跟西班牙属美洲不同）；这里的土地覆盖着绿草（跟北美不一样）；绿草可以喂养羊群和牛群；如果在安第斯山的一侧发现金子的话，另一侧肯定也会有金子（"约翰·纳伯勒勋爵……发现了几小块金子。"）。①

　　不过，尽管他们在第二年穿越海峡抵达智利，并且还有着令人生疑的英国式传言说企鹅即使被打死也会坚持排队行走（极有可能是温和气候带来的道德后果），纳伯勒却对寻找 1615 年雅克·勒梅尔（Jacques Le Maire）环球航行时遗留的"铅皮"匾额以外的事情兴趣寥寥。②这些航行对企鹅及其生存带来了恶果。德雷克就报告说："蠢物们不能飞翔，却又大如鹅，因此我们就杀了 3000 只作为上好的食物享用。"③1722 年，库克舰队的一位成员记录说，90 只企鹅在冰上"用双腿站立起来，形成一条有规律的直线。他们挺着胸形成一片古怪的场景，而我们则向 2 只有 4 磅重的企鹅开枪，不过没能射中，而它们转了三圈，然后排队奔

① Defoe, *A General History of Discoveries* pp. 287 - 298。
② Narborough, 'A Journal' pp. 10 - 11，30，36. 一份配有彩色插图的手稿藏于 the British Library，Sloane MS 3833。
③ Awnsham and John Churchill, 'An Introductory Discourse，Containing，The whole History of Navigation from its Original to this time', in *A Collection of Voyages and Travels*, *Some Now Printed from Original Manuscripts* (6 vols.，London，1632) vol. I p. lxiv.

着跳下水去"。①

　　为了寻找一条跟荷兰东印度公司不一样的进入南海地区的航路，勒梅尔发现了以他的名字命名的海峡，并且成为进入合恩角周边太平洋地区的第一人。之后，他穿越太平洋，又成为到达汤加和富图纳（Futna，位于萨摩和斐济之间）的第一个欧洲人，到10月份时，他抵达巴达维亚（今印度尼西亚雅加达）。②二十七年后，荷兰指挥官阿贝尔·塔斯曼（Abel Tasman）离开巴达维亚，并且通过一条朝向澳大利亚南部的新航路进入太平洋。在南纬42度，在发现了塔斯马尼亚（范迪门斯地）——"这对于人类来说太远了"③——之后，塔斯曼又遇见了另一处被他叫作斯塔滕地（Staten Landt）的地方。"这片陆地看起来是一片非常美丽的地方，而我们相信，这就是未知的南方大陆的海岸边。"

　　在一片毛利人发出的"凄厉的吼叫声"中，塔斯曼的船员们按照勒梅尔的指示尝试用富图纳的语言与之交流。当本地人"多次击打一件器具，发出了一阵像是毛利式小号发出的声响后"，塔斯曼"让我们的一位船员（他略微懂得吹奏小号）作为响应也吹了几下"。第二天，塔斯曼很不明智地派出了一艘小艇，但却遭到突袭，造成4人丧命。在这次"野蛮的事件和可恶的遭遇"后，新西兰又享受了一个多世纪的宁静。④

---

① James Cook, *The Voyage of the Resolution and Adventure 1772 - 1775*, (ed.) J. C. Beaglehole (Cambridge, 1961) pp. 68 - 69.

② William Eisler, *The Furthest Shore: Images of Terra Australis from the Middle Ages to Captain Cook* (Cambridge, 1995) pp. 70 - 71.

③ Quoted in Peter Timms, *In Search of Hobart* (Sydney, 2009) p. viii.

④ Abel Tasman, 'Journal or Description by me, Abel Jans Tasman, Of a Voyage Made From the City of Batavia … December Anno 1642 … For the Discovery of the Unknown South Land', in *Abel Janszoon Tasman and the Discovery of New Zealand*, (ed.) J. C. Beaglehole (Wellington, 1942) pp. 45, 49 - 52, 53; see also Denoon et al. (eds.), *The Cambridge History of the Pacific Islanders* pp. 127 - 128 and ch. 4.

　　纳伯勒远航一年后奥格尔比出版了他的《美洲》一书。在书中，奥格尔比附录了一份关于南美洲南部的文章，其中的一章是关于"未知的南方大陆"。不奇怪的是，纳伯勒的秘密航行未被提及，但是在开头论述了德雷克、霍金斯、奎罗斯（Pedro Fernández de Qurios）和勒梅尔的事迹后，奥格尔比提供了第一份用英语记录的塔斯曼远航过程。[①]1694 年，纳伯勒自己的航海日志伴随着塔斯曼的记录在一本汇编为《最近几次前往南方和北方的远航》（*Several Late Voyages of the South and North*）的书中出版了。该书献给佩皮斯。

　　书商在前言中把这部作品放入到"拉慕西奥、德布里家族、哈库利特、珀切斯"所创立的"旅行与巡游"作品类型中。跟哈库利特和珀切斯的作品类似的是，这份编纂而成的作品首先按照地理顺序（先向南再向北），然后在每个地区内部又按照时间顺序编纂。无论在书籍的序言部分还是主体部分，最详细的内容是关于珀切斯以来的航海和发现过程。这包括寻找通往亚洲的西北航道的持续努力，以及捕鲸手和其他海员们在格陵兰的几次越冬经历。这些活动将寒冷条件下所产生的极端影响生动地展示在人们面前。[②]关于南方，出版者如此写道：

179

　　　　荷兰人实际上对发现南方未知之地的贡献最大，只是他们没有向世人炫耀。迪尔克·雷布兰茨（Dirk Rembrantse）在十五或十六年以前的低地荷兰出版了一部小书。这是阿贝尔·詹森·塔斯曼船长的航海日志，记录着他从新荷兰向南出发，在 1642 年发现南方未知之地（即范迪门斯地）的经过。

---

① Ogilby，*America* pp. 654 - 661.

② 'The Bookseller's Preface'，in *An Account of Several Late Voyages*，pp. xvii - xxv.

> 对于进入东印度的所有环球航行者来说，这是一次杰出的发现。他们过去要么经菲律宾，要么经摩鹿加群岛，现在由于受到阻遏转而向南绕过长长的岛链行进，而这个岛链从赤道延伸到了南纬 50°。①

这就是说，在纳伯勒尝试越过智利继续向西行进，以及塔斯曼越过新西兰继续向东行进的努力失败后，对于欧洲人普遍认为的在广阔的南海存在着一块大陆以与欧亚大陆实现平衡的信念并没有证据显示其崩溃了。勒梅尔一直秉持这一信念，但是跟其他从东部进入太平洋的人一样，他也被西风和北部洋流（洪堡洋流）所阻滞而无法在比较靠南的纬度上穿越太平洋。塔斯曼从西部而来，能够走向更南部的海域。②纳伯勒作品的出版者描述塔斯曼的航行"更为伟大，因为这发现了一个新世界，一个尚未为被英国人了解的新世界"，并且从得到的信息中推测新几内亚、新荷兰、范迪门斯地以及新西兰是一块异常庞大的岛屿。

威廉·丹皮尔的畅销书《环绕世界的新航程》（*New Voyage Round the World*，1697 年）——记录了 1689—1691 年间的一次航行——中包含了一幅世界地图，其中就出现了塔斯曼所绘制的塔斯马尼亚和新西兰的海岸情况，不过却对其中包含的具体细节描述得比较模糊。丹皮尔在 1699—1701 年完成了另一次环球航行。他成为第一个访问澳大利亚的英国人，并且在 1708—1711 年间又进行了第三次航行。③1715 年，一次航行计划出台了，该计划打

① Ibid. pp. vi-vii, x-xi.
② Tasman, 'Journal or Description by me, Abel Jans Tasman' p. 53.
③ Beaglehole, *The Exploration of the Pacific* pp. 169-176.

算绕过合恩角，经所罗门群岛前往"新荷兰东边的新几内亚……
正如在秘鲁做的那样，在新几内亚的南北停靠……我相信，这里
盛产金银，这……对大不列颠可能有巨大的好处"[1]。

　　1732 年出版的 6 卷本《航行与旅程选集》(*Collection of
Voyages and Travels*) 的出版者在"前言介绍"中用更多的篇幅
讲述了"从最初到现在之间的整个航海史"。以诺亚方舟的故事
为开头，该文采纳了艾利特·萨麦斯的观点，即腓尼基人在不列
颠建立了"锡矿的固定贸易"，而希腊人从腓尼基人那里学习航
海术，且罗马人又向迦太基人学习。[2]古代航海术使得人们只能
在目光能看到海岸的范围内活动，而现代航海术则因为"有磁性
的……针"或指南针这样"奇迹般的发现"而能够让人自由航行
在茫茫大海中。尽管在公元 1300 年时，它是由"阿马尔菲的约
翰·戈亚"('John Goia of Amalfi') 在意大利发现，但是直到
16 世纪时它才进入实际用途之中。[3]这份前言也从时间的角度介
绍了现代航行的故事，并以方位为顺序："已经由哈库利特所全然
揭示的北方世界"；然后是非洲和东印度；然后是西印度和美
洲；最后是环球航行的过程。再之后是一份"旅行书的目录与人
物指南"，用拉丁语、意大利语、法语、西班牙语和英语写成，而
英语部分从 1625 年珀切斯的作品起一直写到 1689 年，中间无
中断。

　　纳伯勒认知的程度在 1766 年海军大臣给塞缪尔·沃利斯
(Samuel Wallis) 的信中仍清晰可见，至少对麦哲伦海峡的认识

180

---

① Dampier, *A New Voyage Round the World*；NMM REC/4 Item 86 John Welbe: 'A Scheme of a
　　Voyage Round the Globe for the discovery of Terra Australis Incognita May 27 1715'.
② Churchill and Churchill, 'An Introductory Discourse' pp. ix - xiii
③ Ibid. p. xvi.

仍是如此。①在英法对峙的背景下，进步之处是确定经度的能力
得到提升。这不仅让新发现成为可能，还能让人们原路返回新发
现的地方。②"由于有理由相信能够在南半球发现目前尚未被任
何欧洲大国造访的陆地或大岛"，沃利斯接到要求穿越太平洋到
达新西兰的纬度，而且"尽可能向南"。③尽管这证明是不可能的
（"我现在开始让船只一路向北，因为我们无法在这一纬度上继
续向西行进了"），但当他在 1767 年 6 月成为第一个造访塔希提
岛的欧洲人（"我们现在认为我们看到了长久以来所期望的南方
大陆……这片从未为欧洲人所造访的大陆"）时，他能够记录下
自己的位置。④

几个月后，在与风、洋流和麦哲伦海峡的复杂环境的斗争过
程中，路易·德·布干维尔注意到"我们常常对没能带着纳伯勒
和博切森（Jean de Beauchesne）的航海日志而感到遗憾。我们对
他们笔下所到达的地方也不甚了解，而我们却又需要时常查询从
他们作品中摘录的残篇中的内容"，这些残篇是由对"航海语
言"一无所知的印刷商制作的。⑤这句话是从布干维尔作品的翻
译者约翰·莱茵霍尔德·福斯特（John Reinhold Forster）的笔记
中提取的。福斯特认为"这种对印刷商的不满之情只适用于……

---

① 在英国人沃利斯的环球航行之前的先驱包括德雷克（1577—1580 年）、丹皮尔（1689—1691 年，
  1699—1701 年，1708—1711 年）、谢尔沃克（1719—1722 年）、安森（George Anson，1740—1744
  年）和拜伦（John Byron，1764—1766 年）。关于英国在 18 世纪前半期的航行史参见
  'Introduction' to Part 1 of Jonathan Lamb, Vanessa Smith and Nicholas Thomas（eds.），
  Exploration and Exchange：a South Seas Anthology 1680‑1900（Chicago，2000）pp. 3‑7。
② Taylor，*Haven-Finding Art* ch. 11.
③ George Robertson，*The Discovery of Tahiti：A Journal of the Second Voyage of HMS Dolphin
  Round the World，Under the Command of Captain Wallis… written by her Master George
  Robertson*，（ed.）Hugh Carrington（London，1948），Introduction pp. xx，xxii‑xxvi.
④ Ibid. pp. 106，135；库克对沃利斯 1769 年 7 月的记录的准确性表示赞赏，*Endeavour* p. 118. 关于
  沃利斯、布干维尔和库克访问塔希提的历史参见 Anne Salmond，*Aphrodite's Island：the
  European Discovery of Tahiti*（Auckland，2009）。
⑤ Bougainville，*A Voyage Round the World* p. 196.

法国的出版界"，因为"海洋语言……已经为［英格兰］民族中很大一批人所掌握……［并且］在日常生活中也很常见"。[1]

在麦哲伦海峡的大西洋一侧，布干维尔不得不把福克兰群岛（马尔维纳斯群岛）在不列颠占领它之前就交给西班牙。在太平洋上，布干维尔在沃利斯之后几个月内也抵达塔希提（"新维纳斯岛"）并宣称该岛为法国占有，还推断说正是英国人的到访才让本地人感染上了性病。[2]十年之后，詹姆斯·邓巴得出结论：

> 欧洲的邪恶已经玷污了塔希提人的血液。无论是英国还是法国的航海家，都是带来令人担忧的灾害的首要分子，他们给这个民族带来延续至今的痛苦，这点已经不重要了。尽管这些民族互相向对方抛去令人厌恶的责骂，但这片快乐岛屿上的本地居民受到如此残忍的虐待，完全有理由在有欧洲船只触碰到他们的海岸时，对这些欧洲人长久地抱怨下去。[3]

幸亏他不知道法国人（或英国人，或美国人）的核试验的情况。

沃利斯的发现为英国人在接下来规划的在南海观测金星凌日现象提供了目的地。实际上，天文观测（尽管小心进行）并不是詹姆斯·库克航行的真实目的。海军大臣选择塔希提是由于他从

182

---

① Ibid. p. 197.

② Ibid. pp. 218 - 219, 273 - 274. 性情暴烈的福斯特是库克第二次远航时的一位重要的自然学家。他给出了翻译这部作品的理由是"在两个世纪里，在这些遥远的海域中，最伟大发现的荣誉留给了不列颠民族"（Translator's Preface p. vi）。 关于库克对布干维尔成就的更厚道的评价参见 *Resolution and Adventure* p. 235。 关于他对英法争夺塔希提的冲突所表达的焦虑感参见 *Endeavour* p. 479。

③ Dunbar, *Essays* p. 374. 关于欧洲人对塔希提的描写参见 Rod Edmond, 'The Pacific/Tahiti: Queen of the South Sea Isles', in Peter Hulme and Tim Youngs (eds.), *The Cambridge Companion to Travel Writing* (Cambridge, 2000)。

沃利斯的报告中得知有一块高地可以观测南方。①库克接到指示，

> 如果有理由按照沃利斯船长最近写成的文章的指示向南发现一块大陆或一大片土地的话……你应该继续向南行进，为了在你抵达南纬 40°前发现一块大陆……［并且］之后继续向西行进……直到你发现它，或者遇到塔斯曼所发现的那片土地——现在叫作新西兰——的东边部分。②

因此，在塔希提南部的戏剧性的狂欢引起前往赖阿特阿岛（Raiatean）的乘客图比亚（Tupia）的惊慌。这个图比亚是一位"信息灵通人士"，他对"这片海域上岛屿地理的了解程度……要比我们遇见的任何一人都要多"，并且他还请求他的欧洲同伙向西行进。③精确掌握经度和纬度的能力的提高在库克东西南北各个方向顺利行进的过程中可以得到有力的阐释。在"奋进"号上，库克和约瑟夫·班克斯（Joseph Banks）拥有"迪尔克·雷布兰茨出版的塔斯曼航海日志"的摘录部分，以及班克斯自己所拥有的《最近的几次航行》（*Several Late Voyage*，1694 年）的部分残篇。④一俟抵达，班克斯就把新西兰的北岛称为"这块大

---

① Carrington，Introduction，in Robertson，*Discovery of Tahiti* p. xxv.

② Cook，*Endeavour* p. cclxxxii.

③ Ibid. pp. 117，156 - 157. 班克斯认为，尽管图比亚"对他们宗教的神秘东西很擅长……但是真正使他比其他人更让人有兴趣的是他所掌握的航海经验以及对这片海域岛屿知识的熟知；他告诉我们超过 70 座岛屿的名字"。*The Endeavour Journal of Joseph Banks 1768 - 1771*，（ed.）J. C. Beaglehole（2 vols.，Sydney，1962）vol. I p. 312.

④ Cook，Endeavour p. 299 and note 3（see also p. 274）. Banks，*Endeavour Journal* vol. II pp. 1 - 2 and note 1. The copy of *Several Late Voyages*（1694）reproduced by Early English Books Online from the collection of the British Library carries Banks' signature. 班克斯将他的藏书捐赠给了不列颠图书馆。我对雅各布·波洛克（Jacob Pollock）指出这点表示感谢。

陆"。他这么说可能怀着一种期待，也可能是由于在它的周围有
"许多［更小］的岛屿"环绕着。①

作为船长，库克是从理查德·吉布森的作品开始进入这个圈
子的。他是一位油布指挥官，一个"没有接受过太多教育的
人……但是其自青年时代就不断地在海上奋斗，并且他经历了一
位海员所需的层层考验，从煤炭业的学徒到海军指挥官等不同等
级都经历过"。②他由贵格会人士抚养长大并且选择他的家乡惠特
比的运煤船作为他前两次环球航行（"奋进"号和"决心"号）
的所用船只。当班克斯对住宿条件提出按照贵族标准来，而这又
影响到船只的适航性时，库克将这样的宿舍给拆除了。1770 年 3
月的第一次航行绕着南岛前往东南方向，而班克斯记录了"奋
进"号全体船员组成的大队人马进入"大陆"和"岛屿……有人
希望眼前的这片陆地是大陆，而另一些人则认为它不是；我自己
一直很坚定地支持前一种观点，尽管我要很遗憾地说……剩余的
人已经在想着烤牛肉的事情了"。③"在清晨，一小片陆地出现在
人们的视野中……它被认为是大陆的一端；然而到了天朗气清
时，我们很愉快地看到在南方有着更多的陆地出现。"不过，五
天之后，一阵清风"让我们绕过了这一片陆地，然后我们叫作大
陆的那块地方如空中楼阁全然崩塌"。④

库克很明智地拒绝了班克斯所提出的在最后一处新西兰停靠
点（达斯基湾）停泊以收集标本的建议，而这让班克斯很不满。
简单来讲，库克拥有一个更宏伟的追求：欧洲人在旅行时如同

---

① Banks, *Endeavour Journal* vol. I pp. 424,443.

② Cook quoted by Salmond, *Aphrodite's Island* p. 129.

③ Quoted by Anne Salmond, *The Trial of the Cannibal Dog*：*the Remarkable Story of Captain Cook's Encounters in the South Seas*（New Haven，2003）p. 149.

④ Banks, *Endeavour Journal* vol. I pp. 471,472.

"一个个木头人"那样，而"我的大旅行将是环绕全球的旅行"。①尽管"证明了新西兰是一个岛屿……［并且］胡安·费尔南德斯（Juan Fernández）和荷兰的舰队先后注意到过这片土地，奎罗斯却认定其具有大陆的可能性，并且这种想法与罗格维恩（Commodore Roggewein）一致"，但是他继续"坚定地认为"存在着一个南方大陆。这并不是因为要"使得两极之间处于平衡状态，因为这种观点在我看来简直可笑"，实际上，"如果要问到为什么我这么想，我要坦率地说，我的理由并不是很充分"。②

就在穿越塔斯曼海前往新荷兰（澳大利亚）之前，库克对他刚形成的关于穿越太平洋的地理知识进行了一番细致的分析——这些知识是对奎罗斯、罗格维恩和勒梅尔作品的补充。他得出的结论是，现在存在着一种缩减的海洋空间，"伟大的目标在这样的空间中发展。这个目标是过去的数个时代和多个民族所追求的，但现在竟然无法在更进一步的航行中变得清晰起来，我认为这将是巨大的遗憾"。一旦意识到"终究没有能发现新的大陆"，船长"就把他的眼光转向了寻找我们曾被告知的那根线（赤道）的南部存在着的一群岛屿，并且这种说法也是来自很有威望的权威人士之口"。③这个权威就是图比亚。图比亚证明了新西兰这处毛利人充分利用（这处岛屿也需要毛利人）的岛屿所具有的无限价值。④他的关注点就此开始了从缩小版的大陆向扩大版的岛屿世界的转变。在这个过程中，库克的地理思想也是沿着波利尼西亚

185

---

① Quoted in Simon Schaffer, 'Visions of Empire: Afterword', in David Miller and Peter Reill (eds.), *Visions of Empire: Voyages, Botany, and Representations of Nature* (Cambridge, 1996) p. 338.

② Banks, *Endeavour Journal* vol. II pp. 38 - 40.

③ Cook, *Endeavour* pp. 290 - 291 (March 1770).

④ Cook, *Endeavour* pp. 176,244; Banks, *Endeavour Journal* vol. I pp. 403 - 405; vol. II p. 30.

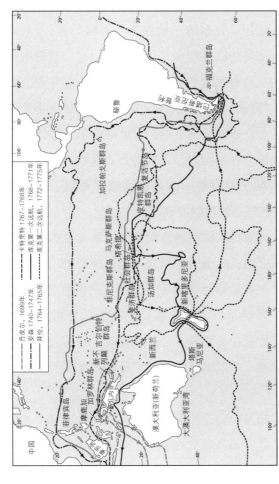

图六 航海经线仪的重要意义可以在库克东西南北随意航行的过程中体会到。该图基于《不列颠在南太平洋的远航，1699—1775 年》，参见 P. J. 马歇尔编：《牛津英帝国史，卷二：十八世纪》（P. J. Marshall [ed.], *The Oxford History of the British Empire*, *volume II*: *The Eighteenth Century*, 牛津，1998 年），第 557 页。

方向形成的。①换个视角说，新的航海技术也改变了欧洲人从地方知识中获利的能力。

在回家的路上，库克宣布，他发现澳大利亚东海岸尽管"到处都是水"并且"到处都是很肥沃的土地"，但这里地势低洼。另外不管怎样，他还是宣布这一地点为不列颠所有。②后来，班克斯又带着过分乐观的心态阐释了博特尼湾（在今悉尼南部）适合建立一处新的流放殖民地的原因。此后，在几次与大堡礁惊险相遇的过程中，"奋进"号险些沉没，并且在巴塔维亚重新装载上补给品后，还是有许多船员病死——这里面就包括图比亚。一直到库克第二次远航前往南极时，人们仍然心存信念觉得有可能存在的一处南方大陆仍然存在，而这次远航又证明了哈里森（John Harrison）的航海经线仪的准确性。③

现在，环球航行以相反的方向推进。库克带着他的两条船在到达了开普敦之后，向南沿着极地冰盖边缘行进，然后向东穿越南半球的海洋。在新西兰的解冻期后（在新西兰时，解冻期后，几位"奋进"号船员被活活吃掉），"决心"号再次向南极洲驶去。这次他们行驶在太平洋上，并且穿越了纬度最南端的水域。具有重要价值的一本航海日志回忆了马丁·弗洛比舍当初撞见

> 冰山时的场景……一些岛屿相距不过 2 英里，高度不过 200 英尺……这些冰山展现出的令人感到惊奇且有趣的景色能弥补穿行其中时的危险，并且这些冰山周围尽是些泡沫，而且海水

① 库克曾被指示"准确地观察你能发现的岛屿的具体情况……不过，要是不能按照你一直以来坚守的观念目标行进，即无法发现南方大陆，那也不要感到灰心丧气"。Cook, *Endeavour* p. cclxxxiii.
② Ibid. pp. 387,392 - 393.
③ Taylor, *Haven-Finding Art* plate XXIV；Cook, *Resolution and Adventure* pp. 327 - 328.

击打在这些泡沫上又将冰山抬得更高，这些冰山中还出现了一个个的孔洞。①

安德斯·斯帕曼（Anders Sparrman）记录道："在（1722 年 12 月）26 日……一座冰山……变成了能想象得到的最美妙的景观。落日余晖照落在这座冰山上，如水晶般透亮，以至于数以千计的裂缝和深豁如金子般闪耀着，闪烁着黄色光芒，而其余部分则映照着明亮的紫色。"②面对着船员们的再次请求，库克转而前往塔希提，并且如图比亚所希望的那样，在西部海域发现了许多岛屿。只有在他绕过合恩角并且重新进入温暖的大西洋时，才可以确定地说，并不存在一个南方大陆。③人类历史上最壮丽的一次发现之旅可能毫无结果。

1776 年，就在库克准备第三次远航时，詹姆斯·博斯韦尔（James Boswell）与库克在伦敦吃了一顿饭。之后，博斯韦尔告诉塞缪尔·约翰逊，他"给我带来了好奇与冒险之勇气，并且感受到了一种追随他前往的强烈心愿"。约翰逊回复说："阁下，为什么一个人会有这样的感觉？尤其是在一个人考虑到他能从这样的航程中学到很少的东西时，这种想法更令人吃惊。"博斯韦尔回应班克斯的观点："一个人会被环球航行这样笼统的、模糊的概念所吸引。"约翰逊说："是的，阁下，不过一个人应该防止自己被大而不精的说法所迷惑。"④几年之后，詹姆斯·邓巴记录下

186

---

① Cook, *Resolution and Adventure* pp. 58,98 - 99 (and see pp. 304 - 311,321 - 322,637 - 646).
② Quoted in Bernard William Smith, *European Vision and the South Pacific*, *1768 - 1850*：*a Study in the History of Art and Ideas* (2nd edn, Oxford, 1989) p. 61.
③ 汤加群岛（塔斯曼于 1643 年发现）得到的赞誉可跟塔希提媲美（Cook, *Resolution and Adventure* pp. 260 - 265）。直到 1775 年 1 月，大西洋上的南乔治亚岛都被误认为是"大陆的一部分"（ibid. p. 625）。
④ Quoted in Frost, *Global Reach* p. 7.

了他对库克的惊讶之情，说他"带着 118 个人，行程达三年 18 天，从北纬 52°穿越到南纬 71°，穿过了所有的气候带，却只有 1 名船员因病而亡。其死亡比例如此之低，这在任何环境或社会中，都是无与伦比的"。①

在讨论库克的远航时，伯纳德·史密斯（Bernard Smith）说明了将南太平洋暴露在世人面前给不列颠的探险家和艺术家的文化构思所带来的影响。②在这些航行中，准确的经验观察和记录（"收集，测量，制图和绘画"）起到了重要的作用。③尽管英国在海洋航海记录方面的传统和培根式的自然哲学观念也起到了一定的作用，但是来自欧洲的竞争对手的经验也很重要。④1694 年的《最近的几次远航记录》（*An Account of Several Late Voyages*）中就曾

> 抱怨说，英国人还不动用社会资金或公共舆论让一批批的技艺高超的画家、自然学家和机械师跟着海员们出航远行，而这却是荷兰人和法国人已经在着手做的事情了……我们愿意在一切事务上去模仿一位王公的所作所为，但却没人愿意去模仿最光荣、最优秀的那部分行为，比如给予各行业有成就的人以鼓励和奖赏，以及自己出资推动技艺与科学的进步。⑤

---

① Dunbar，*Essays* p. 376. 关于库克的远航作为在海上维持健康的榜样参见 Christopher Lawrence，'Disciplining Disease: Scurvy, the Navy, and Imperial Expansion, 1750 - 1825'，in Miller and Reill（eds.），*Visions of Empire* pp. 86 - 93。

② Smith，*European Vision* chs. 2 - 3。

③ Michael Bravo, 'Precision and Curiosity in Scientific Travel: James Rennell and the Orientalist Geography of the New Imperial Age'，in Jas Elsner and Joan-Pau Rubiés（eds.），*Voyages and Visions: Towards a Cultural History of Travel*（London, 1999）p. 168；David Mackay，*In the Wake of Cook: Exploration, Science and Empire, 1780 -1801*（London, 1985）pp. 5 - 9,12 - 13。

④ Richard Drayton, 'Knowledge and Empire'，in P. J. Marshall（ed.），*The Oxford History of the British Empire，volume II: The Eighteenth Century*（Oxford, 1998）。

⑤ *An Account*，Introduction p. xxix. 关于 18 世纪法国地理学和地图学相对高的公共曝光率和制度地位参见 Godlewska，*Geography Unbound* ch. 1。

不过，在库克第一次远航时，海军部与皇家协会通力合作的一个结果就是西德尼·帕金森（Sidney Parkinson）所绘制的新发现的动植物插图。第二次航行中最令人感兴趣的结果出现在霍奇斯（William Hodges）那充满新鲜感的画作中，即对非欧洲地区（极地和热带）的气候、色彩和光亮的关注。这部分要归功于人们对大海和天空色彩变化的准确观察，而这长期以来对实现长距离的安全航行很重要。不过，航行本身到达了史无前例的纬度极限地区也是带给人们新鲜感受的原因。

不管出于怎样的原因，霍奇斯超越了他曾经接受过的古典训练。返回伦敦后，他举办的关键性的展览没有获得成功。"令人惊奇的是……一个像霍奇斯先生这样的天才居然会接受这种刺眼的色彩模式；他的画作看起来好像没有画完，并且这些颜色好像是用竹签涂抹上的。"在塔希提以及在达斯基湾，色彩是用竹签、清风和气味涂抹而成的。在宗主国，这却无法被想象出来：霍奇斯偏离了主流。①

在这些航行中还有一个与之相关的特征就是，人们对明显未受到人类文化影响的自然抱持一种浪漫主义的赞誉态度。不仅霍奇斯的画作如此，那些未被完成的主题也是如此。用1772年班克斯在离开冰岛时的话说就是："与这相比，人类建造的大教堂或宫殿又算什么！……在这里，自然畅快自在地存在着，而且长久以来没有为人所描述过。"②在达斯基湾，乔治·福斯特记录道："我们当时欣赏着那个国家，把它看作未曾受到人类技艺影响的最

188

---

① Quoted by Smith, *European Vision* p. 75. 不过，哈利特·盖斯特（Harriet Guest）强调了霍奇斯的风格受到他的导师理查德·威尔森（Richard Wilson）的影响。Guest, *Empire*, *Barbarism and Civilization*: *Captain Cook*, *William Hodges*, *and the Return to the Pacific* (Cambridge, 2007) pp. 18 - 19,23 - 24.

② Quoted by Smith, *European Vision* p. 32.

美的自然景色。"①1842 年，一位新西兰定居者写道——尽管被毛利人长期占领——这里有"活水散发出的最令人快活的水汽……没有人类活动的足迹，所有的东西都是自然存在的……万里无云，晴朗如洗"②。

欧洲旅行者普遍把本土居民的文化行为错看作"自然"的体现。这样的观念是启蒙运动时代的文化构建，不过 J. C. 比格尔霍尔将这样的误解称为"高跷上的胡话"。③布干维尔的自然学家康莫森（Philibert Commerson）对在塔希提看到的完美景象的反应与卡姆登当初在论述移民史时的语气截然相反，因为卡姆登构建的是一种追求独立自主的反殖民神话。这反映了正在形成的欧洲人的新的想象能力——岛屿独立于大陆。

> 无疑，有人会问，这些岛民来自哪个大陆，来自哪个民族？好像他们只能从已经有人居住的大陆或岛屿那里向外移民似的……[然而]我不明白，为什么优秀的塔希提人不能是土生土长的呢？我的意思是，他们从祖先，也就是从塔希提人——他们祖先的古老性令人嫉妒——那里遗传下来的呢？我也不太清楚我们殖民塔希提——这个始终保持淳朴风貌的地方——的荣耀应该归于哪个民族。④

---

① Quoted by Guest，*Empire* p. 139.

② ATL MS 2233，Thomas Parkinson 1842 p. 38.

③ Cook，*Endeavour 1768 – 1771* p. clxxiii, quoting Commerson on *Nouvelle Cythere* 'ou habitant des hommes sans vices, sans prejuges, sans besoins, sans dissensions, Nes sous le plus beau ciel, nourris des fruits d'une terre qui est feconde sans culture, Regis par des peres de famille plutot que par des Rois, ils ne coinnoissent d'autre Dieu que l'amour . . .' 在塔希提，甚至对超自然不太认同的库克都无法抵御这类想法的影响。

④ Quoted in Grove，*Green Imperialism* pp. 242 – 243.

在西蒙·沙玛（Simon Schama）的环境史中，这种保持淳朴的自然状态的神话被颠覆了，而亨利·大卫·梭罗作了进一步的阐释：

> 梦想一处远离我们的荒野是无益的。
> 根本就没有这样一处地方。
> 沼泽在我们的头脑中，肠胃中，
> 原始自然的伟力在我们身体中，激发着
> 那个梦想。我在拉布拉多的荒野中从未发现
> 能比康科迪亚某处隐居地更好的地方。
> 也就是说，没有地方比我的居住地更好。①

这表明，无论是人类（在我们身体中有着"荒野之梦"）还是自然环境（没有荒野或者文化之外的自然）都是文化的建构物。②由于"在过去的两千年里，人类活动的影响力……如此明显"，欧洲的历史学家们也认为"景观在成为自然之前首先是文化"③。梭罗的诗句可以被看作对北美的一种新观点的批评，即当时盛行的把荒野看作文化"尚未玷污的、原始的地点"④。1964年的一份议会法案中将荒野定义为"一处尚未为人类所限制的地区和生活共同体"⑤。

189

---

① Thoreau, *Journal*, 30 August 1856, frontispiece in Simon Schama, *Landscape and Memory* (NewYork, 1996).
② Howe, *Nature, Culture and History* pp. 13 - 14; Caroline Ford, 'Nature's Fortunes: New Directions in the Writing of European Environmental History', *The Journal of Modern History* 79 (March 2007) p. 115.
③ Mark Cioc and Simon Schama respectively quoted in Lekan, *Imagining the Nation in Nature* pp. 9, 15.
④ Ibid. p. 14.
⑤ 'Where the Wild Things Are', *The Economist* 15 January 2009.

在世界的一些比现代欧洲人口、居民要少的地方，作为一种文化建构的自然观念有它的限度。一位澳大利亚人作了如下有趣的界定："规划要按照你的喜好。如果你没有找到水，你就会死。"①正如我们在第一章中所见，近代早期英国作家承认荒野有几种类型。在殖民编年史的另一端——有可能并不需要跨度这么远——在1950年，一位白种新西兰人做了一次"从移民到本土人的"心态之旅。他对一些在南岛发现的毛利人洞穴绘画的作者进行了一番想象：

> 他们不为人知的目的将他们带入到野蛮的类别中，但是他们看穿了那里水和自然保护地的秘密——在那里有着晒到我身上的炙热的阳光以及冰凉的雨水。但是现在，我清晰地看到了，尽管他们了解并拥有这片伟大且有点荒凉的土地，并且极可能深爱着它，但那不是一切。正如在广袤且寂静的地方人们常遇到的那样，由于他们的生活道路中包含着大量无法预测的因素让其荆棘难行，在这里是大自然拥有了他们。

南太平洋上海岛间的距离对人类的定居方式有着深刻的影响。从东亚到马克萨斯岛和复活节岛有着一个岛弧链。先是沿着链条向北扩散，然后又向西南扩散，波利尼西亚人的南岛祖先实现了前现代时期最大规模的海上移民。②这是在两千年的时间里经过多批航行完成的历程，航海业和船只设计始终处于发展状态；由于大部分的航行是迎着东向而来的风和洋流行进的，若是无法找到

190

---

① Cathcart，*The Water Dreamers* p. 3.
② Denoon et al.（eds.）*Cambridge History of the Pacific Islanders* pp. 56 - 69.

登陆地点就可以返回出发地。①太平洋东部和南部的岛屿是世界
上最后接纳人类定居者的地方。

　　由于其深入的南部大洋的遥不可及，新西兰是这些岛屿中最
后接纳人类定居者的地方。②沿着顺风向，而不是逆风向前行，
毛利人可能在公元 1300 年时抵达库克岛并且可能就没打算返回。
对于这些来人，当地温和的气候只能种植为数不多的他们带来的
热带作物（只有从秘鲁引进的甜土豆）。类似的，正如我们所见，
新西兰处于欧洲人在太平洋上（东西向）穿梭的航线以南的位
置。结果就是，尽管塔斯曼在新西兰登陆了，但是直到 1769 年，
欧洲人才真正频繁地拜访此地。③

　　因此，新西兰的海洋地理学并没能让它的不列颠定居者把他
们自己看作非欧洲人。相反的是，这些殖民者烧掉了大部分的树
木，种植下一片片草地，而且使用德比郡或德文郡的产物代替寒
冷气候中生长的雨林。让这些殖民者高兴的是，他们成为了一群
升级版的不列颠人。④尽管对周边的环境并不熟悉，他们还是这
样做了。在新西兰最早的记录中，主要谈论的内容不是大海或海
岸，而是山。⑤利用了塔斯曼和库克的文字记录，托马斯·班克
斯将"这片［南岛］的山地之国看作到处都是山脉，并且看起来
物产贫乏，人烟稀少……尽管［北岛］也是山脉众多……［但

① K. R. Howe, *The Quest for Origins: Who First Discovered and Settled the Pacific Islands?*
(Honolulu, 2003) pp. 60 - 120. 经图比亚告知，库克使用了实用的方式在 1769 年 8 月对这一过
程进行了反思。I: *Endeavour* p. 154; see also Dening, *Islands and Beaches* p. 16.
② McNeill, 'Of Rats and Men' p. 73; Howe, *Quest for Origins* ch. 8.
③ Miles Fairburn, 'Culture and Isolation', J. C. Beaglehole Lecture delivered at the University of
Canterbury, December 2001; James Belich, *Making Peoples: a History of the New Zealanders
from Polynesian Settlement to the End of the Nineteenth Century* (Auckland, 1996).
④ James Belich, *Paradise Reforged: a History of the New Zealanders from the 1880s to the Year
2000* (Auckland, 2001); Kerry Howe, 'Two Worlds?', *New Zealand Journal of History* 37,1
(2003) pp. 50 - 51.
⑤ Cf., 然而，班克斯对新西兰的鱼有一番品头论足：Banks, *Endeavour Journal* vol. II pp. 6 - 8.

是] 土壤比较肥沃……有小溪流淌过每条山谷"①。"这里的地形看起来崎岖、险峻。"②"这里崎岖且陡峭的海岸，主要是些覆盖着草木的沙丘。"③"这里的海岸看起来令人压抑……一个山头连着一个山头铺展开来，直到隐没在云中。"④"这里到处是林地和水源，而且到处都是山。"⑤"这里的土地看起来覆盖着厚厚的草木……两三座高山上……覆盖着皑皑白雪。"⑥

　　人们都认为，新西兰殖民地的平地要比英格兰的南部和中部少得多，不过新西兰却拥有了如画的风景，也是人们精耕细作的对象。一位作家认为，这使得那里"更像……苏格兰，这是欧洲其他地方无法比拟的"；另外一位则认为，"这个国家跟意大利北部和瑞士更相像……与瑞士和高加索的山脉有几分相似。无疑，这样的景观会诞生一个自由人组成的族群，而它的政府也必然会形成跟瑞士相似的架构"。⑦

　　然而，就在澳大利亚获得"红色荡妇"（scarlet hussy）或"南太平洋的波斯"这样的诨名时，澳大利亚又将［新西兰的］群岛的形象再次突然地展示在世人面前。作为新南威尔士立法会议成员的长老会牧师约翰·邓莫尔·朗（John Dunmore Lang）在1839年访问新西兰后就写道："这片土地，呈岛屿状……有无数的港口，

---

① Bankes，*Universal Geography* p. 12.
② ATL MS 2053，Letters and Journals of Samuel Stephens，Surveyor of the NZ Co. at Nelson 1841 – 1854 p. 15.
③ ATL MS 8012，Diary of William M. Baines 1850 p. 11.
④ ATL MS 2233，Thomas Parkinson 1842 p. 35.
⑤ *Latest Information from the Settlement of New Plymouth … New Zealand*（London，1842），p. 38，Letter from Peter Hoskin，21 June 1841.
⑥ ATL MS 2812，Robert Jenkins. Cook agreed；*Endeavour* pp. 176，180，251，256，269 – 270，276："地球上没有国家能比这里更加崎岖"（270）。
⑦ ATL MS N. 24. 1；'Narrative of a Residence in New Zealand' 1839 – 1840 pp. 1 – 2，27；Letter from John Wallace，Wellington，to Mr Drake 6 April 1842 in *Letters from Settlers and Labouring Emigrants … From Feb 1842，to June，1843*（London，1843）p. 12.

距离澳大利亚大陆不远,面向太平洋和南大洋,自然丰沃……并且
明显适合各种海洋冒险和商业活动,这为〔新西兰〕获得了……
'南方的不列颠'这样普遍的美誉。"① 用另一个人的话说:

> 新西兰这时几乎在各个重要方面与澳大利亚都不一样。
> 结果就是出现了盎格鲁-撒克逊种族的另一支类型。澳大利亚
> 人的想象是靠神话和变化培育出来的;它享受着它的大陆之
> 庞大所带来的种种好处……新西兰人则居住在一处明亮又优
> 美的土地上……大海就在眼前……这些岛屿被叫作"财富
> 岛";并且……历史学家弗鲁德(James Anthony Froude)写
> 道:"……我完全相信,在新西兰这片具有无穷尽的土壤和精
> 神力量的地方,在未来将会诞生并培育出一批伟大的英国诗
> 人、艺术家、哲人、政治家和战士。"②

192

新西兰/奥特亚罗瓦 (Aotearoa) 变成了一片岛屿海,变成了
属于波利尼西亚人、欧洲人以及最近到来的亚洲人的岛屿海。

> 我再次看到了垂直的海岬,
> 海边的袅袅炊烟从高高的岩石上升起,
> 海鸥飞翔在海面,长满树木的山间
> 聚集着薄雾,并且薄雾也沉降到海面上。
> 在海浪滚滚的岸边,停靠着死寂的大船,
> 在潮湿的沙地上,人们点燃了棉垫和折断的桅杆,

---

① Revd John Dunmore Lang, *New Zealand*:*A Lecture*,*By a Young Missionary* (London,1849)
  Appendix II p. 26. On Lang see Cathcart, *TheWater Dreamers* pp. 59,71.
② *The New Zealand Colony*:*Its Geography and History* (London,1903) pp. 11 - 12.

　　　　　　　　在篝火间的人们，
　　　　　　或站或蹲，面朝大海。①

　　在艾伦·柯诺、查尔斯·布拉施和阿利斯特·坎贝尔
(Alistain Campbell) 所探索的群岛心态中，岛屿特性并不必然
与独一无二性挂钩——这要另行讨论——而是与其遥远性
(remoteness) 相关。②用《距离照亮我们的前方》书中一位作者
的话说：

　　　　新西兰与其西边最近的邻居并不相近，二者隔着 4500 英
　　里的大洋，而到南部的南极大陆则有 1600 英里的海域相离；
　　澳大利亚在其西部 1230 英里，而其到西北部的新几内亚则有
　　2500 英里……这种……遥远程度……[已经]持续了……7000
　　万年。③

　　这就是柯诺所说的"两处岛屿之间没有窄窄的海湾"④。新
西兰的海洋背景与不列颠的海洋背景有着本质不同。在这样的背
景中，后殖民时代的独立具有可能性，但那种独立在文化层面尚
有缺陷。今日的新西兰人把这个国家看作岛屿民族品质更高的一
类：更多的海滩，更好的水手，更温和的气候，更美味的鱼。新

---

① Alistair Campbell，*The Return*，part of the extract read at the Memorial Service for D. F.
　McKenzie (1931 - 1999) at the Chapel of Magdalen College, Oxford, 5 June 1999.
② Francis Pound, *The Invention of New Zealand*: *Art and National Identity 1930 - 1970*
　(Auckland, 2009) pp. 38 - 50.
③ E. J. Godley, 'Fauna and Flora', in Sinclair (ed.), *Distance Looks Our Way* p. 1. 在自己的文
　章中，辛克莱尔 (Sinclair) 评论说："当哈利·斯科特 (Harry Scott) 博士第一次规划他的系列
　演讲时……他决定，尽管新西兰在距离上很远，但它是否处于孤独状态则是尚需讨论的事情
　(p. 27)。"关于斯科特对新西兰与世界的关系的思考参见 Jonathan Scott, *Harry's Absence* chs.
　3,5,7,11,13,17。
④ Quoted in Pound, *Invention* p. 41.

西兰的水域更宽广，海水更蓝、更深。它可能没有给与水有关的政治理论画上句号，但它却能做这一理论的弄潮儿。

正是从这种"部分的在南大洋的群岛中形成的"视角出发，约翰·波考克论述了"包括不列颠在内的岛屿作为另一种群岛……而不是一处大陆的一个海角……［本研究］假定的历史'不在窄窄的海湾'内"[1]。

波考克使用这种海洋背景来阐释不列颠及其前殖民地之间所共有的历史。即使如此，不列颠的两处海岸都在窄窄的海湾内。[2]尽管有着艾利特·萨麦斯的鼓吹，不列颠直到最近仍是一处凸起的海角。

波考克进而补充说："当下的恐欧症和亲欧症都不过是把'英格兰'和'欧洲'放入到零和关系中这种坏习惯的体现，以至于任何人关注到其中一个时，就会降低对另一个的关注。"[3]可以想见，历史学家们也不会把英格兰放入到欧洲部分中去，也不会在注意到其中一者时会把两者放到一起来考量。欧洲的历史中也有新西兰的贡献，而这部历史是由岛屿、半岛、平原、山脉、跨越全球的大洋和海上岛屿所组成的。

---

① Ibid. p. 23; Colin Kidd, 'Europe, What Europe?', *London Review of Books*, 6 November 2008 p. 17.

② 此处应指不列颠岛的两侧分别是面临法国的英吉利海峡和面临爱尔兰的圣乔治海峡。——译者注。

③ J. G. A. Pocock, *Barbarism and Religion*, *volume I*: *The Enlightenments of Edward Gibbon*, *1737－1764* (Cambridge, 1999) p. 308.

尾论

漂浮之岛

194

> 我们的岛屿再次消失,整个地球就是一个大岛,
> 并且我们的旅行也都是环球航行。
>
> ——艾伦・柯诺:《发现》①

　　到 19 世纪早期，不列颠帝国已占据地中海、亚洲、加勒比和太平洋上的诸多岛屿。在 1808 年，G. F. 莱基 (G. F. Leckie) 对不列颠在模仿雅典和罗得岛的海洋活动方面所取得的成果进行了一番反思。②如果说海洋帝国不是什么新事物的话，那么 1815 年后不列颠海军权力所达到的规模却是史无前例的。③当我们看到帝国的群岛被进一步想象成一支支舰队时不应该感到惊讶。这些漂浮的群岛正是在英吉利共和国的历史、知识环境和文化活动中培育出来的。在 1627—1628 年，它们蜂拥而至。在共和国时期，"这个漂浮之岛是一处新的筑窝之巢；是其他国家正在苦苦追求的世界级舰队"④。威廉和玛丽统治时的 10 号和 11 号法令中提到纽芬兰岛是"停泊在海岸边的一艘巨大的英国舰船"。⑤

　　进而把帝国描述成一支舰队并不是简单地强调其全球——今天对应着的是星球——抵达能力（"世界舰队"）。它是针对斯巴

---

① In Curnow, *Early Days Yet* p. 217.
② Bayly, *Imperial Meridian* p. 103.
③ Tim Clayton, *Tars：the MenWho Made Britain Rule the Waves* (London, 2007) pp. 300 - 301.
④ Marvell, *The First Anniversary*, in *Poems and Letters* vol. I p. 112.
⑤ Gerald S. Graham, 'Fisheries and Sea Power', in G. A. Rawlyk (ed.), *Historical Essays on the Atlantic Provinces* (Toronto, 1967) p. 10.

达和雅典帝国而言的，它是作为一种运动中的帝国而言的。米歇尔·福柯因此看到了其中所包含的一种流动的世界性（mobile universality）："船只是一片漂流中的空间，是一个没有固定位置的点。它依凭自身而存在。它被自身所包围并且同时又将自身交给了无尽的大海。"①当沃利斯的"海豚"号（Dolphin）在1767年出现时，塔希提人"认为这是一座漂浮之岛，正如塔希提岛曾经所发生的那样，这艘船是由古老的力量驱动前行的"②。当库克的"奋进"号在1769年10月抵达新西兰时，当地的毛利人记录道："当老人和妇女看到库克船长的船只时，他们叫喊说'这是一座岛，一座远方漂来的岛。在这里，正朝我们而来！'当他们看到它的风帆时，他们又叫道：'哈哈！ 这艘活动中的岛屿的风帆如同天上的云彩！'"③

本研究在三个方面与漂浮之岛相遇。第一，他们描写岛屿与其相邻大陆之间，与其他岛屿，以及与岛屿内部各个组成部分之间所处的宗教和政治竞争状态。之后，他们又构建出了一个岛屿民族和岛屿帝国的形象。最后，运行中的漂浮之岛不仅让不列颠人，而且让其他欧洲人也获得并扩大了他们的经历和权力。所有的这些形象以统一的团体、动态活力和世界性为特征出现，而且不仅局限在地理意义上。尽管从希腊——包括荷马、埃斯库罗斯和修昔底德——那里获得了启示，但是他们是由众多因素组合而成的，而且是在三个接连相续的层面上组合而成的，这才让一个民族得以宣告进入现代性。

---

① M. Foucault, 'Of Other Spaces', *Diacritics* 16(1986) p. 27, quoted in O'Hara, ' "The Sea is Swinging into View" ' p. 1125.
② Salmond, *Aphrodite's Island* p. 39. 这部研究作品（尤其是第一章）将古代希腊与波利尼西亚人的海洋神话联系起来，其中包括漂浮岛的内容。
③ Quoted in Salmond, *The Trial of the Cannibal Dog* p. 113.

　　在它的构建过程中，这样的意象就如同鸭骗子①的航行轨迹那样。在时间的流逝过程中，英格兰以及之后的不列颠逐渐获得了掌控民族的、地区的、大西洋的以及全球的能力。因此，戴安娜·洛克士利（Diana Loxley）表示，到 19 世纪时，岛屿的这种象征成为不列颠殖民主义的重要主题。洛克士利的说法根植于欧洲无处不在的岛屿环境中，而这些岛屿是一种比喻，即把它看作一种受到挤压的、可渗透的异域空间。在 1882 年的不列颠，《学校督查指南》（*Instruction to School Inspectors*）一书指出：“超过三套书按照任何标准……即标准五、六、七……并不需要做优先推荐……这些书包括《鲁滨逊漂流记》或者著名人物的航程、旅行传记等。”②两年后的 1884 年不列颠阅读调查中，“在790 名男孩中……所搜集的来源广泛多样的阅读材料……显示，岛屿冒险类作品占据主导地位，而《鲁滨逊漂流记》和《来自瑞士的鲁滨逊一家》则占据首位”③。

　　这一年最成功的是鲁滨逊作品（史蒂文森不得不要求威廉·格莱斯顿 [William Gladstone] 停止阅读《金银岛》以把精力放到国家事务上去）。④罗伯特·路易斯·史蒂文森分析了笛福在行文过程中所钟爱的朴实风格。就在它“对理想目标达到了最高级别的抽象化塑造的时候，它也不拒绝最平实的现实主义方法。《鲁滨逊漂流记》中的现实主义跟浪漫主义并辉：二者都达到了极致”。读者们对《金银岛》中的特色所发表的赞誉之语曾经也激起卢梭对笛福作出如下评价：“内涵隽永，表达意图不拐弯抹角，视野清晰。”⑤

196

---

① 请参见后文附录中《鸭语言》一文。——译者注
② Quoted in Loxley，*Problematic Shores* pp. 83 - 84.
③ Ibid. p. 32.
④ Ibid. p. 135.
⑤ Quoted in ibid. pp. 137，141.

史蒂文森把《金银岛》的背景放到 18 世纪，并且参考了笛福的《海盗史》（*History of Pirates*，1724 年）。[①]跟克鲁索的情况相似，吉姆·霍金斯（Jim Hawkins）开始冒险时正是英国"家庭教养和繁文缛节"大行其道之时。[②]在海盗部分，史蒂文森又追溯了自伊丽莎白时期以来的英国海洋经历这样一段重要的历史。通过在他的岛上（以及岛屿地图上）放置一批传说中的宝藏，他使人想起了欧洲帝国起源时就附带的理想。也正是在给孩子睡前朗读《金银岛》《珊瑚岛》（*Coral Island*）和《来自瑞士的鲁滨逊一家》后，威廉·戈尔丁（William Golding）在 1951 年诞生了一个想法，即把一处岛屿塑造成反乌托邦小说《蝇王》（*Lord of the Flies*）的发生地。[③]

史蒂文森最后迁居到了萨摩亚。与此同时，伦敦传道会的塞缪尔·麦克法兰（Samuel McFarlane）则试图将福音带到巴布亚岛的东部。跟波利尼西亚不同，新几内亚疟疾横行，本地人的语言互相不通，政治上四分五裂并且战争频发。[④]由于暴力和疫情造成不少人丧命，麦克法兰离开内陆迁居到海岸边的岛屿上。随着问题持续不断地发生，他变成了他的船只上的一个逍遥派。"麦克法兰先生，"《布里斯班邮报》（*Brisbane Courier*）讽刺说，"是一位颇有能力的人。他在'艾伦格安'号（*Ellengowan*）上写了关于……本地人的有趣的报告，但是我们觉得，他与本地人的交往也只限于乘船巡游本地的海岸。"[⑤]

---

① Ibid. p. 133.
② Ibid. pp. 147,149.
③ John Carey, *William Golding，the Man Who Wrote Lord of the Flies* (London，2009) p. 149.
④ ATL LMS Papua Letters 1872 - 1885，Micro MS Coll. 2 Reels 91 - 93；LMS Papua Journals 1871 - 1901，Micro MS Coll. 2 Reel 11.
⑤ Jonathan Scott，'Samuel McFarlane，William Lawes and James Chalmers in New Guinea 1872 - 1885'，unpublished BA (Hons) research essay，Victoria University of Wellington，1980，p. 41.

　　麦克法兰把他的岛屿叫作"流浪者之城"。后来他又把它们叫作他的木质城墙。这种说法来自当年德尔斐神庙对地米斯托克利所做的神谕，后来理查德·吉布森在 17 世纪 90 年代将这一说法再次找了出来。1906 年，在法国目睹了第一次欧洲飞机航行的过程后，《每日邮报》的所有者诺斯克里夫勋爵（Alfred Harmsworth，Viscount Northcliffe）报告说："要说的就是……英格兰不再是一个岛屿了。人们无法再安睡在古老的英格兰的木质城墙后面了，英吉利海峡也不再是我们安全的壕沟了。"①那些城墙一直以来都是一个神话。在即将到来的两次世界大战，以及过去的 18 和 19 世纪，不列颠的战争发生在陆地上——并且最终发生在空中——以及海上。但是，它们是一次神谕般的启示。

　　不列颠的岛屿观念在将联合王国各部分连接起来的同时，也在宣告着不列颠与欧洲其余地区的关系。这种观念是利用了古代地中海的文献，并利用了当时荷兰和其他欧洲的先例组成的。最终，跟库克的船一样，它成为了这个民族赖以将自己设置在欧洲以外，并安置于整个世界的工具。②在展示民族成就的过程中，无论是过去，还是现在，都是利用这种岛屿观念表达出来的，即使如今这个帝国已经日落西山了。

197

---

① Quoted in Peter Fitzsimons, *Charles Kingsford Smith and Those Magnificent Men* (Sydney, 2009) p. 21.

② Williams, *The Great South Sea*.

鸭语言（1724 年）

198

[在] 林肯郡的沼泽中……有……无数的野生飞禽，比如野鸭和绿头鸭，短颈鸭和赤颈鸭，黑雁，野生鹅……并且就前四种来说，在这里有大量的诱饵鸭或鸭骗子……就是从它们手中，大量的飞禽被送往了伦敦；数量其实难以计数…… [以] 至于其中一些诱饵鸭……每年以一定数量的金钱被出租出去，年租金从 100 先令到 300、400 乃至 500 先令不等。

诱骗飞禽的技艺，尤其是培育诱骗鸭（Decoy Ducks）这种物种去诱惑以及出卖它们的同伙……令人羡慕……并且值得说上一说……

诱骗鸭首先要实现本地化，因为它们是在诱骗池塘中孵化并长大的……它们是在那里被持续喂养并被驯服的，所以它们习惯于从诱骗负责人的手中获得食物。

当它们……被送往国外时，没人知道它们被送往何处；但是有人相信，它们飞越大海进入荷兰和德意志地区；在那里，它们遇到了其他一些品种的鸭子，并在那里与它们和谐相处，而且还观察到它们生活多么不如意，那里的河流都冰封结冻，而且大地上覆盖着皑皑白雪，而它们也差点冻饿而死。诱骗鸭成功地告诉它们，（用它们之间互相知晓的语言）它们从英格兰而来。在那里，情况截然不同；英格兰的鸭子生活得要比在这些寒冷地区的鸭子舒适得多；它们有开阔的湖面，海岸上布满了食物，潮流轻松地灌入每条小溪；它们在这片土地上拥有大湖，新鲜的水源，由人负责监管和照料的开阔的池塘，以及成年木材制造的大船和密密的果园；这片土地上食物随处可见；无知的农夫收割过的麦子残枝上遗留着源源不断的谷物……在野鸭生活的年岁中，不曾遇到漫长的结霜期或大雪期，并且即使遇到，大海也不会结冻，海岸也不会无食物可捕；如果愿意跟着自己去英格兰，它们愿意与跟随者分享所有的好东西。

　　通过使用鸭语言作出这样一番表白……它们聚拢起一大批飞禽，或者说，从它们的国度中将它们劫持走了；因为一旦越过了它们的知识结构，它们就只能尾随着诱骗鸭而去了，正如一只狗尾随着农夫一样；人们经常可以看见这些狡黠的生物归来时带着一大群的飞禽……

　　当把它们带来后，第一件事情就是把它们安置在诱骗池塘中，这是它们的归属地：在这里，它们之间互相嬉戏打闹，用它们自己的语言交流，它们仿佛在告诉新来者，这就是曾经说的那些池塘，而在这里，它们很快就能看到它们过得如何轻松，它们进入到了一个多么安全、可靠的休憩地……

　　在这里，诱骗负责人一直隐匿不现，藏在芦苇篱笆后面……走上前来，越过芦苇将食物投掷到水中；诱骗鸭贪婪地扑上去，并且召唤着它们的外国客人也跟上来。这仿佛就是在对它们说，它们现在可以知道它们所言不虚，而且鸭子们在英格兰生活得多么好……甜言蜜语将它们骗着往前走，直到它们被树上挂着的呈拱状的网子罩住，并且以不易让它们察觉的方式逐渐落下，越收越窄……

　　当这一群鸭子贪婪地跟着领头的诱骗鸭，并且随着它们的行进能吃到大量食物时……突然，一条狗出现了。这条狗也是事先被教导好了，从芦苇丛中冲出来，并且跳入水中，直接向鸭子们游过去，并且（让它们感到害怕的是）狗边游边叫。

立刻，鸭子们……扇起了翅膀……但是让它们感到惊异的
是，它们再次被拱状的网子给击落下来……它们因此聚拢在一
起……网子却越来越低……此外，一个诱骗负责人站在一旁准备
将它们收起来，并且用手将它们一一活捉。

至于背叛者，它们负责将可怜的鸭子带进了圈套，但它们被
教导着及时飞起来离开一段距离，这样就不会落入网中，然后再
次飞入池塘……或者可以被诱骗负责人从网中拿出来；但是它们
不会被杀死，而是被轻轻抚摸……还被投掷食物作为它们忠心事
主的奖赏。

丹尼尔·笛福：《大不列颠全岛游记》第二卷，第496—499页。

Manuscripts

ALEXANDER TURNBULL LIBRARY (ATL), WELLINGTON

Letters and Journals 1840 – 60

LMs Papua Letters 1872 – 85, Micro Ms Coll. 2 reels 91 – 3

LMs Papua Journals 1871 – 1901, Micro Ms Coll. 2 reel 11

Ms 1730 Thornton family

Ms 2053 Stephens, Samuel, Surveyor to the New Zealand Company, Letters and Journals at Nelson, 1841 – 54

Ms 2233 Parkinson, thomas, 1642

Ms 2812 Jenkins, Robert

Ms 3205 Conway, Rose

Ms 4282 Wright, S. E. L. , Journal, 1842 – 4

Ms 5694 Daniell, Henry Cooper

Ms 8012 Baines, William M. , Diary, 9 Aug. – 30 Dec. 1850

Ms n. 24. 1 'Narrative of a Residence in New Zealand' 1839 – 40

Ms Papers 0495, Diary of George Darling, 1842

Ms TuL 138, 762 Tully, J. , Diaries, 1841 – 6

Ref 89 – 084 Murray, John, Journal, 1839 – 43

BODLEIAN LIBRARY, OXFORD

Rawlinson MSS

D 147 Navall Essays written by sir Hen [ry] shere [s] Whilst a Prison [e] r in ye Gate-House anno 1691

A 195 A – B Correspondence and Papers of Samuel Pepys
A 342 Letters to Sir Henry Shere 1676 – 9
A 464 Papers on the State of the Navy 1684 – 6

BRITISH LIBRARY (BL), LONDON
Add Ms 9302 Navy Papers 1618 – 87
Add Mss 9307 9316 Naval Papers 1618 – 1707
Add Ms 11602 'One Hundred and twenty Different Treatises, Principally Relating to the Navy, Collected by Richard Gibson'
Add Ms 11684 Another volume of Gibson's collections
Add Ms 15643 Committee of Intelligence 1679 – 83
Add Ms 18986 Navy Committee 1651 – 2
Add Ms 19872 Letters to sir Henry Sheres
Add Ms 21239 Ship King George in Voyage round the world 1785 – 8
Add Ms 22546 Navy Committee correspondence 1649 – 53
Add Ms 30369 'A Voyage for Whaling and Discovery ... in the Rattler' 1793 – 4
Add Ms 32094 Papers Relating to the second Anglo-Dutch War (1665 – 7)
Add Ms 51511 Notebook kept by George savile, Marquis of Halifax
Egerton Mss 2618, 3383 Naval Papers
Harleian Mss 6277, 6287 Naval Tracts
Harleian Ms 6843 'How the Coast of yor Ma [je] sties Kingdome may be defended against any enemie' [Elizabethan?]
Sloane Ms 54 Voyage of Abraham Cowley around the World 1683 – 6
Sloane Ms 2572 'a survey of ye 17 provinces' [Elizabethan]
Sloane Ms 3820 'a Journall into the South Sea by Basil Ringrose' 1680
Sloane Ms 3833 Voyage of the Sweepstake to America 1669 – 70

MINISTER DES AFFAIRES ETRANGERES, PARIS
Archives Diplomatique, Correspondence Politique Angleterre vol. VC

NATIONAL ARCHIVES, KEW
PRO 30/24 Shaftesbury Papers
SP 84 State Papers Foreign, Holland

NATIONAL MARITIME MUSEUM(NMM)，GREENWICH，LONDON
ADM/L/D/95 Journals of the Diamond
CAD/D/18 ~ 20 Naval Papers
CLU/7 Naval Letters and Papers
JOD/1/2 Guard of the Narrow Seas: Admiral Sir John Penington's Journal
  1631 ~ 6
JOD/58 Byron's Journal 1764 ~ 6
JOD/173 Journal of samuel atkins 1680 ~ 4
LBK/1 Letter Book of Sir John narborough 1687 ~ 8
REC/1 Naval Papers，Early Seventeenth Century
REC/3 Naval Documents
REC/4 Naval Miscellanies
REC/5 Naval Treaties
REC/6 Admiralty and Sea Manuscripts 1660 ~ 1700
REC/28/1 History of the Navy
REC/36 Historical Description of Dunkirk
SER/1 Navy Board Minutes 1673 ~ 4

PEPYS LIBRARY (PL)，MAGDALENE COLLEGE，CAMBRIDGE
MS 2141 Papers Relating to Charles II's Escape from Worcester
MS 2142 Character of Charles II by the Marquess of Normanby
MS 2184，'April 21 1697 Mr Flamsteed's Acct of ye Beginning，Progress +
  Present State ... in ye Doctrine + Practice of Navigation'
Ms 2349 John Cox his Travils over the Land into the South Seas
Ms 2581 Pepys' Navy White Book
Ms 2888 'the political grounds and maxims of the Republic of Holland and
  West Friesland'，translation by Toby Bonnell of *Aanwysing der heilsam*
  politike Gronden en Maximen van de Republicke van Holland en West-
  Vriesland (Leiden and rotterdam，1669)

MANUSCRIPT ESSAYS
 'Arguments to prove that it is necessary for the restoring of the Navie of
  England to have more ffish eaten' [1563] NMM REC/3.
 'A Discourse on the necessity of Maintaining Freedom of the Seas by Keeping
  shipping in an efficient state'，35pp，NMM REC/1 Item 56.

Gibson, Richard, 'Defects and Remedies in the present management of the royal navy', BL add MS 11602 ff. 57 – 61. Another version possibly in Gibson's hand dated 25 July 1693 and addressed to John trenchard Add Ms 11684 ff. 37 – 42.

'Discourse on our naval conduct', NMM REC/6 item 16. Another two copies in BL add MS 11602 ff. 37 – 41 and 43 – 9. published as *Reflections On Our Naval Strength*, in J. Knox Laughton (ed.), *The Naval Miscellany*, vol. II (London, 1912) pp. 149 – 68.

'Dr Richard Lower his proposal for the better Cureing Sick + Wounded Seamen . . . Wrot by Richard Gibson', 9 December 1690 NMM REC/4 Item 59. Another version BL add Ms 11684 ff. 96 – 101.

'The Dutch Action at Chatham Examined', BL add MS 11684 ff. 31 – 3.

'A few Instances of English Courage and Conduct at Sea within the Memory of Richard Gibson', BL add MS 11684 ff. 2 – 21. Published in S. R. Gardiner and C. T. Atkinson (eds.), *Letters and Papers Relating to the First Dutch War, 1652 – 4* (2 vols., London, 1899) vol. I pp. 2 – 30.

'Gibson to Admiral Russell against Victualling the Royall Navy by Contract', BL Sloane MS 2572 ff. 88 – 91. Another version possibly in Gibson's hand dated London 27 February 1693/4 BL add MS 11684 ff. 59 – 62.

'Gibson to Pepys about Victualling 23 August 1686', BL Add MS 11684 ff. 65 – 73.

'Heads of a Discourse between an English and Dutch Sea Captain how ye English came to Beate the Dutch at Sea in anno 1652 + 1653', BL Add MS 11602 ff. 90 – 1. Another version possibly in Gibson's hand: 'a Discourse then between an English Sea-Captaine and a Dutch-Skipper how the English came to Beate the Dutch at Sea', April 1654 BL add MS 11684 ff. 30 – 2. the latter published in S. R. Gardiner and C. T. Atkinson (ed.), *Letters and Papers Relating to the First Dutch War, 1652 – 4* (2 vols., London, 1899) vol. I pp. 31 – 3.

'Memorials for the King About the Fleet, Flagg-Officers, Admiralty, Navy-Bord, Victualling, and Sick and Wounded Comissioners. Wrot at the Command of Sr John Trenchard the Secretary of State; by Richard Gibson', London 5 October 1693 BL add MS 11684 ff. 51 – 7.

'Mr Gibson to Sam Pepys upon the present Method of Victualling', 1

October 1686 NMM REC/4 Item 99 (Item 49 another copy dated 26 August 1686). Another copy in REC/6 Item 12.

'Observations upon Islands in Generall and England in particular relating to safety and strength at sea', NMM REC/6 Item 17 (ff. 271 – 82). Another version possibly in Gibson's hand: 'Enquirys touching Islands in General + England in perticuler, relating to Safety + Strength at Sea', BL add MS 11684 ff. 22 – 9. the latter published in S. R. Gardiner and C. T. Atkinson (eds.), *Letters and Papers Relating to the First Dutch War, 1652 – 4* (2 vols. , London, 1899) vol. I pp. 33 – 47.

'Observations on Queen Elizabeth's gentlemen sea captains' ill-conduct', BL Add MS 11602 Item XVI.

'Petition to the King concerning the mismanagement of the navy', BL 11602 ff. 125 – 30.

'Reasons to prove There hath been Negligence, Ignorance, or Treachery in ye Lds of Admiralty and Commissioners of the Navy … October 1693', NMM CAD/D/20.

'A Reformation in ye Royall Navy most Humbly Proposed to his Majesty King George by Richard Gibsen Gent. ', BL Add MS 11602 ff. 66 – 89.

'How a State may the best provide itself for a Warr', NMM REC/3 ff. 240 – 2.

Manwaring, Sir Henry, 'A Discourse written by Sr Henry Manwaringe and by him presented to the Kings Matie An. Dni 1618 Wherein are discovered the beginnings practises and proceedings of the Pyrates', NMM CAD/D/19.

Monson, Sir William, 'Concerning the Abuses of our Seamen', 1623, NMM REC/4 Item 18. Published in *The Naval Tracts of Sir William Monson*, (ed.) M. Oppenheim (5 vols. , London, 1902 – 14) vol. I pp. 237 – 52.

'How to imploy our ffleet against spain', NMM REC/4 Item 12.

'Observacons touchinge the Royal Navy and Sea Service', NMM CAD/D/19 Item 2.

'Observations Concerning Dominion of the Sea', NMM REC/6 Item 30b.

'Relating to ye Fishery', NMM REC/4 Item 13. Published in *The Naval Tracts of Sir William Monson*, (ed.) M. Oppenheim (5 vols. , London, 1902 – 14) vol. V pp. 223 – 302. see also *An Addition* in ibid. pp. 303 – 27.

Pepys, Samuel, 'The State of the Royall Navy of England at the Dissolution of the late Comission of the Admiralty', 31 December 1684 NMM REC/6

Item 14.

Sheres, Sir Henry, 'A Discourse touching ye decay of our naval Discipline by Sir H Sheers' [1694] , NMM REC/4 Item 4. There is another copy in BL Egerton 3383 ff. 116 – 37.

Navall Essays written by sir Hen[ry] Shere[s] Whilst a Prison[e]r in ye Gate-House Anno 1691' , Bodleian Rawl MS D 147.

'Of Fortifying Ports + c' , Bodleian Rawl MS D 147.

'Of Navall Architecture' , Bodleian Rawl MS D 147.

'Of Navall Warr' , Bodleian Rawl MS D 147.

'Of Navigation + ye Benefit of Nav[igationa]ll Science', Rawl MS D 147.

'Of Ports and Havens' , Bodleian Rawl MS D 147.

'A Scheme + Model of a Marit[i]me Monarchy', Bodleian Rawl MS D 147.

'Sir H Shere's proposal to King James for preserving the naval royal in port from any insult' , 4 May 1688 NMM REC/6 Item 24.

Slingsbie, Sir Robert, 'A Discourse touching the Past and Present state of ye Navy' , NMM REC/4 Item 10.

PRINTED PRIMARY SOURCES

An Account of Several Late Voyages & Discoveries to the South and North … by Sir John Narborough, Captain Jasmen Tasman, Captain John Wood, and Frederick Marten (London, 1694), 'the Bookseller's preface' .

An Agreement of the People for a firm and present peace (1647), in J. p. Kenyon, *The Stuart Constitution 1603 – 1688: Documents and Commentary* (2nd edn, Cambridge, 1993).

An Inquiry into the Causes of our Naval Miscarriages (2nd edn, London, 1707).

Andrews, Kenneth (ed.), *English Privateering Voyages to the West Indies 1588 – 1595* (Cambridge, 1959).

Anson, George, *Voyage Round the World, 1740 – 44*, comp. Richard Walter, extract in Jonathan Lamb, Vanessa Smith and Nicholas Thomas (eds.), *Exploration and Exchange: a South Seas Anthology 1680 – 1900* (Chicago, 2000) pp. 39 – 45.

Antiquity Reviv'd: or the Government of a Certain Island Antiently call'd Astreada (1693).

Aubrey, John, *Aubrey's Brief Lives*, (ed.) Oliver Lawson Dick (London,

1958).

Bacon, Francis, *Bacon's Essays*, (ed.) Edwin A. Abbott (2 vols., London, 1889).

　　The New Organon, (eds.) Lisa Jardine and Michael Silverthorne (Cambridge, 2000).

　　'On the Ebb and Flow of the sea', in James Spedding, Robert Leslie Ellis and Douglas Denon Heath (eds.), *The Works of Francis Bacon, volume V. Translations of the Philosophical Works, volume II* (London, 1877).

Bankes, Thomas, *A New Royal Authentic and Complete System of Universal Geography Antient and Modern* (London, ? 1790).

Banks, Joseph, *The Endeavour Journal of Joseph Banks 1768 – 1771*, (ed.) J. C. Beaglehole (2 vols., Cambridge, 1968).

Bethel, Slingsby, *The World's Mistake in Oliver Cromwell ... shewing, That Cromwell's Mal-administration ... layed the Foundation of Our present ... Decay of Trade* (London, 1668).

Bodin, Jean, *Six Bookes of a Commonweale*, a facsimile reprint of the English translation of 1606, (ed.) K. D. Mcrae (Cambridge, Mass., 1962).

Bougainville, Lewis [Louis antoine] de, *A Voyage Round The World ... In the Years 1766, 1767, 1768, and 1769 by Lewis de Bougainville*, trans. by John Reinhold Forster (London, 1772).

Bourne, William, *A Regiment for the Sea and other writings on Navigation*, (ed.) E. G. R. Taylor (Cambridge, 1963).

Brasch, Charles, *Collected Poems*, (ed.) Alan Roddick (Auckland, 1984).

Burke, Edmund, *Reflections on the Revolution in France* (1790), in Iain Hampsher-Monk, *The Political Philosophy of Edmund Burke* (Harlow, 1987).

　　[Burton, robert] Democritus Junior, *The Anatomy of Melancholy: What it is* (Oxford, 1624).

Calendar of State Papers and Manuscripts relating to English Affairs ... in the archives ... of Venice (London, 1927) vol. XXVIII.

Camden, William, *Britain, Or A Chorographicall Description of the Most flourishing Kingdomes, England, Scotland, and Ireland*, trans. Philemon Holland (London, 1610).

Charnock, John, *Biographia Navalis* (6 vols., London, 1794 – 8).

An History of Marine Architecture (3 vols., London, 1800 – 2).

Churchill, Awnsham and John, 'An introductory Discourse, Containing, The whole History of navigation from its Original to this time', in *A Collection of Voyages and Travels*, *Some Now Printed from Original Manuscripts* (6 vols., London, 1732).

Cook, James, *The Journals of Captain James Cook on His Voyages of Discovery: the Voyage of the Endeavour 1768 – 1771*, (ed.) J. C. Beaglehole (Cambridge, 1955).

The Voyage of The Resolution and Adventure 1772 – 1775, (ed.) J. C. Beaglehole (Cambridge, 1961).

Curnow, Allen, *Early Days Yet: New and Collected Poems 1941 – 1997* (Manchester, 1997).

Dampier, William, *A New Voyage Round the World. Describing particularly, The Isthmus of America* (London, 1697).

Darwin, Charles, *The Voyage of the Beagle*, (ed.) James H. Brix (New York, 2000).

Day, Robert Adams, 'Introduction', in Tobias Smollett, *The History and Adventures of an Atom* (Athens, Ga., 1989).

Dee, John, *General and Rare Memorials pertaining to the Perfecte Arte of Navigation* (London, 1577).

The Limits of the British Empire, (ed.) Ken MacMillan, with Jennifer Abeles (Westport, conn., 2004).

Defoe, Daniel, *Robinson Crusoe: an Authoritative Text Contexts Criticism*, (ed.) Michael shinagel (2nd edn, London, 1994).

A Tour Thro' the Whole Island of Great Britain, (ed.) G. D. H. Cole (2 vols., New York, 1968).

[Defoe, Daniel], *An Essay at Removing National Prejudices Against a Union with Scotland* (London, 1706).

[Defoe, Daniel], *A General History of Discoveries and Improvements in Useful Arts, Particularly in the great Branches of Commerce, Navigation, and Plantation* (London, 1725 – 6).

Donne, John, *The Complete English Poems*, (ed.) A. J. Smith (Harmondsworth, 1986).

Devotions Upon Emergent Occasions, Meditation XVII, (ed.) with commentary by Anthony Raspa (Montreal, 1975).

Drury, Robert, *Madagascar; Or, Robert Drury's Journal, During Fifteen*

Years' Captivity On That Island, (ed.) Capt. Pasfield Oliver (New York, 1969).

Dunbar, James, *Essays on the History of Mankind in Rude and Cultivated Ages*, reprint of 1781 edition, (ed.) James Dunbar (Bristol, 1995).

Erasmus, *The Education of a Christian Prince*, (ed.) Lisa Jardine (Cambridge, 1997).

Evelyn, John, *Navigation and Commerce, Their Original and Progress* (London, 1674).

    Pomona, or an Appendix Concerning Fruit-Trees, In relation to Cider, The Making and several ways of Ordering it (London, 1664).

    Sylva, Or A Discourse of Forest-Trees, and the Propogation of Timber (London, 1664).

Falconer, William, *Remarks on the influence of climate, situation, nature of country ... on the disposition and temper* (London, 1781).

Ferguson, Adam, *An Essay on the History of Civil Society* (1767), (ed.) Fania Oz-Salzberger (Cambridge, 1995).

Fletcher, Andrew, *A Discourse concerning the Affairs of Spain: written in the month of July, 1698*, in *Political Works*, (ed.) J. Robertson (Cambridge, 1997).

    A Discourse of Government With relation to Militias (Edinburgh, 1698), in *Political Works*, (ed.) J. Robertson (Cambridge, 1997).

Frisch, Hartvig (ed.), *The Constitution of the Athenians: a Philological Analysis of Pseudo-Xenefon's Treatise De Re Publica Atheniensium* (Copenhagen, 1942).

Gardiner, S. R. and Atkinson, c. t. (eds.), *Letters and Papers Relating to the First Dutch War, 1652 - 4, volume I* (London, 1899).

Gates, Sir Thomas, *A true repertory of the wracke, and redemption of Sir Thomas Gates Knight; upon, and from the Ilands of the Bermudas*, in samuel purchas, *Hakluytus Posthumus or Purchas His Pilgrimes. Contayning a History of the World, in Sea voyages & lande-Travells, by Englishmen & others* (4 vols., London, 1625).

Gentleman, Tobias, *The Best Way to Make England the Richest and Wealthiest Kingdome in Europe, By Advancing the Fishing Trade ... [and] Building ... Busses and Pinks after the Holland Manner* (London, 1660).

Gibbon, Edward, *The History of the Decline and Fall of the Roman Empire*, (ed.) J. B. Bury (7 vols., London, 1896).

Gregory, Francis, *David's Returne From His Banishment* (Oxford, 1660).

Hakluyt, Richard, 'Discourse of Western planting, 1584', in E. G. R. Taylor (ed.), *The Original Writings and Correspondence of the Two Richard Hakluyts*, *volume II* (London, 1935).

   The Principall Navigations, Voiages and Discoveries of the English Nation (2vols., London, 1589; facsimile edn, Cambridge, 1965).

H[akluyt], R[ichard] the Younger, *Divers Voyages Touching the Discoverie of America and the Ilands adiacent unto the same* (London, 1582; facsimile, Ann Arbor, 1966).

Harrington, James, *The Common-Wealth of Oceana* (London, 1656).

   The Commonwealth of Oceana, (ed.) J. G. A. Pocock (Cambridge, 1992).

   The Political Works of James Harrington, (ed.) J. G. A. Pocock (Cambridge, 1977).

   The Hartlib Papers: a Complete Text and Image Database of the Papers of Samuel Hartlib c. 1600 – 1662 (second edition, University of Sheffield, 2002).

[Head, Richard], *The Floating Island: Or, A New Discovery Relating the Strange Adventure on a late Voyage, From Lambethana to Villa Franca* (London, 1673).

Herbert, George, *The Poems of George Herbert* (2nd edn, Oxford, 1961)

Herodotus, *The Histories*, trans. aubrey De Selincourt (Harmondsworth, 1996).

Heylyn, Peter, *Cosmography in Four Books. Containing the Chorography and History of the Whole World: And All the Principal Kingdoms, Provinces, Seas, and Isles thereof* (London, 1677).

   Microcosmus, Or, A Little Description of the Great World (Oxford, 1621).

Hobbes, Thomas, *Leviathan*, (ed.) Richard Tuck (Cambridge, 1996).

   'On the Life and History of Thucydides' and 'to the Reader', in R. B. Schlatter (ed.), *Hobbes' Thucydides* (New Brunswick, N. J., 1975).

   The Holy Bible, King James Version, facsimile reprint of the edition of 1611 (Peabody, Mass., 2003).

Homer, *The Odyssey of Homer*, trans. Edward Mccrorie (Baltimore, 1975).

Hume, David, *Political Essays*, (ed.) Knud Haakonssen (Cambridge, 1994).

Kenyon, J. P., *The Stuart Constitution 1603 – 1688: Documents and Commentary* (2nd edn, Cambridge, 1993).

Knighton, C. S., *Catalogue of the Pepys Library at Magdalene College, Cambridge* (Woodbridge, 1981).

Knox Laughton, J. (ed.), *The Naval Miscellany*, *volume II* (London, 1912).

Kossman, E. H. and Mellink, A. F. (eds.), *Texts Concerning the Revolt of the Netherlands* (Cambridge, 1974).

Lamb, Jonathan, Smith, Vanessa and Thomas, Nicholas (eds.), *Exploration and Exchange: a South Seas Anthology 1680 – 1900* (Chicago, 2000).

Lang, Revd John Dunmore, *New Zealand: A Lecture, By A Young Missionary* (London, 1849).

Latest Information from the Settlement of NEW PLYMOUTH, on the coast of Taranake, NEW ZEALAND (London, 1842).

Latham, Robert (ed.), *Samuel Pepys and the Second Dutch War* (Navy Records Society, 1995).

Letters from Settlers and Labouring Emigrants in the New Zealand Company's Settlements of Wellington, Nelson and New Plymouth. From February, 1842, to January, 1843 (London, 1843).

Locke, John, *Locke's Two Treatises of Government*, (ed.) Peter Laslett (2nd edn, Cambridge, 1967).

Machiavelli, Niccolò, *Discourses*, (ed.) B. Crick (Harmondsworth, 1985).

Marvell, Andrew, *The Character of Holland* (London, 1672).

The Poems and Letters of Andrew Marvell, (ed.) H. M. Margoliouth (2 vols., Oxford, 1927).

The Prose Works of Andrew Marvell, (eds.) Annabel Patterson, Martin Dzelzainis, N. H. Keeble and Nicholas von Maltzahn (2 vols., New Haven, 2003).

Milton, John, *Complete Prose Works*, (ed.) D. M. Wolfe *et al.* (8 vols., New Haven, Conn., 1953 – 82).

Second Defence of the English People (1654), in *Complete Prose Works*, (ed.)

D. M. Wolfe *et al.* (New Haven, Conn., 1953 – 82) vol. IV.

The Tenure of Kings and Magistrates (1649), in *Complete Prose Works* vol. III.

Monson, Sir William, *The Naval Tracts of Sir William Monson*, (ed.) M. Oppenheim (5 vols. London, 1902 – 14).

Montesquieu, Charles-Louis de Secondat, Baron, *The Spirit of the Laws*, (eds.) Anne Cohler, Basia Carolyn Miller and Harold Samuel Stone (Cambridge, 1989).

More, Thomas, *Utopia*, (eds.) George Logan and Robert Adams (Cambridge, 2000).

Narborough, John, 'A Journal kept by Captain John Narborough', in *An Account of Several Late Voyages* ... (London, 1694).

Nedham, Marchamont, Epistle Dedicatorie, in John Selden, *Of the Dominion, Or, Ownership of the Sea* (London, 1652).

[Nedham, Marchamont], *The Case Stated Between England and the United Provinces* (London, 1652).

[Neville, Henry], *The Isle of Pines, Or, A late Discovery of a fourth ISLAND near Terra Australis, Incognita* (London, 1668), reprinted in Onofrio Nicastro (ed.), *Henry Neville e l'isola di Pines* (pisa, 1988).
The New Zealand Colony: Its Geography and History (London, 1903).

Ogilby, John, *America: Being the Latest, and Most Accurate Description of the New World* (London, 1671).

[Oldmixon, John], *The British Empire in America, Containing The History of the Discovery, Settlement, Progress and State of the British Colonies on the Continent and Islands of America* (London, 1741).

Orgel, Stephen and Goldberg, Jonathan (eds.), *John Milton: a Critical Edition of the Major Works* (Oxford, 1991).

Paine, Thomas, *Common Sense*, in Thomas Paine, *Political Writings: Revised Student Edition*, (ed.) Bruce Kuklick (Cambridge, 2004).

[Penn, William], *England's Present Interest Discover'd With Honour to the Prince and Safety to the People* (London, 1675).

Pepys, Samuel, *The Diary of Samuel Pepys 1660 – 1669*, (eds.) R. C. Latham and W. Mathews (11 vols., London, 1971 – 83).
Samuel Pepys' Naval Minutes, (ed.) J. R. Tanner (London, 1926).
Samuel Pepys and the Second Dutch War: Pepys' Navy White Book and Brooke House Papers, (ed.) Robert Latham (London, 1996).

The Tangier Papers of Samuel Pepys, (ed.) Edwin Chappell (London, 1935).

Plato, *The Republic*, (ed.) F. M. Cornford (Oxford, 1941).

Ptolemy's Geography: An Annotated Translation of the Theoretical Chapters, (eds. and trans.) J. Lennart Berggren and Alexander Jones (Princeton, 2000).

Purchas, Samuel, *Hakluytus Posthumus or Purchas His Pilgrimes. Contayning a History of the World*, *in Sea voyages & lande-Travells*, *by Englishmen & others* (4 vols. , London, 1625).

    Purchas his Pilgrimage. Or Relations of the World (4th edn, London, 1626).

Raban, Jonathan, *The Oxford Book of the Sea* (Oxford, 2001).

Ralegh, Sir Walter, *Excellent Observations and Notes*, *Concerning the Royall Navy and Sea-Service* (London, 1650).

    History of the World (London, 1614).

Raleigh [Ralegh] , Sir Walter, *A Discourse of Seaports*; *Principally of the Port and Haven of Dover* (London, 1700).

Raynal, Guillaume, *A Philosophical and Political History of the Settlements and Trade of the Europeans in the East and West Indies*, trans. J. Justamond (4 vols. , Dublin, 1776).

Reasons for Giving Encouragement To The Sea-Faring People of Great Britain, *In Times of Peace or War* (London, 1739).

Robertson, George, *The Discovery of Tahiti: A Journal of the Second Voyage of HMS Dolphin Round the World*, *Under the Command of Captain Wallis*, (ed.) Hugh Carrington (London, 1948).

Robertson, William, *The History of America* (2 vols. , Dublin, 1777).

Sammes, Aylett, *Britannia Antiqua Illustrata: Or*, *The Antiquities of Ancient Britain*, *Derived from the Phoenicians* (London, 1676).

Savile, George, *The Works of George Savile Marquis of Halifax*, (ed.) Mark N. Brown (3 vols. , Oxford, 1989).

Scott, Thomas, *The Belgicke Pismire: Stinging the slothfull SLEEPER* (London, 1622).

Shakespeare, William, *The Oxford Shakespeare: the Complete Works of William Shakespeare* (London, 1914).

    The Tempest, (ed.) David Lindley (Cambridge, 2002).

The Tempest, (eds.) Alden T. Vaughan and Virginia Mason Vaughan, *The Arden Shakespeare*, series 3 (New York, 2005).

Shelvocke, Capt. George, *A Voyage Round the World By Way of the Great South Sea* (London, 1726).

Sheres, Sir Henry, *Sir Henry Sheere's Discourse of the Mediteranian Sea, And the Streights of Gibraltar*, in *Miscellanies Historical and Philological: Being a Curious Collection of Private Papers* (London, 1703).

Useful Remarks ... on that Subject, by Command of his late Majesty K. Charles the Second. Never before made Publick, appended to Sir Walter Raleigh, *A Discourse of Seaports; Principally of the Port and Haven of Dover* (London, 1700), pp. 9 – 16.

[Sheres, Sir Henry], *A Discourse Touching Tanger* (London, 1680).

Sidney, Algernon, *Court Maxims*, (eds.) Hans W. Blom, Eco Haitsma-Mulier and Ronald Janse (Cambridge, 1996).

Discourses Concerning Government, in *Sydney on Government: the Works of Algernon Sydney*, (ed.) J. Robertson (London, 1772).

Discourses Concerning Government, (ed.) Thomas West (Indianapolis, Ind., 1992).

Sidney, Sir Philip, *Selected Writings*, (ed.) Richard Dutton (Manchester, 1987).

Smith, Adam, *An Inquiry into the Nature and Causes of the Wealth of Nations* (2 vols., Homewood, Ill., 1963).

Smollett, Tobias, *The History and Adventures of an Atom* (London, 1786).

Speed, John, *The Theatre of the Empire of Great Britaine* (London, 1650).

Spenser, Edmund, *The Faerie Queene*, (ed.) a. c. Hamilton (London, 1977; 2nd edn, Harlow, 2001).

Stevenson, Robert Louis, *Tales of the South Seas* (Edinburgh, 1996).

Streater, John, *Observations Historical, Political and Philosophical, Upon Aristotle'sfirst Book of Political Government* (London, 1654).

Strode, William, *The Floating Island: a Tragi-Comedy, Acted before his Majesty at Oxford, Aug. 29. 1636* (London, 1655).

Swift, Jonathan, *Gulliver's Travels: a Facsimile Reproduction of a Large-Paper Copy of the First Edition* [Lemuel Gulliver, *Travels into Several Remote Nations of the World* (London, 1726)], (ed.) Colin McKelvie

(New York, 1976).

Tasman, Abel, 'Journal or Description by me, abel Jans tasman, Of a Voyage Made From the city of Batavia ... December anno 1642 ... For the Discovery of the unknown south Land', in *Abel Janszoon Tasman and the Discovery of New Zealand*, (ed.) J. C. Beaglehole (Wellington, 1942).

Temple, Sir William, *Observations Upon the United Provinces of the Netherlands* (London, 1673).

Of Popular Discontents, in *Miscellanea. The Third Part* (London, 1701).

Thucydides, *History of the Peloponnesian War*, trans. rex Warner (Harmondsworth, 1972).

UNPUBLISHED SECONDARY SOURCES

Davis, J. C., ' "Concerning the Best State of a Commonwealth" : Thomas More's *Utopia* : Sources, Legacy and Interpretation', draft essay.

Emiralioglu, Pinar M., 'Cognizance of the Ottoman World: Visual and Textual Representations in the Sixteenth Century Ottoman Empire (1514 – 96)', PhD dissertation, University of Chicago, 2006.

Fairburn, Miles, 'Culture and Isolation', J. C. Beaglehole Lecture delivered at the University of Canterbury, December 2001.

Scott, Jonathan, 'Samuel McFarlane, William Lawes and James Chalmers in New Guinea, 1872 – 1885', BA (Hons) research essay, Victoria university of Wellington, 1980.

Witmore, Michael, 'An island of One: Spinoza and Shakespeare's *Tempest*', talk given at Duquesne University, Pittsburgh, 2007.

PUBLISHED SECONDARY SOURCES

Adamson, John, *The Noble Revolt: the Overthrow of Charles I* (London, 2007).

'An Artist Sets Sail, but South Pacific Pulls Him Home', *New York Times*, 22 April 2006.

Anderson, Benedict, *Imagined Communities: Reflections on the Origin and Spread of Nationalism* (rev. edn, London, 1991).

'And Sometimes, the Island is Marooned on You', *New York Times Sunday*, 6 November 2005.

Andrews, Kenneth R., *Trade, Plunder and Settlement: Maritime*

Enterprise and the Genesis of the British Empire, *1480 – 1630* (Cambridge, 1984).

Appleby, John C. , 'War, Politics and Colonization 1558 – 1625' , in Nicholas Canny (ed.), *The Oxford History of the British Empire*, *volume I : The Origins of Empire* (Oxford, 1998).

Armitage, David, 'the Cromwellian Protectorate and the Languages of Empire' , *The Historical Journal* 35, 3 (1992).

The Declaration of Independence : a Global History (Cambridge, Mass. , 2007).

The Ideological Origins of the British Empire (Cambridge, 2000).

'John Milton: poet against Empire' , in David Armitage, Armand Himy and Quentin skinner (eds.), *Milton and Republicanism* (Cambridge, 1995).

'Literature and Empire' , in Nicholas canny (ed.), *The Oxford History of the British Empire*, *volume I : The Origins of Empire* (Oxford, 1998).

Baker, Alan R. H. , *Geography and History : Bridging the Divide* (Cambridge, 2003).

Ballantyne, Tony, *Orientalism and Race : Aryanism in the British Empire* (Houndmills, 2002).

Bayly, C. A. *The Birth of the Modern World 1780 – 1914* (Oxford, 2004).

Imperial Meridian : the British Empire and the World 1780 – 1830 (London, 1989).

Beaglehole, J. C. , *The Exploration of the Pacific* (3rd edn, London, 1966).

'The New Zealand Scholar' , in Peter Munz (ed.), *The Feel of Truth : Essays in New Zealand and Pacific History* (Wellington, 1969).

'On the Place of Tasman's Voyage in History' , in J. C. Beaglehole (ed.), *Abel Janszoon Tasman and the Discovery of New Zealand* (Wellington, 1942).

Beaglehole, Tim, *A Life of J. C. Beaglehole : New Zealand Scholar* (Wellington, 2006).

Beckles, Hilary, 'The "Hub of Empire" : the Caribbean and Britain in the Seventeenth Century' , in Canny (ed.), *The Origins of Empire*.

Beddard, Robert, 'The Unexpected Whig Revolution of 1688' , in Robert Beddard (ed.), *The Revolutions of 1688* (Oxford, 1991).

'Belgians Invented the Game of Cricket', *Television New Zealand News*, 4 March 2009 (online resource).

Belich, James, *Making Peoples: a History of the New Zealanders from Polynesian Settlement to the End of the Nineteenth Century* (Auckland, 1996).

　　Paradise Reforged: a History of the New Zealanders from the 1880s to the Year 2000 (Auckland, 2001).

Benitez-Rojo, Antonio, 'The Repeating Island', in Julie Rivkin and Michael Ryan (eds.), *Literary Theory: an Anthology* (Oxford, 1998).

Black, Jeremy, *The British Seaborne Empire* (New Haven, 2004).

Blackbourn, David, *The Conquest of Nature: Water, Landscape and the Making of Modern Germany* (New York, 2006).

Bliss, Robert, *Revolution and Empire: English Politics and the American Colonies in the Seventeenth Century* (Manchester, 1990).

Braddick, Michael, *State Formation in Early Modern England c. 1550 – 1700* (Cambridge, 2000).

Braudel, Fernand, *Civilisation and Capitalism, 15th – 18th Century, volume III: The Perspective of the World*, trans. Sian Reynolds (London, 1984).

　　The Mediterranean and the Mediterranean World in the Age of Philip II, trans. Sian Reynolds (Berkeley and Los Angeles, 1995).

Bravo, Michael, 'Precision and Curiosity in Scientific Travel: James Rennell and the Orientalist Geography of the New Imperial Age', in Jas Elsner and Joan-pau rubiés (eds.), *Voyages and Visions: Towards a Cultural History of Travel* (London, 1999).

Brenner, Robert, *Merchants and Revolution: Commercial Change, Political Conflict, and London's Overseas Traders 1550 – 1653* (Princeton, 1993).

Brewer, John, *Sinews of Power: War, Money and the English State 1688 – 1783* (London, 1989).

Bridges, R. C. and Hair, P. E. H. (eds.), *Compassing the Vaste Globe of the Earth: Studies in the History of the Hakluyt Society 1846 – 1996 with a Complete List of the Society's Publications* (London, 1996).

Burnett, D. Graham, *Masters of All They Surveyed: Exploration, Geography, and a British El Dorado* (Chicago, 2000).

Burrow, Colin, 'New Model Criticism', *London Review of Books*, 19 June 2008.

Burrow, John, *A History of Histories: Epics, Chronicles, Romances and Inquiries from Herodotus and Thucydides to the Twentieth Century* (New York, 2008).

Calder, Angus, *The Myth of the Blitz* (London, 1991).

Cannadine, David (ed.), *Empire, the Sea and Global History: Britain's Maritime World, c. 1760 – c. 1840* (Houndmills, 2007).

Canny, Nicholas, *Making Ireland British 1580 – 1650* (Oxford, 2001).

Canny, Nicholas (ed.), *The Oxford History of the British Empire, volume I: The Origins of Empire* (Oxford, 1998).

Capp, Bernard, *Cromwell's Navy: the Fleet and the English Revolution 1648 – 60* (Oxford, 1989).

'Naval Operations', in John Kenyon and Jane Ohlmeyer (eds.), *The Civil Wars: a Military History of England, Scotland and Ireland 1638 – 1660* (Oxford, 1998).

Carey, John, *William Golding, the Man Who Wrote Lord of the Flies* (London, 2009).

Cathcart, Michael, *The Water Dreamers: the Remarkable History of our Dry Continent* (Melbourne, 2009).

Churchill, Winston S., *The Island Race* (New York, 1964).

Clarke, Peter, *Hope and Glory: Britain 1900 – 2000* (London, 2004).

Clayton, Tim, *Tars: the Men Who Made Britain Rule the Waves* (London, 2007).

Coclanis, Peter, 'Drang nach Osten: Bernard Bailyn, the World-island, and the Idea of Atlantic History', *Journal of World History* 13, 1 (2002).

Colley, Linda, *Britons: Forging the Nation 1707 – 1837* (New Haven, 1992).

Captives: Britain, Empire and the World, 1600 – 1850 (New York, 2002).

The Ordeal of Elizabeth Marsh: a Woman in World History (New York, 2007).

Collini, Stefan, 'Our island story', *London Review of Books*, 20 January 2005.

Cormack, Lesley, ' "Good Fences Make Good Neighbours" : Geography as Self-Definition in Early Modern England', *Isis* 82 (1991).

Crosby, Alfred, *Ecological Imperialism: the Biological Expansion of*

Europe, *900 – 1900* (Cambridge, 1986).

Curtin, Philip, *The Atlantic Slave Trade*, *a Census* (Madison, Wisc., 1969).

Cust, Richard, *The Forced Loan and English Politics 1626 – 28* (Oxford, 1987).

Daniels, Stephen, *Fields of Vision*: *Landscape Imagery and National Identity in England and the United States* (Princeton, 1993).

Dash, Mike, *Batavia's Graveyard*: *the True Story of the Mad Heretic who Led History's Bloodiest Mutiny* (New York, 2002).

Davies, J. D., *Gentlemen and Tarpaulins*: *the Officers and Men of the Restoration Navy* (Oxford, 1991).

　　'Sheres, Sir Henry 1641 – 1710, Military Engineer and Author', in *Oxford Dictionary of National Biography* (Oxford, 2004) vol. L pp. 289 – 90.

Davies, Norman, *The Isles*: *a History* (Oxford, 1999).

Dening, Greg, 'Deep times, Deep spaces: Civilizing the Sea', in Bernhard Klein and Geesa Mackentun (eds.), *Sea Changes*: *Historicising the Ocean* (New York, 2004).

　　Islands and Beaches: *Discourse on a Silent Land*: *Marquesas*, *1774 – 1880* (Honolulu, 1980).

Denoon, Donald with Stewart Firth, Jocelyn Linnekin, Malama Meleisa and Karen Neno (eds.), *The Cambridge History of the Pacific Islanders* (Cambridge, 1997).

De Vries, Jan and van der Woude, A., *The First Modern Economy*: *Success*, *Failure*, *and the Perseverance of the Dutch Economy*, *1500 – 1815* (Cambridge, 1997).

Dickinson, H. T., *Liberty and Property*: *Political Ideology in Eighteenth-Century Britain* (New York, 1977).

Drayton, Richard, 'Knowledge and Empire', in P. J. Marshall (ed.), *The Oxford History of the British Empire*, *volume II*: *The Eighteenth Century* (Oxford, 1998).

　　Nature's Government: *Science*, *Imperial Britain*, *and the 'Improvement' of the World* (New Haven, 2000).

Edmond, Rod, 'the Pacific/Tahiti: Queen of the South Sea Isles', in Peter Hulme and Tim Youngs (eds.), *The Cambridge Companion to Travel Writing* (Cambridge, 2000).

Edmond, Rod and Smith, Vanessa (eds.), *Islands in History and Representation* (London, 2003).

Edney, Matthew H. , *Mapping an Empire: the Geographical Construction of British India, 1765 - 1843* (Chicago, 1997).

Eisler, William, *The Furthest Shore: Images of Terra Australis from the Middle Ages to Captain Cook* (Cambridge, 1995).

Elliott, J. H. , *Empires of the Atlantic World: Britain and Spain in America 1492 - 1830* (New Haven, 2007).

Elsner, J. and Rubiés, Joan-pau (eds.), *Voyages and Visions: Towards a Cultural History of Travel* (London, 1999).

Elton, G. R. , 'Piscatorial Politics in the Early parliaments of Elizabeth I', in N. McKendrick and R. B. Outhwaite (eds.), *Business Life and Public Policy: Essays in Honour of D. C. Coleman* (Cambridge, 1986).

Evans, Richard J. , *Cosmopolitan Islanders: British Historians and the European Continent* (Cambridge, 2009).

Fernandez-Armesto, Filipe, 'Britain, the sea, the Empire, the World' , in David Cannadine (ed.), *Empire, the Sea and Global History: Britain's Maritime World, c. 1760 - c. 1840* (Houndmills, 2007).

Fitzsimons, Peter, *Charles Kingsford Smith and Those Magnificent Men* (Sydney, 2009).

Flynn, Dennis O. and Giraldez, Arturo, 'General Editors' Preface' , in Tony Ballantyne (ed.), *The Pacific World: Lands, Peoples and History of the Pacific, 1500 - 1900, volume VI: Science, Empire and the European Exploration of the Pacific* (Aldershot, 2004).

Ford, Caroline, 'Nature's Fortunes: New Directions in the Writing of European Environmental History' , *The Journal of Modern History* 79 (March 2007).

Fox, Frank, *Great Ships: the Battlefleet of King Charles II* (Greenwich, 1980).

French, Patrick, *The World is What it is: the Authorized Biography of V. S. Naipaul* (New York, 2008).

Frost, Alan, *The Global Reach of Empire: Britain's Maritime Expansion in the Indian and Pacific Oceans 1764 - 1815* (Melbourne, 2003).

Games, Alison, *The Web of Empire: English Cosmopolitans in an Age of Expansion* (Oxford, 2008).

Gillis, John R. , *Islands of the Mind: How the Human Imagination Created the Atlantic World* (Houndmills, 2004).

Ginzburg, Carlo, *No Island is an Island: Four Glances at English Literature in World Perspective* (New York, 2000).

Glacken, Clarence J. , *Traces on the Rhodian Shore: Nature and Culture in Western Thought from Ancient Times to the End of the Eighteenth Century* (Berkeley, 1967).

Glaisyer, Natasha, 'Networking: trade and Exchange in the Eighteenthcentury British Empire', *The Historical Journal* 47, 2 (2004).

Godlewska, Anne Marie Claire, *Geography Unbound: French Geographic Science from Cassini to Humboldt* (Chicago, 1999).

Godley, E. J. , 'Fauna and Flora', in Keith Sinclair (ed.), *Distance Looks our Way: the Effects of Remoteness on New Zealand* (Auckland, 1961).

Grafton, Anthony, *New Worlds, Ancient Texts: the Power of Tradition and the Shock of Discovery* (Cambridge, Mass. , 1992).

Graham, Gerald S. , 'Fisheries and Sea Power', in G. A. Rawlyk (ed.), *Historical Essays on the Atlantic Provinces* (Toronto, 1967).

Greenblatt, Steven, *Marvelous Possessions: the Wonder of the New World* (Oxford, 1991).

Grove, Richard, *Green Imperialism: Colonial Expansion, Tropical Island Edens and the Origins of Environmentalism 1600 – 1860* (Cambridge, 1995).

Guest, Harriet, *Empire, Barbarism and Civilization: Captain Cook, William Hodges, and the Return to the Pacific* (Cambridge, 2007).

Hadfield, Andrew, *Literature, Politics and National Identity: Reformation to Renaissance* (Cambridge, 1994).

   Literature, Travel, and Colonial Writing in the English Renaissance 1545 – 1625 (Oxford, 1998).

Haley, K. H. D. , *The British and the Dutch: Political and Cultural Relations through the Ages* (London, 1988).

   The First Earl of Shaftesbury (Oxford, 1968).

   William of Orange and the English Opposition 1672 – 4 (London, 1953).

Hanson, Neil, *The Confident Hope of a Miracle: the True History of the Spanish Armada* (London, 2003).

Harding, Richard, 'the Royal Navy', in H. T. Dickinson (ed.), *A*

Companion to Eighteenth-Century Britain (Oxford, 2002).

Helgerson, Richard, *Forms of Nationhood: the Elizabethan Writing of England* (Chicago, 1992).

Hill, Christopher, *The English Bible and the Seventeenth-Century Revolution* (London, 1993).

Hilton, Boyd, *A Mad, Bad, and Dangerous People? England 1783 – 1846* (Oxford, 2006).

Hont, Istvan, *Jealousy of Trade: International Competition and the Nation-State in Historical Perspective* (Cambridge, Mass., 2005).

Hornstein, Sari, *The Restoration Navy and English Foreign Trade 1674 – 1688: a Study in the Peacetime Use of Sea Power* (Aldershot, 1991).

Houston, Alan and Pincus, Steven, *A Nation Transformed?* (Cambridge, 2001).

Howe, K. R., *Nature, Culture and History: the 'Knowing' of Oceania* (Honolulu, 2000).

   The Quest for Origins: Who First Discovered and Settled the Pacific Islands? (Honolulu, 2003).

   'Two Worlds?', *New Zealand Journal of History* 37, 1 (2003).

Hughes, Robert, *The Fatal Shore: the Epic of Australia's Founding* (New York, 1986).

Hulme, Peter and Youngs, Tim (eds.), *The Cambridge Companion to Travel Writing* (Cambridge, 2002).

Israel, Jonathan, *The Dutch Republic: Its Rise, Greatness, and Fall 1477 – 1806* (Oxford, 1998).

   'The Dutch Role in the Glorious revolution', in Jonathan Israel (ed.), *The Anglo-Dutch Moment: Essays on the Glorious Revolution and its World Impact* (Cambridge, 1991).

   'The Emerging Empire: the Continental Perspective, 1650 – 1713', in Nicholas Canny (ed.), *The Oxford History of the British Empire, volume I: The Origins of Empire* (Oxford, 1998).

   'England, the Dutch Republic and Europe in the Seventeenth Century', *Historical Journal* 40, 4 (1997).

   Radical Enlightenment: Philosophy and the Making of Modernity 1650 – 1750 (Oxford, 2001).

Jardine, Lisa, *Going Dutch: How England Plundered Holland's Glory* (New

York, 2008).

Jones, Whitney R. D. , *Thomas Rainborowe* (*c. 1610 – 1648*): *Civil War Seaman* , *Siegemaster and Radical* (Woodbridge, 2005).

Keneally, Thomas, *Australians: Origins to Eureka*, *volume I* (Sydney, 2009).

Kennedy, Paul, *The Rise and Fall of the Great Powers*, *1500 – 2000* (New York, 1987).

Kerrigan, John, *Archipelagic English: Literature*, *History and Politics 1603 – 1707* (Oxford, 2008).

Kidd, Colin, *British Identities before Nationalism: Ethnicity and Nationhood in the Atlantic World 1600 – 1800* (Cambridge, 1999).

'Europe, What Europe?' , *London Review of Books*, 6 November 2008.

Kishlansky, Mark, 'The Army and the Levellers: the Roads to Putney', *Historical Journal* **22**, 4 (1979).

Klein, Bernhard and Mackentun, Gesa (eds.), *Sea Changes: Historicizing the Ocean* (New York, 2004).

Knowles, Ronald, *Gulliver's Travels: The Politics of Satire* (New York, 1996).

Langford, Paul, *A Polite and Commercial People: England 1727 – 1783* (Oxford, 1989).

Lawrence, Christopher, 'Disciplining Disease: scurvy, the Navy, and Imperial Expansion, 1750 – 1825', in David Miller and Peter Reill (eds.), *Visions of Empire: Voyages*, *Botany*, *and Representations of Nature* (Cambridge, 1996).

Lekan, Thomas M. , *Imagining the Nation in Nature: Landscape Preservation and German Identity*, *1885 – 1945* (Cambridge, Mass. , 2004).

Levack, Brian P. , *The Formation of the British State: England*, *Scotland and the Union 1603 – 1707* (Oxford, 1987).

Levillain, Charles-Edouard, 'London Besieged? the City's Vulnerability during the Glorious Revolution', in Jason McElligott (ed.), *Fear*, *Exclusion and Revolution: Roger Morrice and Britain in the 1680s* (Aldershot, 2006).

Lewis, Martin and Wigen, Karen, *The Myth of Continents: a Critique of Metageography* (Los Angeles, 1997).

Linebaugh, Peter and Rediker, Marcus, *The Many-Headed Hydra: Sailors*, *Slaves*, *Commoners*, *and the Hidden History of the Revolutionary Atlantic* (Boston, 2000).

Loxley, Diana, *Problematic Shores: the Literature of Islands* (New York, 1991).

Lunn, Ken and Day, Ann, 'Britain as island: National Identity and the Sea', in Helen Brocklehurst and Robert Phillips (eds.), *History, Nationhood and the Question of Britain* (Houndmills, 2004).

McCalman, Iain, *Darwin's Armada* (Melbourne, 2009).

McDermott, James, *England and the Spanish Armada: the Necessary Quarrel* (New Haven, 2005).

McElligott, Jason, 'Introduction: Stabilizing and Destabilizing Britain in the 1680s', in Jason McElligott (ed.), *Fear, Exclusion and Revolution: Roger Morrice and Britain in the 1680s* (Aldershot, 2006).

Mackay, David, *In the Wake of Cook: Exploration, Science and Empire, 1780 - 1801* (London, 1985).

Mcneill, J. R., 'Of Rats and Men: the Environmental History of the Island Pacific', in J. R. McNeill (ed.), *Environmental History in the Pacific World* (Aldershot, 2001).

McNeill, J. R. and McNeill, William H., *The Human Web: a Bird's-Eye View of World History* (New York, 2003).

McNeill, W. H., *A History of the Human Community: Prehistory to the Present* (4th edn, Englewood Cliffs, N. J., 1993).

Mahlberg, Gaby, 'Republicanism as Anti-patriarchalism in Henry Neville's *The Isle of Pines*', in John Morrow and Jonathan Scott (eds.), *Liberty, Authority, Formality: Political Ideas and Culture, 1600 - 1900* (Exeter, 2008).

Manwaring, G. E. and Dobree, Bonamy, *The Floating Republic: an Account of the Mutinies at Spithead and the Nore in 1797* (Edinburgh, 1935).

Marshall, P. J., *'A Free though Conquering People': Eighteenth-Century Britain and its Empire* (Aldershot, 2003).

    'A Nation Defined by Empire, 1755 - 1776', reprinted in P. J. Marshall, *'A Free though Conquering People': Eighteenth-Century Britain and its Empire* (Aldershot, 2003).

    'Britain and the World in the Eighteenth century: I, Reshaping the Empire', in P. J. Marshall, *'A Free though Conquering People': Eighteenth-Century Britain and its Empire* (Aldershot, 2003).

Marshall, P. J. (ed.), *The Oxford History of the British Empire, volume*

II：*The Eighteenth Century* (Oxford, 1998).

Marshall, P. J. and Williams, G. , *The Great Map of Mankind*：*British Perceptions of the World in the Age of Enlightenment* (London, 1982).

Mayhew, Robert J. , *Enlightenment Geography*：*the Political Languages of British Geography*, *1650 – 1850* (Houndmills, 2000).

  'Geography, Print Culture and the Renaissance："the Road Less Travelled By" ', *History of European Ideas* 27 (2001).

  'Geography's English Revolutions：Oxford Geography and the War of Ideas', in D. Livingstone and C. Withers (eds.), *Geography and Revolution* (Chicago, 2005).

Miller, David and Reill, Peter (eds.), *Visions of Empire*：*Voyages*, *Botany and Representations of Nature* (Cambridge, 1996).

Miller, Leo, *John Milton and the Oldenburg Safeguard* (New York, 1985).

  John Milton's Writings in the Anglo-Dutch Negotiations 1651 – 1654 (Pittsburgh, n. d.).

Moir, Esther, *The Discovery of Britain*：*the English Tourists 1540 – 1840* (London, n. d.).

Morrow, John and Scott, Jonathan (eds.), *Liberty*, *Authority*, *Formality*：*Political Ideas and Culture*, *1600 – 1900* (Exeter, 2008).

Murray, John J. , 'the Cultural Impact of the Flemish Low countries on Sixteenth- and Seventeenth-Century England', *The American Historical Review* 62, 4 (July 1957).

Nelson, Eric, 'Greek Nonsense in More's Utopia', *Historical Journal* 44, 4 (2001).

  The Greek Tradition in Republican Thought (Cambridge, 2004).

Norbrook, David, 'What Cares These Roarers for the Name of King?：Language and Utopia in *The Tempest*', in R. S. White (ed.), *The Tempest* (Basingstoke, 1999).

  'Notes on a Small Island：an Old Approach to History is New Again', *The Economist*, 20 August 2005.

O'Hara, Glen, ' "The Sea is Swinging into View" ：Modern British Maritime History in a Globalised World' , *English Historical Review* 124, 510 (October 2009).

Ollard, Richard, *Pepys*：*a Biography* (London, 1974).

Olwig, Kenneth R. , *Landscape*, *Nature and the Body Politic*：*From*

Britain's Renaissance to America's New World (Madison, Wisc., 2002).

Oppenheim, H., *A History of the Administration of the Royal Navy and of Merchant Shipping in Relation to the Navy* (repr., London, 1961).

Ormrod, David, *The Rise of Commercial Empires: England and the Netherlands in the Age of Mercantilism 1650 – 1770* (Cambridge, 2003).

Ovenden, Keith, *A Fighting Withdrawal: the Life of Dan Davin* (Oxford, 1996).

Pagden, Anthony, *European Encounters with the New World* (New Haven, 1993).

　The Fall of Natural Man: the American Indian and the Origins of Comparative Ethnology (Cambridge, 1982).

Parry, Glyn, 'John Dee and the Elizabethan British Empire in its European Context', *Historical Journal* 49, 3 (2006).

Parry, Graham, *The Trophies of Time: English Antiquarians of the Seventeenth Century* (Oxford, 2007).

Pincus, Steven, *England's Glorious Revolution 1688 – 1689: a Brief History with Documents* (Houndmills, 2005).

　Protestantism and Patriotism: Ideologies and the Making of English Foreign Policy, 1650 – 1668 (Cambridge, 1996).

Pocock, J. G. A., *Barbarism and Religion, volume I: The Enlightenments of Edward Gibbon, 1737 – 1764* (Cambridge, 1999).

　Barbarism and Religion, volume II: Narratives of Civil Government (Cambridge, 1999).

　Barbarism and Religion, volume IV: Barbarians, Savages and Empires (Cambridge, 2005).

　The Discovery of Islands: Essays in British History (Cambridge, 2005).

Porter, Roy, *The Creation of the Modern World: the Untold Story of the British Enlightenment* (New York, 2000).

Pound, Francis, *The Invention of New Zealand: Art and National Identity 1930 – 1970* (Auckland, 2009).

Pounds, N. J. G., *An Historical Geography of Europe 1500 – 1840* (Cambridge, 1979).

Powell, David, *Nationhood and Identity: the British State since 1800* (London, 2002).

Rainsford, Dominic, *Literature, Identity and the English Channel: Narrow*

Seas Expanded (Houndmills, 2002).

Reeve, John, 'Britain or Europe? the Context of Early Modern English History: Political and Cultural, Economic and Social, Naval and Military', in Glenn Burgess (ed.), *The New British History: Founding a Modern State 1603 – 1715* (London, 1999).

Charles I and the Road to Personal Rule (Cambridge, 1989).

Rennie, Neil, *Far-Fetched Facts: the Literature of Travel and the Idea of the South Seas* (Oxford, 1995).

Richardson, Brian, *Longitude and Empire: How Captain Cook's Voyages Changed the World* (Vancouver, 2005).

Roberts, Clayton, 'the Impeachment of the Earl of Clarendon', *Cambridge Historical Journal* 13, 1 (1957).

Rodger, N. A. M., *The Command of the Ocean: a Naval History of Britain, 1649 – 1815* (London, 2005).

The Safeguard of the Sea: a Naval History of Britain 660 – 1649 (New York, 1998).

Said, Edward W., *Orientalism* (New York, 1979).

Salmond, Anne, *Aphrodite's Island: the European Discovery of Tahiti* (Auckland, 2009).

The Trial of the Cannibal Dog: the Remarkable Story of Captain Cook's Encounters in the South Seas (New Haven, 2003).

Sawday, Jonathan, *Engines of the Imagination: Renaissance Culture and the Rise of the Machine* (New York, 2007).

Schaffer, Simon, 'Visions of Empire: afterword', in David Miller and Peter Reill (eds.), *Visions of Empire: Voyages, Botany, and Representations of Nature* (Cambridge, 1996).

Schama, Simon, *Landscape and Memory* (New York, 1996).

Scott, Jonathan, *Algernon Sidney and the English Republic 1623 – 1677* (Cambridge, 1988).

Algernon Sidney and the Restoration Crisis 1677 – 1683 (Cambridge, 1991).

Commonwealth Principles: Republican Writing of the English Revolution (Cambridge, 2004).

'England's Houdini: Charles II's Escape from Worcester as a Metaphor for his reign (1660 – 1685)', in John Morrow and Jonathan Scott (eds.),

Liberty, *Authority*, *Formality*: *Political Ideas and Culture*, *1600 – 1900* (Exeter, 2008).

England's Troubles: *Seventeenth-Century English Political Instability in European Context* (Cambridge, 2000).

' "Good Night amsterdam" : Sir George Downing and Anglo-Dutch Statebuilding' , *English Historical Review* 118, 176 (April 2003).

Harry's Absence: *Looking for my Father on the Mountain* (Wellington, 1997).

'James Harrington's Prescription for Healing and Settling', in Michael Braddick and David smith (eds.), *The Experience of Revolution in Seventeenth Century England* (Cambridge, 2011).

'the Peace of Silence: Thucydides and the English Civil War' , in G. A. J. Rogers and Tom Sorell (eds.), *Hobbes and History* (London, 2000).

'the Peace of Silence: Thucydides and the English Civil War' , in Jeffrey Rusten (ed.), *Oxford Readings in Classical Studies*: *Thucydides* (Oxford University Press, 2009).

'The Rapture of Motion: James Harrington's Republicanism' , in Nicholas Phillipson and Quentin Skinner (eds.), *Political Discourse in Early Modern Britain* (Cambridge, 1993).

'What the Dutch taught us' , *Times Literary Supplement*, 16 March 2001.

Scott, T. H. , 'From Emigrant to Native' Part 1, *Landfall* 1, 4 (December 1947); part 2, *Landfall* 2, 2 (June 1948).

'South Island Journal' , *Landfall* 4, 4 (December 1950).

Sell, Jonathan p. a. , *Rhetoric and Wonder in English Travel Writing*, *1560 – 1613* (Aldershot, 2006).

Sen, Sudipta, *Distant Sovereignty*: *National Imperialism and the Origins of British India* (New York, 2002).

Sharpe, Kevin, *Sir Robert Cotton 1586 – 1631*: *History and Politics in Early Modern England* (Oxford, 1979).

Sherman, William, 'Stirrings and Searchings (1500 – 1720)' , in Peter Hulme and Tim Youngs (eds.), *The Cambridge Companion to Travel Writing* (Cambridge, 2002).

Shigehisa, Kuriyama, ' "Between Mind and Eye" : Japanese Anatomy in the Eighteenth century' , in Charles Leslie and Allan Young (eds.), *Paths to*

Asian Medical Knowledge (Berkeley, 1992).

Simms, Brendan, *Three Victories and a Defeat: the Rise and Fall of the First British Empire, 1714 – 1783* (London, 2007).

Sinclair, Keith (ed.), *Distance Looks our Way: the Effects of Remoteness on New Zealand* (Auckland, 1961).

Smith, Bernard William, *European Vision and the South Pacific 1768 – 1850: a Study in the History of Art and Ideas* (2nd edn, Oxford, 1989).

Imagining the Pacific: In the Wake of the Cook Voyages (Melbourne, 1992).

Smyth, William J., *Map-making, Landscapes and Memory: a Geography of Colonial and Early Modern Ireland c. 1530 – 1750* (Notre Dame, Ind., 2006).

Sobecki, Sebastian I., *The Sea and Medieval English Literature* (Cambridge, 2008).

Spufford, Peter, 'Access to Credit and Capital in the Commercial Centres of Europe', in Karel Davids and Jan Lucassen (eds.), *A Miracle Mirrored: the Dutch Republic in European Perspective* (Cambridge, 1995).

Spurr, John, *England in the 1670s: 'This Masquerading Age'* (Oxford, 2000).

Steensgaard, Niels, 'The Growth and Composition of the Long-Distance Trade of England and the Dutch Republic before 1750', in James Tracy (ed.), *The Rise of Merchant Empires: Long Distance Trade in the Early Modern World* (Cambridge, 1990).

Steinberg, Philip, *The Social Construction of the Ocean* (Cambridge, 2001).

Stern, Philip J., ' "A Politie of Civill & Military Power": Political Thought and the Late Seventeenth-Century Foundations of the East India Company-state', *Journal of British Studies* 47 (April 2008).

Suranyi, Anna, *The Genius of the English Nation: Travel Writing and National Identity in Early Modern England* (Cranbury, N.J., 2008).

Taylor, E. G. R., *The Haven-Finding Art: a History of Navigation from Odysseus to Captain Cook* (New York, 1957).

Late Tudor and Early Stuart Geography, 1583 – 1650 (London, 1934).

Tudor Geography, 1485 – 1583 (London, 1932).

Thomas, Keith, *Man and the Natural World: Changing Attitudes in England 1500 – 1800* (London, 1983).

Thompson, Martin, 'Images of an Expanding World', *Cam*: *Cambridge Alumni Magazine* 50 (Lent Term 2007).

Timms, Peter, *In Search of Hobart* (Sydney, 2009).

Trevelyan, G. M., *History of England* (2nd edn, London, 1937).

Trevor-roper, Hugh, 'Introduction', in Edward Gibbon, *The Decline and Fall of the Roman Empire*, (3 vols., New York, 1993).

Wevers, Lydia, *Country of Writing*: *Travel Writing and New Zealand 1809 – 1900* (Auckland, 2002).

Williams, Glyndwr, *The Great South Sea*: *English Voyages and Encounters 1570 – 1750* (New Haven, 1997).

Wilson, Charles, *Anglo-Dutch Commerce and Finance in the Eighteenth Century* (Cambridge, 1966).
England's Apprenticeship 1603 – 1763 (2nd edn, London, 1984).
Profit and Power: *a Study of England and the Dutch Wars* (1957).

Wilson, Kathleen, 'Introduction: Histories, Empires, Modernities', in Kathleen Wilson (ed.), *A New Imperial History*: *Culture, Identity and Modernity in Britain and the Empire 1660 – 1840* (Cambridge, 2004).
The Island Race: *Englishness, Empire, and Gender in the Eighteenth Century* (London, 2003).

Withington, Phil, *The Politics of Commonwealth*: *Citizens and Freemen in Early Modern England* (Cambridge, 2005).

Woolf, Virginia, *The Common Reader* (1925).

Woolrych, Austin, 'Historical introduction', in John Milton, *Complete Prose Works*, *volume VII*: *1659 – 1660* (rev. edn, New Haven, Conn., 1980).

Wrightson, Keith, *Earthly Necessities*: *Economic Lives in Early Modern Britain* (New Haven, 2000).

Wrigley, E. A., Davies, R. S., Oeppen, J. E. and Schofield, R. S., *English Population History from Family Reconstitution 1580 – 1837* (Cambridge, 1997).

译后记

  或许是因为英国史研究者众多，成果也多，不断进行学术创新成为维系英国史研究领先地位的重要秘诀。2013 年我前往耶鲁大学拜访英国史大家基斯·赖特森教授时，曾经谈到英国史研究在北美地区相对衰落的困境。赖特森肯定地告诉译者，北美历史系想进一名英国史学家已经非常困难了，并且退休英国史学者空出来的教职往往会给其他区域的研究者。这让我本人大感吃惊，因为在不少中国历史学系（院）中，英国史方向仍然有着众多的研究者。北美英国研究协会也针对这一"英国史教职危机"开出了药方：跳出英格兰，向帝国史转型。深受社会科学理论影响的美国史学界，把英帝国史研究作为检验帝国理论的通道。于是，英帝国史成为了众多博士生赖以就业的法宝。当我再去跟美国导师诺曼·琼斯教授交流时，他则谈到了英国史学界相对保守的情况。琼斯认为，在战后法国年鉴学派和美国计量学派如火如荼发展的时候，英国史学界的扛鼎人物是擅长传统叙述史学的 G.R. 埃尔顿（埃尔顿正是琼斯教授在剑桥时的博士生导师）。站在美国看英国史，真是一番有趣的经历。

本书的作者乔纳森·司各特也是这样一位具有杂糅视角的英国史学者。他出生于新西兰，在英国学术界中成长，后来在美国匹兹堡大学任教，如今返回家乡的奥克兰大学工作。这样的经历，让司各特的作品带有很强的跨国视角和海洋视野。他最初的成名作《英格兰的麻烦》就是从欧洲的视角来观察英国革命。目前摆在读者面前的这本书则把英国与荷兰、亚洲、美洲、新西兰和澳大利亚的关系纳入考察范畴，可以说本书讲的正是英帝国的全球成长史。如果考虑到作者的出生地背景的话，这本书或许又是一本带有新西兰视角的英国史。本书出版后引发了不少的反响，学术期刊纷纷刊发书评。有学者把它看作英国史"海洋转向"趋势的体现。通过本书我们可以看到，英国历史学界求新求变的意识浓厚，而这种转型的背后得益于英帝国遗产。只要司各特这样的新西兰人能够持续到英国来求学，英国史就能始终站在全球学术界的前沿。

本书从 2018 年开始动手翻译，在 2020 年初稿完成。此后又反复修改译稿，今日终于能呈现在读者面前，在略感欣慰的同时，又期待着读者的批评。司各特文笔优美，译笔难以表达原文万一，还望读者海涵！ 上海三联书店及编辑殷亚平老师愿意助力本书出版，在此一并致谢！

2022 年 6 月，于杭州余杭塘河畔

在《漂浮之岛》出版之际，我正在苏格兰访学。苏格兰虽然属于英国的一个地区，但是在史学研究上亦有自己的特色，在苏格兰地区史、医学史、环境史等研究方向上具有重要的学术地位。《漂浮之岛》一书并未谈及太多苏格兰的海洋贡献，但在近代历史上，遍布全球的苏格兰人、苏格兰企业，同样是支撑起"漂浮之岛"的重要力量，也是目前苏格兰史学研究的热点话题，值得我们关注！

2025 年 4 月，于格拉斯哥克莱德河畔

图书在版编目(CIP)数据

漂浮之岛：不列颠海洋帝国的兴起/(新西兰)乔纳森·
司各特著；孙超译. —上海：上海三联书店，2025.4
ISBN 978 - 7 - 5426 - 7878 - 2

Ⅰ.①漂… Ⅱ.①乔…②孙… Ⅲ.①英国—历史
Ⅳ.①K561.0

中国版本图书馆 CIP 数据核字(2022)第 187556 号

地图审图号：GS(2023)114 号

漂浮之岛：不列颠海洋帝国的兴起

著   者 / [新西兰]乔纳森·司各特
译   者 / 孙 超

责任编辑 / 殷亚平
特约编辑 / 杨 洁
装帧设计 / 彭振威设计事务所
监   制 / 姚 军
责任校对 / 王凌霄

出版发行 / 上海三联书店
          (200041)中国上海市静安区威海路 755 号 30 楼
邮   箱 / sdxsanlian@sina.com
联系电话 / 编辑部：021 - 22895517
          发行部：021 - 22895559
印   刷 / 上海雅昌艺术印刷有限公司

版   次 / 2025 年 4 月第 1 版
印   次 / 2025 年 4 月第 1 次印刷
开   本 / 655 mm×960 mm 1/16
字   数 / 250 千字
印   张 / 23.5
书   号 / ISBN 978 - 7 - 5426 - 7878 - 2/K·687
定   价 / 98.00 元

敬启读者，如发现本书有印装质量问题，请与印刷厂联系 021 - 68798999